# カルチュラル・インターフェースの人類学

「読み換え」から「書き換え」の実践へ

前川啓治 編

新曜社

カルチュラル・インターフェースの人類学——目次

装幀——虎尾　隆

# はじめに――文化の構築とインターフェースの再帰性

前川啓治

人類学は何をめざしているのだろう。

伝統社会のフィールドワークによる民族誌研究というものが素朴な形で成り立ちにくくなっているのは明らかである。従来扱われてこなかった近代社会内部の諸組織や社会運動、民族紛争、また、たとえば医療や介護といった分野を対象としたり、エリート層の共同体を扱ったりと、その範囲は大きく広がってきた。人類学がかつてイメージされたものとは異なってきた理由の一つは、近代人類学の「近代性」に起因する問題で、とくに従来の民族誌のあり方がポスト・モダンという時代において問題視されるようになったからである。そのことによって、民族誌の叙述の方法だけでなく、対象とする社会や組織自体の多様化も進んだ。もう一つは人類学の対象としてきた社会、すなわち伝統社会自体の変容である。グローバリゼーションの時代といわれる今日、対象社会がドラスティックに変容しているのは当然のことである。かつての静態的なアプローチでは対象社会を表象できないことが明らかになっている。

現実の社会においてはこの二つの側面は互いに絡み合ってもいるが、基本的にはこの二つのファクターから派生する事象が従来の形での民族誌の生産、さらには人類学のあり方に変容を促している。

## 「部分的真実？」

ジェイムズ・クリフォードが、人類学の拠って立つところの民族誌を「部分的真実」であると「宣言」して以来、より多くの「部分」を取り入れようとする民族誌の試みがなされてきたが、それはより多くの真実であって、全き真実ではありえない（いや、「全き真実」などというものがそもそもこれまで明らかにされてきたことなどあるのだろうか）。もし、そういうものがあるとすれば、それはある時代のある集団のある側面、たとえば、法について、経済について、宗教について、といった限定された対象においてしかありえない。

何を言いたいか。（ある特定の宗教集団が特定の、彼らにとって全き真実と信じるものをトートロジカルに捉えるような状況を除いては）「全き真実」の表象などそもそも不可能なのである。むしろ、逆である。「部分的真実」という限定において、「全き真実」が示されうるのである。

たとえば、経済学などはホモ・エコノミクスという人間の「部分的真実」を前提とした仮定的な存在を前提に基礎理論を立てているのであり、それは世界を一つのある枠組みとして切り取った限りにおいて「全き真実」を示そうというものであり、文字どおりの「全き真実」の希求はそもそも企てられていないのである。

ただし、その結果どういうことが起きるか。ホモ・エコノミクスを前提として、いったん理論が構築されると、理論構築の経緯は忘れ去られ、そうした「仮定」という限定は落とされて、結果として構築された理論が独り歩きするのである。経済学理論を実体化する経済学者の陥る罠である。慎重な経済学者はこのような理論構築の過程をつねに念頭に置き、そのヴァーチャルな側面を意識し、そうした構築物としての理論が、逆に現実を動かしうることによる危険性に敏感である。たとえば市場を前提にした均衡理論が、未（非）市場社会の捉え方に影響を与え、計画性を欠いた形でそうした社会そのものを市場化してゆく。その結果、歪んだ形で社会が市場化するようなことが起こりうる。ヴァーチャル・リアリティとしての理論が、リアリティとしての社会を規定するというような転倒が起こりうるのである。

こういったからといって、経済学そのものを批判しているのではない。たとえば経済学というものは、実はこうした構図を背景にして初めて成り立つ企てなのであって、他の学問、法学、政治学にしても然りであろう。つまり、いかなる学問も経験的な学問である限り、そもそも「全き真実」を表わすことは不可能である。いや、想定されていないといった方が正確であろう。

そうしたなか、前述の理論構築過程を知る経済学者は、より広範な部分的真実を求めて社会経済学者あるいは経済社会学者となり（村上 1994）、経済人類学者となっていった（ポラニー 1975）。人類学は、経済学や法学、政治学のように社会の一つの側面で世界を切り取ることをしないで、それらの総体を明らかにしようとしてきた。経験的に、である。つまり、経験性を確保するために、フィールドワークにおける全人格性を担保にして、経済や法、政治、宗教、言語など社会のすべての側面をその関連性のもとに捉えようとしてきた。他の学問と比べれば明らかに、より広範な真実を想定し、探り、示そうとしてきたのが人類学だったのである。

そこで経験性を確保するために、限定されたものとは何か。部分性とは何か。それは、フィールドワークという時空的経験から必然的に求められる対象社会の限定であった。他の学問が対象社会の要素の側面から世界を切り取り、限定的・部分的に対象化したのに対し、人類学は対象社会の経済や法、政治、宗教といった種々の側面とその関係性を明らかにするかわりに、特定の地域、地区、村、グループといった限定された空間における共同体や組織を対象としたのである。

先に述べたが、「部分的真実」という語で従来の人類学、とくに民族誌の問題点をつき、見直しを迫ったのはクリフォードである。それはエドワード・サイードが外部から、対象との距離を測り、冷静にオリエンタリズムの構築という構図を露わにしたように、人類学の民族誌の生成過程を外部から「テクスト化」したうえで、吟味し、問題化したものといえよう。

クリフォードの問題設定は、民族誌の限定性を可視化したという点で重要であるが、フィールドワークを生業とする人類学者の立場からは経験的に違和感が湧いてくる。なぜか。以下、クリフォードが対象として設定している問題を脱構築してみよう。

## 文明への問いかけ―― 構造と文学による

まず、編者の経験から語ろう。一九八〇年代半ば、編者は人類学における通過儀礼としてのフィールドワークを、オーストラリア北東部のトレス海峡で一年間行ない、数週間の補足調査をした。この経験を終えて、留学先のシドニーを経由して日本に戻り、まずしたかったことは、フィールドにおける世界と自らのあり方を自省的に描く文章をものすることだった。それがどういうジャンルになるのかわからないが、いわばクロード・レヴィ＝ストロースの『悲しき南回帰線』／『悲しき熱帯』（1977／1985）のマイ・ヴァージョンを書くことであった。それは作品として描くという以前の、フィールドという認識の世界における自らの実存の証し、存在としての声を示したいというようなものであった。残念ながら、目次まで作成したその試みは、種々の事情でそのままになって今日に至っている。が、フィールドという環境における自らの心のうちを露わにすることで、主観的なものであるにもかかわらず、制度的に認知されている民族誌より、フィールドの世界の真実、フィールドをとりまく環境、世界におけるフィールドの位置づけをよく描けるのではないかと感じていたのだ。

それは民族誌というよりは紀行文であり、「冷たい」社会から、（「悲しき熱帯」の一九三〇年代より）さらに「熱い」社会へと向かう社会や人々との個人的やりとりであると同時に、「近代人」の自分のあり方と「近代」に向かう人々のあり方への文明論的な省察となる、と考えていた。

クリフォード（クリフォードおよびマーカス 1996）が述べている。

マリノフスキーの時代から、参与観察の「方法」は、主観性と客観性の微妙なバランスを演出してきた。民族誌家の個人的経験、とくに参加と感情移入は調査の中心部分であると認識はされているが、しかしまた、観察と「客観的」距離という非個人的な規範によって、厳しく抑制されている。……筆者の主観性は、テクストが示す客観的な対象と分離して扱われるのである。民族誌では筆者の個人的な声はせいぜい文の調子や事実の装飾といったスタイルの型でかろうじて見える程度にとどまる。……ところが六〇年代に、説明を中心にするこの伝統にひびが入った。民族誌家たちは自分自身のフィールド・ワーク体験についてあからさまに書き始め、一般に行なわれている主観／客観のバランスを侵害していったのである。たしかにそれ以前にも問題作品はあったが、周辺的存在に留まっていた。例えば、レリスの常識を逸した『幻のアフリカ』、そしてレヴィ＝ストロースの『悲しき熱帯』（フランス国外では一九六〇年以降になってようやく彼の強い影響が発揮された）……。

クリフォードは旧来の客観的民族誌とは違うスタイルのものとして、レヴィ＝ストロースの『悲しき熱帯』を挙げている。レヴィ＝ストロースにとって『悲しき熱帯』とは何か？　訳者の川田順造との手紙のやりとりのなかで彼は「追憶の入り混った夢想」と述べているが（レヴィ＝ストロース 1977：XII）、それは文明論的な紀行文とでもいうもので、たしかに対象の社会や民族に言及されているが、主観的な言及でもある。それは、近代人としてのレヴィ＝ストロースと対象としての伝統社会との関わりを、レヴィ＝ストロースの主観の側からまとめたものである。それはたんに個人的な主観であるだけでなく／というより、近代人としてのわれわれの文明論的主観とでもいうべきものであり、レヴィ＝ストロース個人の経験を通して、近代人であるわれわれの文明自体をも省察させてくれるものであった。松岡正剛はレヴィ＝ストロースを「人類と人間に関する本質的な思索と自身の根源的な省察を同時に、かつ暗喩に富んで表現できた学者」とし、その「学術が文学なのである、その逆に、文学が学術でありえた稀有の例だということでもあろう」（松岡正剛ＨＰ「千夜千冊」）と記している。

レヴィ＝ストロースが、イギリス流の経験的な意味でフィールドワーカーであったかどうかという疑問は提示されているが、彼が移動するフィールドワーカーとして産み出した成果は、『親族の基本構造』、『構造人類学』、『野生の思考』、『神話論理』であると同時に、『悲しき熱帯』／『悲しき南回帰線』なのである。彼のフィールドワーカーとしての所業からは、このタイプの違う二つのテクストが生まれるのは必然だった。人類学の論文・著書としては前四書に代表されるが、『悲しき熱帯』の意義は、より広範な読者を対象とし、惹きつけたことであった。

人類学の文学（詩学）的アプローチをとりあげるクリフォードだが、フィールドワークからの帰結としては、文学と、経験的民族誌ないし理論という二種の成果が生まれてくるのはむしろ当然のことである。レヴィ＝ストロースには移動がフィールドの背景にあったが、一般的にフィールドでは、観察すると同時に自省するものである。それは、ときにレヴィ＝ストロースのように文明論的にもなるが、多くはより経験的に対象文化と自らの文化の差異を同時に感じ、識るものである。

## 認識論的・存在論的経験としてのフィールドワーク

観察者という特権的な立ち位置を最初から持とうという（不届きな）企ては、フィールドにおいてはたやすく無化される。フィールドワークをした人間なら誰でも経験的にわかることであろう。科学としての対象化には、超越的な視点がつきものである。しかし、フィールドワーカーは透明人間ではない。フィールドではそのフィールドワーカーとしての存在自体が、そのような超越的な視点を前提とすることを妨げるのである。

こうした人類学のフィールドワークをカルチャー・ショックの体験から理論づけるロイ・ワグナーは、人類学の拠って立つ認識論を、広義の存在論から立ち上げている。

文化とは、カルチャー・ショックによって可視的となる。つまり、自らの通常の人間関係の能力を超えた状況に身を任せたり、矛盾を一つの総体として客体化することによって可視的となる。（Wagner 1975:9; ワグナー 2000: 34）

人類学者が、自文化と対象社会の文化の総体との関係性を築き上げる唯一の方法は、経験した対照性によってその両者を同時に知ることである。つまり、他方の具体的な公式化を通して彼自身の文化の相対的な特徴に気づくことである。……他の文化を創り出す際に、人類学者は自身の文化を創り出すのであり、実際、文化の観念そのものを再創出するのである。（Wagner 1975:4; ワグナー 2000: 26-27）

ワグナーによれば、文化の構築あるいは客体化とは、人類学者がフィールドワークを行ない、まずカルチャー・ショックを経験し、とまどいながらもそれらを制御し、別の文化を持つ人々との相互作用のなかで、当該社会に受け容れられる過程において、その社会と文化がこういうものであると自分なりに規範化してゆく、つまり「文化」を創造してゆく過程をさしている。フィールドにおいては観察者の超越的視点は担保されない。もし、超越的視点が維持されるのなら、逆に、その人はフィールドに入っていないともいえよう。一時的にせよ、その社会の内部にはいないのである。そしてそのことは同時に、その社会、人々に受け容れられていないということを意味する。フィールドの視座はその意味で超越的ではなく、超越論的（柄谷行人『探求Ⅱ』1989）なものでしかありえない

クリフォードは、旧来の民族誌のあり方を「テクスト化」という言葉で批判し、民族誌の叙述が「部分的真実」を示しているだけであるとして、テクスト形成のあり方や過程をとりあげる必要性を説いた。しかし、そうした

（狭義の）テクスト化を問題とし、脱構築しようとしても、民族誌というものを表象の手段として実体化していることに変わりはない。むしろ、フィールドの成果を民族誌に限定して、表象の技法を洗練することそれ自体が、結果的に民族誌というものを実体化するおそれがあるのではないだろうか。

さらにいえば、原理的には「民族誌」の問題は異文化理解の問題である前に、「誌」の問題であるだろう。つまり表象そのものの問題である。三次元・四次元の世界を二次元の世界で表わすことの限界である。現実は三次元、四次元の立体的な空間に時間が存在するものである。それを、二次元の平面（論文や著書）の世界で表象することは、当初から不可能なことであり、したがって構造的に無理を生じさせるものである。[1] また、だからこそ、そこから「解釈」という視点が生じてくるのだ（その設定は想像力を喚起させる小説などという媒体には、かえって適したものであるが）。

まず、人類学の民族誌はフィールドワークという実践によってもたらされるということからはじめよう。われわれはワグナーとともに、フィールドワークにおけるカルチャー・ショックの体験から、対象とする社会の文化と自らの背景となる文化の両方を、その対照性において同時に捉えるということを原体験とすべきであろう。最初から民族誌のための観察ありきではないのである。まず、フィールドワークを行なうには、対象社会に入り、その土地の人々とコミュニケートし、受け容れられることが必要である。ところがまさに慣習行為や価値観、つまり「文化」の違いから、対象社会に適応できないという経験（カルチャー・ショック）を経て、なんとか模索しながら徐々に適応する過程を通し、人類学者は文化を見いだすのである。自ら生まれ育った文化、対象となる文化、この自／他の差異を通して両方の文化を客体化し、結果、自らの文化と他者の文化を同時に創造するのである。

これはすぐれて経験的に存在論的な認識の過程である。フィールドワークという実践において認識（論）的に引き裂かれる存在とその回復の過程を通して、新たな世界認識がもたらされる。それはもともと担ってきた文化と対象文化を含んだ、より大きな世界(観)の構築なのである。本来の意味で人類学のフィールドワーカーとは、そういう認識論的・存在論的経験を経た人のことをさすべきであろう。民族誌とは、(「参与観察」をそこに含めても)そうした経験のもとに生まれる文化創造の一側面にすぎない。ただし、専門家としての人類学者を制度的に保障するものは目に見える形での「民族誌」であることから、そうしたものを生産することが専門家の証しとして求められる。しかし、実際にはそうした成果は、フィールドワークという実践行為による認識論的成果の「部分的真実」にすぎない。

## 民族誌の実体化・対象化を超えて —— 構造と文学の再生へ

文化を客体化・対象化する方法は種々あってよいだろう。ジョージ・マーカスのいう種々の実験的民族誌でもよかろうし、一般化した文化理論や社会理論でもよいだろう[2]。ただし、繰り返すが、文学を民族誌に限定する必要もないし、民族誌を文学に限定する必要もない。つまり、文学(クリノォードのいう詩学)は民族誌という形式で出さなくとも、『悲しき熱帯』のようなスタイルでもかまわない。また、民族誌を提示する時点で何らかの理論の形成や提示が行なわれていい。文学に限定する民族誌からは叙述のあり方の展開は多様にあっても、理論構築やその応用としての実践への視座は生まれてこない。民族誌を過度に「文学化」することによって、一方では民族誌の実体化が起きてしまっている。繰り返すが、民族誌は(重要ではあるが)フィールドワークによる生産物の目に見える一部にすぎない。旧来の民族誌のテクストの実体化を批判し、その過程を再考することが、結果的にフィールドワークという実践の総体を忘れ、民族誌における技法に特化し、民族誌を実体化することになるのでは、それはそれでまた問題である。

ワグナーが提唱しているように、文化は相対的なものである。本来、実体でなく、むしろ認識論的な設定というようなものである。旧来の民族誌はテクストを実体化することによって、民族誌作成という過程においてテクスト化という局地化を行なってきた、とクリフォードらは批判するが、より広い視野でみると、クリフォードらもフィールドワークを軸とした人類学の広範な認識論的実践の作業のなかで、民族誌を実体化し、局地化を行なっていることになる。その意味で、同様の矮小化を行なっているおそれがあるといえよう。

さらに、フィールドワークにおける文化の客体化の過程から生まれてくるもう一つの応用的成果、すなわち「理論」というものも実体化されてはならない。実体化されない理論という点で有効となるのが、レヴィ＝ストロースの「構造」の概念である。レヴィ＝ストロースの「構造」は、実体的概念ではなく、ある意味で実態の理解のための設定である。ブリコラージュによって、対象社会の意味の世界を解きほぐすためのツールである。理論化の過程におけるこの非実体的な概念の有効性はいまだ消えていない。もっとも、対象社会の動態性や意味を形成するアクターの重要性など、構造の概念だけでなく、他の重要な概念との連携的な応用や発展は必要であるが、これまで人類学の生み出した概念で文字どおり、方法論の基礎として有効なものは「構造」の概念をおいてほかにないであろう。レヴィ＝ストロースの「構造」の観点は、認識者の超越性を前提としない内的な、つまり超越論的な認識論にもとづく構築的な概念でもある。

レヴィ＝ストロースにあっては、人間科学と文学が両立している。むしろフィールドから思考する人間にとってそれは当然のことである。フィールドの産物として、同時に、科学と文学が生まれるのも不思議ではない。そして、その社会科学も実体論としての構造論ではなく、理解のための柔軟な構造の観念に根差したものである。構造の概念の適用によって、社会や人々の実態を徐々にブリコラージュ的に理解してゆくのである。そう理解してゆけば、民族誌の「文学性」を言挙げする必要はない。レヴィ＝ストロースのように、（最終的には互いに関わりあっているとしても）経験的理論は「理論」として提示し、『悲しき熱帯』のように「文学」は「文学」として、民族誌という枠のなかに閉じ込めずに、民族誌を超えたものとして提示すればよいのだから。

## カルチャー・ショック不在の「ライティング・カルチャー」ショック

クリフォードの個々には秀逸な所論自体を批判することが、この「はじめに」の目的ではない。問題とすべきはいわゆる「ライティング・カルチャー」ショックという捉え方である。あるいは、「ライティング・カルチャー」以前・以降というものである。たしかに人類学では、本格的なフィールドワークという手法と機能主義という方法論によって近代人類学を築いたといわれるマリノフスキー以前・以降という捉え方ができる。構造論のレヴィ＝ストロース以前・以降という捉え方もされてきた。しかしいずれにせよ、人類学が狭義の民族誌の表象の問題に限定されるようなことは前提としてなかった。クリフォード・ギアーツ以降、人類学が民族誌の叙述に不均衡なほどコミットをするようになってきたのだが、それは厚い記述によってしかよく示すことができない事象があるからであった。フィールドの経験を重視することは人類学者が人類学者であることの証しではあるが、そうした経験と成果が民族誌という「テクスト」にのみ収斂するわけではない。ましてや、その民族誌という「テクスト」の記述の技法に特化するのは、人類学の局地化、そして結果的には矮小化につながる懸念を抱く。

人類学という広い領域（といっても社会学ほど無限ではない）から考えると、一つの極に民族誌における表象を問題とする人類学があるとするならば、反対の極に社会科学・人間科学的な理論構築に資する人類学、そしてそこから派生する開発や民族論といった実践的な人類学が位置する。ただし、いずれもフィールドワークという経験的で認識論的な「脱構築的実践」をもとにしているという点で共通している。というか、ワグナーの議論で示されているように、それが人類学なのである。クリフォードは、「かなりの数の人類学者が作家ないし小説家、つまりなりそこねた詩人《ポエト・マンケ》なのではないかと疑っています」（クリフォード 2004: 26）と述べているが、それは詩学と政治学がソフトに混ざったポスト・モダン、ポスト・コロニアルの文化批評的人類学者にはあてはまろう。繰り返すが、レヴィ＝ストロースは同時に科学者であり、（ある意味で）詩人でもあった（また、ポスト・コロニアルのソフトさとは無縁の政治的な発言も行なったりした)。クリフォードもまた、その拠って立つポジション(人類学の外部)から人類学というものを解釈し、その人類学に対する認識から、人類学の批評を行なっているに過ぎない。「ライティング・カルチャー」以前・以降という捉え方はこうして一面的といわざるをえない。

一方で、カルチュラル・スタディーズの流行にも人類学は影響を受けている。カルチュラル・スタディーズは、種々の今日的文化事象に関し、外部から対象社会の政治性の形式、主体間の関係性をうまくとりあげ、そうしたものを示す概念を次々と生み出してきた。しかし、実際には、必ずしも問題となる文化事象の実態についての厚い記述が示されたり、内容にもかかわってくるトータルな論考が提示されてきたわけではない。最近の人類学では、そうしたカルチュラル・スタディーズの響きのよい概念を民族誌にどのように埋め込めばよいか、という趣旨で書かれているのではないかと思われる論考すら目にする。民族誌を洗練することが人類学の目標となり、その結果、(人類学の営為ではあるが)民族誌を実体化し、問題をそこに局地化してしまうことになる。ポスト・コロニアル・スタディーズやカルチュラル・スタディーズが文化や権力のダイナミズムをコメンタリーとして提示しても、何らかの原理を見いだし、提示し、理論的に展開していこうという方向性があったであろうか。人類学が同時に科学の側面を持つのならば、経験的な知の集積によってそうした問いを原理的に探ることが求められるのではないか。

### 文化の動態性へ —— 構造の接合(節合)論的展開

人類学はそもそも、規模は違っても種々の「共同体」を扱ってきた。しかし、当然のことではあるが、そうした共同体というものは長年にわたる外部の影響を受けて変容してきたものである。たとえば日本では、伝統的な村落ですら、明治維新時における西洋文化の強い影響を受ける以前から長年にわたり、中国やインドの文化的影響を受けてきた。その結果、中国やインドの文化要素が日本の文化要素の一部となっていることは自明のことである。そうした日本文化にさらに西洋文化の影響が浸透し、明治・大正期にはヨーロッパ、戦後はアメリカという西洋文化の要素が、日本文化の部分を構成するものとなっている。

その速さは地域によって大きな差があるが、本来、共同体における文化とはこうして変容し続けているものである。したがって、文化を扱うということはその時間的変容を扱うということでもある。かつての伝統社会のように変容が緩やかな社会では、その意味論的な構造を一定以上捉えることが可能であった。構造論というアプローチが適用され、意義があった所以であろう。しかし、変容している社会を明らかにするのは容易なことではない。変容を捉えようとすればおのずと、社会の、あるいは文化の特定の側面や特定の要素に絞らざるをえない。そのことによって動きを捉えようとする。しかし、実際の変動は種々の社会的要素・文化的要素が互いに影響を与えあうことによって、より複雑な様相を生み出している。こうした要素の関連性をおさえることが文化変容の把握にとって重要なことはいうまでもない。この点で、構造論的アプローチはそうした文化要素の関連性を基礎とした把握の仕方といえよう。文化の内容を問うのなら意味の問題は避けて通れない。人類学の根本的な課題である差異をどう捉えるかは、意味の上での問題なのである。ただし、構造論においてそうした文化要素の関係性を捉える基本は共時的構造であり（通時的構造への展開も一部あったが）、歴史の動態性を把握する理論的展開は、マーシャル・サーリンズの「歴史的構造論」を待たなければならなかった。

文化を構造と捉えることの利点は、文化の全体的な変容へのアプローチの足がかりができることである。むろん、構造は実体的なものではない。現実の個々の意味世界の背後に仮定されるものと捉えておいてよい。構造が変容するのは、外部からのエージェント（行為主体）による影響が大きい。エージェントはモノのやりとりのために交渉する。しかし、交渉はモノのためだけではない。モノ自体、意味を持つのである。そして重要なのは、外部のエージェントの力が強い場合でも、強引に当該社会の意味の世界を消失させることはできないという点である。内部の文化（意味構造）は、外来の文化（意味構造）を担ったエージェントを、自らの意味の世界に位置づけることによって、新たな構造を創出してゆくのである。たしかに、外来のエージェントの出現は当該社会においては、従来の時の流れを寸断するものに違いない。しかし、たとえどんなに外部からのエージェントが強力であろうとも、従来の意味の世界を「物理的」に消失させることはできない。多くの場合、当該社会の人々の認識論的対応において、内外の意味世界とそれに基づく慣習行為は継ぎ合わされ（接合・節合）、半ば融合された新たな文化が構築され、その意味で文化は連続的に変容してゆくのである。つまり、二者の接合（節合）によって立体的に新たな文化が構築されてゆくのである。

### 観念としての「異種混淆論」から文化のインターフェース研究へ

文化の「本質主義」批判がなされ、これに代わり「構築主義」や「ハイブリッド」という言葉が用いられているが、それらが何をさしているのか、あるいはそうした用語によって何を明らかにしようとしてきたのかは、それほど明らかではない。「構築主義」という語によって認識論的に従来の暗黙の本質主義的な文化把握の傾向を批判しようとしているのか。あるいは、そもそも「文化」というのは歴史的に動態的に接合され構築されており、「文化」という言葉で捉えていたものはその一断面を「静止画」のように明らかにしていただけなので、今後動画全体を明らかにしてゆこうというのか。同じ「構築主義」という用語を用いていてもそのスタンスは異なり、場合によっては逆にさえ映る。

オリエンタリズム批判に端を発する「ポスト・モダン」的な認識論にもとづく前者の議論はすでに尽くされており、そうした状況には、本質主義／構築主義という二項対立（二元論が正しい）的問題設定自体に問題があるという言及が昨今なされている。

また、ハイブリッドといっても、単に複数の文化が混在しているのか、何らかの形で接合されて新たな文化を構築していると捉えるのかでは、対象の把握が全く異なってくる。ハイブリッド（異種混淆）という言葉は、実際のところ、文化が単数の一括りにできる要素から成り立っていないということを表明しているに過ぎず、文化の実態を明らかにする概念とはなっていない。

対象社会に単一の文化を設定する傾向に対し異種混淆状況を訴える時、それは近代という特殊な時代制約による視点からの一義的で固定的な文化の取扱い方に対する批判として提示されてきたが、今や対象社会の歴史の動態に起因する文化状況、つまり動態性の実態そのものを対象として取り扱うべき時であろう。

本書では、主として人類学の民族誌から、そうした文化と文化が、あるいは文化と近代文明が関わって構築されている、あるいはされてきた文化状況を明らかにするために、「インターフェース」という概念によって、諸文化（社会・組織）間の接触によって新たな文化が構築される（あるいはされない）過程を広範にとりあげる。人類学の正当な問題設定である「差異」をどう捉えるのかという根本的な視点を背景に、今日のインターフェース状況において展開される文化の動態、文化と民族、開発・実践という人類学の主要な課題へのアプローチを探ろうというものである。

「フィールドワーク」という認識論的実践による文化の構築が、差異にもとづく経験的対称性による相対的で総体的な自他の意味世界の客体（対象）化の結果であるのならば、一方で、文化の動態は自他の対称的な文化の接合による連続的な変化の過程の結果といえよう。文化は種々のあり方で、接合（節合）し、変容してゆくのであるが、文化と文化の接合やときには非接合も含め、文化間の関係性の実態をより広範に、どのようなレベルでどのように捉えてゆくのかが課題である。この点をまず、「文化のインターフェース」の問題として挙げておきたい。

## インターフェースの再帰性――「読み換え」から「書き換え」の実践へ

目次の「読み換え」という語は、すでに編者が「文化接合（節合）の原理」として、『開発の人類学』および

『グローカリゼーションの人類学』で提唱してきたものであるが、たとえば「翻訳の文化」という語によって示されるものに近い。言い換えれば、強力な外部社会の影響下での文化の「接合（節合）」にもとづく対象社会の変容のプロセスを、変容する社会内部から主体的に捉える実践的認識、あるいは認識的な実践のあり方を示しているものである。「書き換え」は、そうした「読み換え」という当該社会の認識論にもとづく文化受容による変容の位相から一歩進んで、変容に意識的に関わる実践的行為の位相を示している。

Ⅰ部とⅡ部では、内・外のインターフェースにおけるそうした一連の関わりのあり方を追究していく。対象社会の人々による認識論的な「読み換え」の実践から始まり、さらに一歩進んだ「書き換え」的実践的行為を明らかにし、それを新たな展開の可能性として示すことで、昨今批判されている「エリートの表象」（Ⅰ部）を超え、「民族というカテゴリー」（Ⅱ部）を超えることを目指している。Ⅲ部では、そうした実践行為を、対象社会の人々だけではなく、人類学者が遂行することが求められている昨今の状況のなかで、（文化人類学の知見を開発に役立てようとする）応用人類学としての「開発人類学」だけではなく、（開発という事象をフィールドによって対象化し、明らかにしようとする）「開発の人類学」という認識的実践をもとにした実践行為として統合してゆく方向性を考えてゆく。以下、簡潔に各章の内容を紹介しておく。

### Ⅰ部解説

ここでは、広義の宗教の分野を扱っている。広義というのは、宗教に関わる主体がクラン（氏族）や部族、民族といった人々の集団と深く関わり、それらが切り離せない対象となっているからである。集団のリーダーや運動の推進者など、何らかの意識や意図を持ち、行動し、周囲からまたそのように識別されているある種の「エリート」たちを扱う傾向が昨今強いが、エリートによる文化や集団の構築を文化一般や集団の構築として表象するのではなく、むしろそこから派生して展開されるさまざまな実態を明らかにしている。この分野におけるインターフェースの文脈では、宗教的なシンクレティズム（諸教混淆）が見られるが、文化とその外部性という問いには必ず集団のアイデンティティの問題が付随する。文化の問題はすぐれて認識論的な課題であるが、同時に広義の存在論の問題を喚起するのである。

Ⅰ部では、文化の接合から宗教的アイデンティティへと議論が展開されてゆくが、（新興宗教ではない）一般的な宗教集団と民族集団は、アイデンティティ形成の重要性という点において、各章で展開される現象にはかなり類似している点があることが明らかになるであろう。具体的には、1章では、ニューギニア高地の人々と、白人および白人のもたらした文化とのインターフェースの歴史的経緯が、脱植民地化の現在の文化変容の意味と実践を担っていることを明らかにし、キリスト教会のエリートの実践とそのエージェンシーの波及過程を白人性の獲得という点から問うている。2章では、植民地状況下におけるソロモン諸島民と西洋人の文化的なインターフェースについて、主としてキリスト教の受容という観点から捉え、そこから新たなキリスト教の創造の過程を対象として論じている。3章では、植民地主義やグローバリゼーションによって広まる近代的な思考様式と、インドの仏教徒不可触選民と呼ばれる人たちの改宗運動とのインターフェース、また近代的な思考様式の強い影響を受ける改宗運動と、仏教徒たちの生活世界とのインターフェースを扱い、土着の信仰と仏教のそれとによる儀礼への意味づけの両義性と接合、および新たな統合の方向性を論じている。

**Ⅱ部解説**

人類学者が「民族」というテーマを扱うのは一般的になってきている。文化人類学者はまた民族学者とも呼ばれるが、民族を既存のものとしてその民族の文化を扱うというスタンスは過去のものとなっている。むしろ、「民族とは何か」を問うことが主要なテーマの一つである。ただし、文化人類学者が文字どおり「文化」を扱うのなら、民族間の差異を問題にする際に、民族と民族の「境界」地域における「文化」の展開状況を明らかにすべきであろう。そのことが人類学者の基本であるはずだが、なぜかそうした実態を明らかにするという本来の取り組みはなされてこず、「境界」の文化への言及や展開もあまりなされていない。人類学者の感性は社会の中心ではなく、「周辺」に向けられてきたはずであった（たとえ中心を研究対象とする場合でも）。ただ、現代ではそうした単一の共同体／社会の周辺だけではなく、むしろ隣接する共同体・社会の周辺との間で構成される「境界のダイナミズム」の諸相が問われているともいえよう。

編者がオーストラリア北端のトレス海峡の、とくにトレス海峡島嶼民とアボリジニーとが隣接居住する周辺地域でフィールドワークを行なった際に見いだしたのは、文化が連続的に変容しているということであった。つまり、各々の「民族」の文化要素が、各々の民族の周辺地域においては混淆しているのである。これは、国家形成や維持のため政策的に他方の文化の混入を禁止してきた歴史のある地域を除いては、民族の境界地域の多くでみられる現象である。また、境界地域では民族も混血の度合いが高くなっている。ただ、民族の混淆がその文化の混淆の必要要件ではない。境界地域では、民族の混淆に関係なく、文化の混淆は一般的な現象である。以前から、人々の生活にはそうした流動性をもたらす文化の柔軟さがあったのである。文化が接する境界地域では、文化は空間的にも連続している。こうした実態を明らかにすること、つまり民族と文化のインターフェースの現状を扱うことが、フィールドの成果を問う人類学者の重要な課題であると思われる。

Ⅱ部では、Ⅰ部につづき、民族とアイデンティティの問題が、インターフェース状況にある周辺的集団において発現される様相を対象化している。前述したように、民族とは何か、さらには民族間の差異をどう取り扱うかといった原理的な問題が、差異を扱う人類学者の課題とされてきている。民族の定義も文化の定義に劣らず、というかそれ以上に複層的であるが、ここで重要な意味を持つのが「カテゴリー化」の概念である。民族の固有名の問題は、内堀（1989）、松田（1992）らによってすでに問題提起されており、議論が進められてきた。ここでは、民族誌にそって、（広義の）構造論的な差異の実体化ともいうべき、カテゴリー化がいかに現実の文脈において、周辺的集団にとって機能しているか、あるいは彼らの戦略となっているかを明らかにしている。また、塩原良和が『ネオ・リベラリズムの時代の多文化主義 —— オーストラリアン・マルチカルチュラリズムの変容』（2005）で、昨今の個人と効率を重視するネオ・リベラリズム多文化主義による、周辺民族集団の（ある種逆説的な）個人レベルでの同化を促進する政策をとりあげ危惧を表明したが、そうした動きに対抗しうるものとしてカテゴリー化が論じられているといえよう。

重要なのは、「カテゴリー化」という概念によって、たとえば「アイヌ」と「外国人」という異なるレベルの異なる文脈における周辺的集団の認識論的実践の遂行や、新たな文脈におけるエンパワーメントという過程を「共通の枠組み」で捉えられうることを提示している点である。具体的には、4章では、「日本人」と「外国人」、日本人社会と「外国人」のインターフェースを扱い、日本の学校で与えられる「外国人」というカテゴリーの非共約性の実態を示しながら、一方で成員が自ら名乗ることによって外国人としての共約性を構築し、連帯するさまを明らかにしている。また、5章では、アイヌと和人の日常的な生活におけるインターフェースを扱い、アイヌが本質主義的な同質性に依拠せず、また否定もせず、種々のカテゴリーによって和人との連帯による共生が推進されている点を明らかにしている。

### Ⅲ部解説

さて、構造論的な文化把握が有意なのは、仮定的で変換可能な構造の概念の応用的適用によって、複数の構造の関係性を措定できるという点にある。Ⅲ部のように、開発政策によってインターフェース状況が設定され、外部から開発のエージェントによって未知なる意味を担うもの、たとえば技術、組織原理、制度など種々の文化要素がもたらされる場合、接合という観点から現地社会の意味の変容がある程度予想しうる。レヴィ＝ストロースは個々の単一文化における神話の構造をブリコラージュの手法で解明していったが、ここでは、対象社会に開発エージェントがもたらすものを、複数の文化構造の接合のあり方としてブリコラージュ的に組み合わせてゆくという「開発の人類学＝開発人類学」という統合された展開が考えられる。開発機関の制度としてプロジェクト・サイクル・マネジメント（PCM）をはじめとした種々の開発の手法があり、さらに主体的参加型農村調査法／参加型学習と行動（PRA／PLA）など「参加」を旨とした開発手法への展開があるが、昨今ではこの参加型の手法の限界も論じられている。今後、制度的な枠組みのみにとらわれないで、根本的な問題に、より沿った（寄り添った）形で対応する方法を探ってゆくことが求められよう。この点で、開発援助の実践者でもある真崎克彦は『支援・発想転換・NGO―国際協力の「裏舞台」から』（2010）において、根本的な原理を探ることを放棄しないで、開発援助に取り組む方向性を模索し、提起している。6章では、真崎自身が関わったある開発援助事業を具体的にとりあげ、援助機関の文化と人類学とのインターフェースという観点から、人類学のあり方を問い、「開発の人類学」の有用性をも示している。

国内の地域づくりもまた、開発のヴァージョンとして扱うことができる。そこでは、認識の実践者であり、行為者＝実践者という二つの役割を担う新たな人類学者のあり方が垣間みられる。言い換えれば、差異を捉える「開発の人類学者」であると同時に、差異を消去して同化志向が求められる「開発人類学者」という新たなタイプの人類学者の模索である。7章では、科学的知識と文脈的知識ないし感性のインターフェース、そして市場の論理と贈与（「非－ビジネス」）の論理のインターフェースを、地域ブランド商品の開発の過程から検証している。なお、「アクター・ネットワーク」理論といえば、日本ではブルーノ・ラトゥールの行為や環境やモノを中心としたアクター・ネットワーク理論が注目されてきた。この章では「場」というような語を提示していながらも、それに触れずにノーマン・ロングのアクター・ネットワーク理論に言及しているが、それは開発を人類学者を含む開発従事者の意図や選択に基づく主体的実践として取り組むという立場を示しているからであろう。

Ⅳ部解説

新たな人類学の展開として、まず文化を「情報」として捉える視点を挙げたい。「情報としての文化」である。昨今、「文化」という語が必要以上に政治的な意味合いをもって受け取られる面があり、人類学の中心概念でありながら、使いにくいものとなっている。そこでⅣ部では、「文化」を「情報」という観点から「読み換え」て用い、情報としての儀礼、情報としてのモノ、情報としての行為、情報としての感覚、情報としての空間・時間といった観点からアプローチし、人類学の新たな展開を期している。

8章では、「古式儀礼」と「現代民俗」のインターフェースを扱っている。儀礼を「自己表現系」として捉え、その変容をアクターによるたえまない再表象と再解釈による再生産として提示している。9章では、生物医療と土着の医療文化のインターフェースをとりあげている。意味というものを存在（モノ）や行為と結びついた知識＝情報として提示しようとしている。10章では、食の生産と消費のインターフェースを、食肉の大量生産による均質化と感覚情報（価値）による商品としての差異化として扱っている。11章では、地域（ローカル）労働者と経営側のインターフェースにおける労働空間の境界の流動性を捉え、心理的な側面を重視した実践的な提案として、空間的な「場」ではなく、時間的な「機会」の必要性を説いている。

以上、簡単に各章の内容を紹介したが、詳しくはそれぞれの章を読んでいただき、こうした方向の人類学の展開の可能性を読者のみなさんに考えていっていただきたいと思っている。

**注**

（1）佐藤郁哉も、『フィールドワーク―書を持って街へ出ようワードマップ』（2006）で、この点を指摘している。

（2）しかし、こうした（もはや新しくない）新しい民族誌の提唱者の中心人物のジョージ・マーカスのテクストの読み方に編者は大きな問題を感じている。マーカス（マーカスおよびフィッシャー 1989）は、サーリンズのテクストの重層性を読めていない。テクストの多様性を提唱したり、そこからはずれる試みを実験したりするのはいいが、そもそも批判の対象とするテクストを十全に読解できていないというのは、まさに自らの学問文化の枠組みで他者のテクストを「翻訳」する結果であろう。民族誌のみを人類学の対象として措定することから、構造論のいう構造を実体視し、その柔軟性や変換による動態性といった展開の可能性を読めない一因となっていると思われる。

カルチュラル・スタディーズに与するわけではないが、マーカス（クリフォードおよびマーカス 1996）が批判するカルチュラル・スタディーズの『ハマータウンの野郎ども』（ウィリス 1996）の方が、まさに「部分的真実」ではあっても、その第Ⅰ部「生活誌」が、労働者階級の子供たちが学校という環境で／を、どう捉えながら自らの位置づけを行なっていっているかを描いていて、マーカスの民族誌よりはるかに実験的で興味深い民族誌となっている（ただし、第Ⅱ部「分析」は、その強引な「分析」に読むのをやめた読者が多いはずである。しかし、第Ⅰ部の「生活誌」の「誌」としての価値は維持されるであろうし、それは民族誌の興味深い応用展開とみなされよう）。「人類学」や「カルチュラル・スタディーズ」という枠をつくり、人類学を守るために人類学をヴァージョン・アップするというのではなく、（その名に値する）フィールドワークにもとづく人類学の対象へのアプローチや人類学のパースペクティヴを維持しながら、人類学という慣習行為における革新を行なってゆくことこそが重要である。

# Ⅰ部　「読み換え」から「書き換え」への実践Ⅰ

## ――エリートの表象を超えて

# 1章　ニューギニア高地における白人性の獲得

## ——脱植民地期におけるキリスト教の実践

深川宏樹

### 1　白人性の獲得

本章はパプアニューギニアにおいて、植民地化ならびに脱植民地化の過程で構築された白人と自己の認識と、その認識にもとづくキリスト教の実践を取り上げる。[1] アメリカを中心に発達してきた白人性研究においては、白人の属性すなわち「白人性」が、実体としての白人を離れ、誰もが達成すべき普遍化された人類の標準として広まり、機能することが指摘されている（藤川 2005: 21-23, 27-36）。それに対して本章の焦点は、帝国主義や世界システムにおいて普遍化された標準となる白人性よりも、むしろ文化の創造的側面としての、特定地域における白人性の構築にある。[2]

近年、パプアニューギニアの人類学的研究において、対象社会における白人の位置づけを扱った研究が増えている。まず、そうした研究に白人が祖霊や死霊とみなされる点に着目するものがある（Leavitt 2000; Rumsey 1999）。パプアニューギニア諸社会では、植民地期に突如現われた白人を霊的な存在や力と結びつけるという、ある程度共通した白人像がみられる。しかし、それらの研究は事例と分析が語りに偏向しており、人々の具体的な実践を軽視しすぎる傾向がある。

それに対して、日常的な実践と白人像との関係を真正面から論じた研究がある（Bashkow 2006）。バシュコウによれば、オーストラリア政府によって統治された植民地期とはうって変わり、独立後は村落部で白人を実際に目にする機会はない。しかし、人々から見た白人の属性、すなわち白人性は具体的で個別的な人を離れて、ビジネスや商品といった新規の活動や物に体現される。そのため、白人のいない村落においても、そうした西洋由来の活動や物を媒介として白人像が構築される。このように、植民地期以来の白人像と、日常生活に新たに組み込まれた活動との関係を問う視点は、従来の語りに偏重した記述・分析を避ける上で重要である。

本章においても、現地の語りに見いだされる白人像とキリスト教の実践との関係について論じる。その際に見落としてはならないのは、白人と自己の間に優劣が設けられる点である。パプアニューギニアでは、植民地期の支配・従属関係のなかで、白人よりも自己を劣位に位置づける認識が形成される傾向がある（Robbins 1998, 2004）。本章で対象とするニューギニア高地エンガ州サカ谷においても同様の事態が観察される。だが興味深いことにエンガ州サカ谷では、自己批判から自己の再編への転換がみられる。人々は、白人と自己との差異を乗り越え不可能な絶対的な差異とはみなしておらず、むしろ乗り越え可能なものとして捉えているのである。したがって、本章では、人々が白人との対比で自己を批判するに留まらず、白人性の獲得を試みる点に積極的に着目していく。

このように本章は白人性の獲得に注目するが、一部のカーゴ・カルト研究にみられる抵抗論に与することを意図していない点を強調しておきたい。それらの研究は、対象社会の人々の実践を白人の模倣とみなし、それを植民地主義の支配的言説に対する抵抗として読み解く点に特徴があった（Errington and Gewertz 1995; Lattas 1992）。しかし、カーゴ・カルトを「反転した人類学」と名づけたワグナーの議論に明らかなように、白人の表象やそれにもとづく実践は、単なる抵抗には還元できない、より普遍的な、文化の創造的側面を映し出している（ワグナー 2000 [1975]: 45-69）。それは現地社会の人々が慣習的な枠組みにもとづいて非慣習的な活動や物を客体化しながら、自己を常に再創出していく過程であるといえる[3]（前川 2004: 96-99, 105-116, 132）。

本章で取り扱う、ニューギニア高地エンガ州サカ谷における白人像とキリスト教の実践も、植民地主義に還元可能なものでもなければ、必ずしも対抗的なものでもない。ただし、当然、それらが西洋との接触の歴史と無縁であるわけでもない。次節以降で見てゆくように、エンガ州における白人像は、ニューギニア高地の植民地統治ならびに脱植民地化の過程で形成された、人々の歴史認識と分かち難く結びついている。

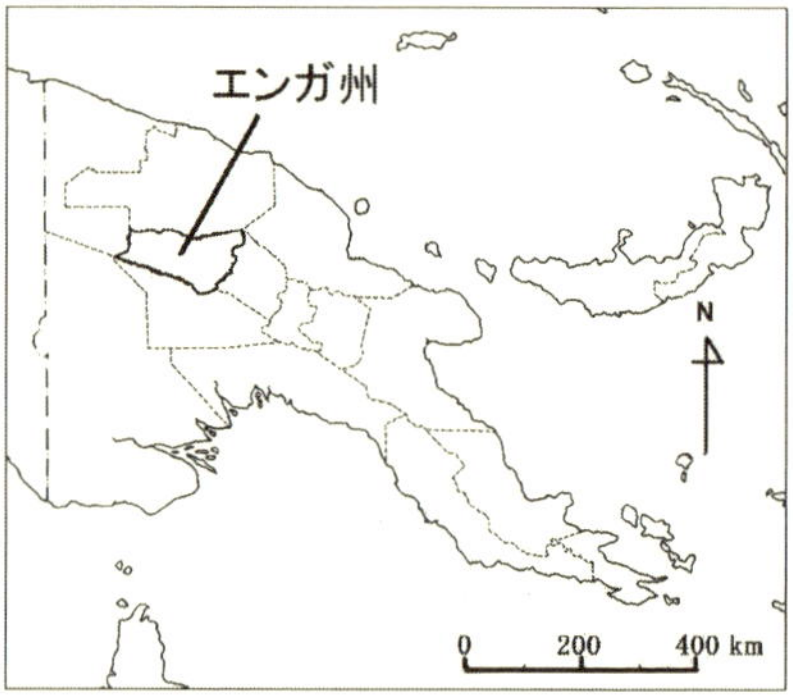

**図1　パプアニューギニアのエンガ州の位置**
（Gordon and Meggitt［1985］より作成）

## 2　植民地統治から独立への過程

パプアニューギニアは、オーストラリアの北に浮かぶニューギニア島の東半分と、周囲の島々からなる国であり、その人口は五二〇万人ほどである（Papua New Guinea National Statistical Office 2000）。そのなかでも、内陸部のうち標高一二〇〇メートル以上の地域をニューギニア高地という。この地域の主食はサツマイモであり、生業は焼畑農耕と豚の飼育である。

パプアニューギニアの植民地統治の歴史は一九世紀後半にまで遡るが、ニューギニア高地は、西洋との接触が最も遅い地域として知られている。ニューギニア高地において、オーストラリア植民地政府による統治が本格的に始まったのは、一九四〇年代半ばからである。西洋との接触以前、ニューギニア高地ではクラン（氏族）間の小規模な戦争が絶えなかった。クランとは、親子のつながりを通して成員権が継承される親族集団であり、ニューギニア高地では父子のつながりを重視する父系クランが、土地を共同所有し、戦争などの政治的行動をとる単位である。植民地政府は高地に統治体制を敷くにあたって、クラン間の戦争平定を目指した（Gordon and Meggitt 1985: 162-169; Meggitt 1977: 146-149）。まず、パトロール・オフィサーと呼ばれるオーストラリア人行政官が銃を携えて各地をまわり、クラン間の戦争を止めに入った。それまで鉄器すら目にしたことがなかった高地の人々は、銃という未知の力をもつパトロール・オフィサーを畏怖したという。そして戦争はまたたく間に平定された。

一旦、戦争平定により秩序が構築されると、高地は急速に発展の途をたどった。その際、とくに都市から離れた周縁地域に関しては、キリスト教宣教師の役割が大きかった点が重要である（Feacham 1973: 36-39）。植民地行政によってひとたび政治経済的な中心地が確立されると、それに引き続き高地の隅々まで学校や病院、診療所、商店などを建てたのは、政府ではなく宣教師たちであった。こうした事実は、次節以降で述べるエンガ州サカ谷の白人像に影響を与えている。

一九六〇年代半ばになると、高地の植民地統治に早くも転換期が訪れる。オーストラリアが、植民地政府の再編を開始したのである（Gordon and Meggitt 1985: 39-69; Meggitt 1977: 156-181）。しかし、組織再編は失敗に終わり、その過程で政府の秩序維持能力が弱まったため、高地ではそれまで抑えられていたクラン間の戦争が一九七〇年代に復活した。一九七五年の国家独立以降も、各地で戦争が頻発し、さらには都市の治安も悪化した。その結果、独立後のパプアニューギニアは、法と秩序の問題を抱えた「弱小国家」というレッテルを貼られることになった（eg. Dinnen 2001）。

以上のように、植民地統治によってニューギニア高地には束の間の秩序と発展がもたらされたものの、パプアニューギニアは近代国家としての形を整えないままに早急に独立することとなった。オーストラリアはパプアニューギニアに独立国家の外貌を与えたが、ヒエラルキー型の体系的な組織体制は十分に確立しておらず、軍隊や警察も抑止力を形成しているとは言い難かった（畑中 1983: 249）。その結果、独立後の高地ではクラン間の戦争が頻発することとなった。

こうした植民地統治から独立にいたる変化を、ニューギニア高地エンガ州サカ谷の人々は、どのように捉えているのであろうか。それはオーストラリア人が「法」を敷き、サカ谷の人々自らの手によって「法」が崩壊する歴史である。次節では、植民地化から独立の過程が人々の歴史の捉え方や白人像にどのように影響しているかを見ていく。

## 3　植民地統治と白人像

### 植民地期の理想化と現状の悲観視

エンガ州はニューギニア高地の西部に位置し、人口は三〇万人ほどで、言語はエンガ語である（Papua New Guinea National Statistical Office 2000）。エンガ州では外婚単位である父系クランが集住と土地所有の最大単位であり、ひとつの村落を形成する。本節では、エンガ州の東端に位置するサカ谷の村落において、人々が植民地統治から独立の過程をいかに語っているかを見てみる(4)。その語りの特徴は、まず植民地統治が否定的には捉えられずに、逆に理想化され、オーストラリア人に代表される「白人」がポジティヴに語られることである。

人々が植民地期について非常に肯定的に語るのは、まず、先述したパトロール・オフィサーによる秩序維持についてである。なかでも、パトロール・オフィサーがクラン間の戦争を短期間で平定し、その後も秩序を維持したことは、白人にしか達成しえない偉業として称えられている。そのような偉業は、白人の「強い法」によって支えられていたとされる。六〇代前半の男性Ｉは、白人の「強い法」について筆者に次のように語った。

白人が初めて来たとき、彼は近隣クランの男性たちを銃で殺した。それで白人の言葉に従わないと、銃で殺されるとわかった。ここで人口調査が行なわれたとき、白人が坐れと言えば坐り、立てと言えば立ち、話せと言えば話した。誰かが従わないと、白人か、白人が任命したリーダーに叩かれた。少しでも悪いことをすると、刑務所に入れられた。

男性Ｉに限らず、多くの男性は、植民地期のパトロール・オフィサーの命令が絶対であったと言う。彼らによれば、戦争を行なうことに加えて、人口調査や道路づくりへの不参加、人頭税の未払いなど、白人に課された義務の不履行を理由に暴力を振るわれ、刑務所に送られたという。それだけでなく、窃盗、姦通や婚姻外の性交渉といった「悪い行ない」も刑罰の対象であった。その際、白人は些細な過ちも見逃さず、わずかな非に厳重な罰を与えた。人々は白人を非常に恐れたため、植民地期には、戦争や「悪い行ない」が抑えられたという。

このように見ると、人々のいう白人の「強い法」とは、明らかに植民政府による抑圧的な統治体制を指している。しかし、人々はそれを「白人が我々の面倒を見る」と肯定的に表現する。植民地期は、「強い法」により戦争が抑止され、「悪い行ない」がなくモラルの面で優れた時代であったと記憶されているのである。さらに植民地期の肯定的な評価は、新たな富の流入に結びつけられる。たとえば、白人がもたらした鉄製の斧、ショベル、大鉈などに代表される外来品は、すべて非常に「強い」と褒められる。これらのことがらはすべて独立後の状況との対比から捉えられている。人々は、白人の統治した植民地期を理想的な時代であったと、現状への不満を込めて語るのである。

植民地期とは対照的に、独立から現在までの時期は極めて否定的に評価される。なかでも強調されることは、独立後の「法の崩壊」である。その最たる例として、一九八〇年代から九〇年代にかけて、エンガ州サカ谷においても、植民地期には治まっていたクラン間の戦争が多発したことが挙げられる。かつてサカ谷の中心にあったカトリックの拠点は木造の豪奢な教会と、神父やシスターたちの西洋風の家屋や商店が整然と立ち並び、「サカ谷のローマ」と呼ばれていたという。しかし、それも戦争で燃やされ尽くし、今や跡形もない。クラン間の戦争の復活と、白人がもたらした富の破壊は、「法の崩壊」の証左とされる。この点について、五〇代半ばの男性Ｅは筆者に次のように語った。

白人は強い法を置いた。他の男の妻と寝るな。争いが起こったら補償を支払うのではなく警察が叩いて刑務所に入れろ。だから、皆が白人を怖がって、悪いことをしなかった。だが、(独立して)ソマレ(初代首相)が別の法を置いた。すると、姦通、盗み、戦争、マリファナなど悪い行ないがとても増えた。今、我々はそれがわかったが、どうにかするのはとても難しい。

現在のエンガ州サカ谷では、戦争に加えて植民地期には抑えられていた暴力沙汰や悪い行ないが増加したと考えられている。法の崩壊や秩序悪化の原因は、白人が統治せずに人々が「自分自身の面倒を見る」ようになったこと、すなわち独立に帰せられる。そこで独立から現在までの時期は、戦争が復活し、悪い行ないが多く、モラルの面で劣った時代であるとみなされている。さらに、独立後の現状に対する否定的な評価は、商品の劣化や現金の価値の低下としても語られる。

このように、植民地期と独立後の現状、および白人と自己が明確に対比して語られる。前節で述べたように、実際にはクラン間の戦争が復活したのは独立以前である。また、人々が悲観視する現状は、実際は、被植民地が国家としての基盤が乏しいまま、外部から性急に独立させられたことによるところが大きく、オーストラリア人とパプアニューギニア人の差異に必ずしも還元できない。

しかし、エンガ州サカ谷の人々自身は前記の過程を漸次的な変化ではなく、独立を境とした極端な変化として語る。さらに、それを優れた白人と、劣った自己という構図に当てはめるのである。そこではマクロな国家間の力関係や制度上の不備が、人のモラルや能力の問題へと置き換えられる傾向にある(cf. Lattas 1992: 28, 32)。そのため、植民地期から独立の過程は白人が法を敷き、人々自らの手によって法が崩れてゆく歴史として描かれるのである。こうして、白人に代わって、モラルの面で優れた状態を維持できず、新たな富を得ることもできないネガティヴな自己像が構築されたといえる。

## 白人像とキリスト教

理想的な植民地期を代表する白人像に対して、独立後の退廃した現状を表わす自己像は、極めてネガティヴな自己認識に映る。しかし、単にポジティヴな白人像とネガティヴな自己像をもったまま、人々は自己批判に終始するわけではない。むしろ、そうした構図を前提に、自らが「白人になる」ことによって、現状を打破することが目指される。ただし「白人になる」ことは容易ではなく、そうしたなかで唯一接近可能な打開策として、キリスト教が浮上してくる。

現在、エンガ語には白人を指す語として、赤い肌を意味する「コネ」という語がある。赤い肌の白人に対して、自分たち自身には黒い肌を意味する「プブリ」という語があてられる。さらにこれとは別に、エンガ語には白人を指す語として「ナイ」がある。[5]「ナイ」に対しては、白人ではない者を指す「メー」という語がある。「メー」とは「何もない、ただの」という意味である。

重要な点は、「コネ」と「プブリ」という赤い肌と黒い肌の対比が身体的な差異であり、乗り越え不可能な差異と捉えられている一方で、「ナイ」と「メー」の対比は「慣習」（マナ）の差異であり、変更可能とされることである。たとえば、パプアニューギニア人であっても、教師や高等教育を受けた有識者、国会議員、企業家、牧師など、白人によってもたらされた「新しい慣習」（マナ・エネンゲ）に精通していると考えられている者は、「ナイ」すなわち白人と呼ばれる。[6] なぜなら、新しい慣習を実践することで『ナイ』になる、すなわち「白人になる」（ナイ・インジンギ）ことができるとされるからである。つまり、白人は共約不可能な存在としてではなく、自分たちの来たるべき新しい姿として捉えられているのである。以下では、「ナイ」を「白人」とし、「ナイ」になることを、人々が「白人」の属性を獲得することと解釈し、白人性の獲得と記す。

白人性を獲得する方法である新しい慣習の内実は、それほど明確ではないが、すべて「白人の慣習」に起源があるとされている。大まかには、植民地期以降にもたらされた活動や物を指し、本章で焦点を当てるキリスト教もそのひとつである。しばしば、独立を境に過去の「古い慣習」(マナ・ワンバタエ)が新しい慣習に取って代わられ、村落生活が刷新されたと語られる。だが、人々にとっての問題は、この慣習の移行が不完全であることである。その結果が、独立後の悲観視される現状をつくりだしたとされる。

こうした状況の下、新しい慣習に精通し、白人性を獲得する方法は三つあるといわれている。具体的には学校教育、商業活動、キリスト教である。ただし、多くの村人は既に学校教育を十分に受けないまま成人しており、再び就学する機会がなく、その望みは次世代に託されている。また、エンガ州のなかでもサカ谷は、都市から遠く離れた僻地であり、現金を獲得する上で不利な位置にある。ゆえに商業活動に関しても、成功する見込みがないとされる。

このように、少なくとも現在のサカ谷の村人にとっては、学校教育と商業活動を通して白人性を獲得する道は断たれている。それに対して唯一、村落生活において誰もが参加できるキリスト教の活動だけが、皆に開かれている。そもそも植民地期から、キリスト教の宣教師は、村人にとって比較的、馴染み深い存在であったといわれる。サカ谷において植民地期の白人とは、主に宣教師とパトロール・オフィサーであった。だが実際には、パトロール・オフィサーはサカ谷を巡察時に訪れるだけで、日常的には不在であった。それだけでなく、大半の人々はパトロール・オフィサーを非常に恐れていたため、極力近づかなかったという。

一方、宣教師はサカ谷に居を構え、布教のために積極的に村人に接しようとした。また、2節で言及したように、サカ谷のような、都市から離れた周縁地域ではキリスト教会が学校を建設し、宣教師が教師として授業を行なった。さらに、他の白人入植者が不在であったため、初めに商店を開いたのも宣教師であった。多くの村人が初めて米や魚缶といった商品に触れたのも、宣教師が開いた商店であったといわれる。つまり、人々が植民地期に接した白人とは主に宣教師であり、彼らが行なった三種類の活動、すなわちキリスト教、学校教育、商業活動が、白人性の獲得手段とみなされるようになったと解釈できる。

さらに、宣教師は白人の唐突な到来の謎を説き明かした存在とされる。老年の男性たちは、植民地期に何故、パトロール・オフィサーが突如来訪して地域を統括し、富をもたらしたかを理解できなかったと語る。しかし、後に現われた宣教師が、その理由を明らかにしてくれたという。その答えは「イエスが十字架の上で死んだおかげで、政府がこの土地を訪れ、新たな富をもたらした」というものであった。植民地期、白人の富の源泉が謎に包まれていた状況下、宣教師たちは鉄器や他の工業製品を携えて布教を開始し、ときには人々の想像を絶する航空機にまで乗っていたこともあったのである。その宣教師の言葉がいかに大きな影響力をもっていたかは想像に難くない。ゆえに現在でも、新しい慣習の習得は、白人宣教師に類する人物に導かれながらキリスト教の神との関係を築くことで達成されるという認識が強い。

この点について、独立前の一九七一年にエンガ州サカ谷で調査を行なったフィーチェムが、興味深い報告を行なっている（Feacham 1973）。彼によると、カトリックとルター派の宣教師が当地域で布教を始めたのは、オーストラリアによる本格的な植民地統治の開始直後であったという。当時、宣教師は地域の発展を進めながら、同時に説教でキリスト教による慣習の刷新を説いた。フィーチェムは、こうした宣教師の行動が、人々に「誤解」を与えたと批判する。具体的には、宣教師の説教と活動のために、人々は白人の富を漸次的な発展の産物ではなく、神によって一挙に与えられたものとみなしたという。さらに、白人が去れば、神から与えられた富もすべて消失すると考えていたという（ibid: 37-40, 42-43）。本章のここまでの記述から明らかなように、フィーチェムの調査から約四〇年が経過した同地域では、植民地統治と手を携えたキリスト教による文明化の枠組みが、独特のかたちで人々に内面化されているといえる。

## 4 「白人」牧師による「部族献納」運動とクラン間競合

本節では、まずエンガ州サカ谷のM村におけるキリスト教の概況を示し、そのなかでも近年急成長を遂げる独立宗派の事例を取り上げる。独立宗派の活動は、人々がいかにキリスト教と「白人」を結びつけるかをはっきりと示している。事例では、サカ谷の独立宗派の活動において、キリスト教、学校教育、商業活動での成功を体現する、現地のエリートの牧師が、植民地期の白人との連続性から人々の注目を集めている。

筆者が調査をしたサカ谷のM村は、Yクラン成員の居住地である。M村には神の存在や聖書の言葉を正面から否定する者はおらず、洗礼を受けたか否かや、日曜の礼拝に通う頻度においては個人差があるものの、人々にとってキリスト教の教えや戒律は強い正統性をもっている。そのなかで、牧師は皆、現地語だけでなく、オーストラリア人の話す英語に近いとされるピジン英語の聖書を読むことができ、他の村人よりもキリスト教の教えに通じていると考えられている。

サカ谷には、植民地期に布教を開始したカトリック、ルター派、安息日再臨派の三宗派がある。加えて、それらの宗派から独立し、サカ谷の男性が立ち上げた新宗派もいくつかある。なかでも近年急成長を遂げているのは、M村のYクランの男性Dが立ち上げた独立宗派の改革教会である。D牧師は、パプアニューギニア大学で経済学の修士号を取得した高学歴の持主である。以前、彼はルター派の高等学校で教師の職に就き、同時にペンテコステ派の牧師を務めていた。その後、教師を辞めて、二〇〇一年にM村で改革教会を設立した。当初、信徒は同じYクランの成員のみであったが、急激に勢力を拡大し、高地を中心に一三の州に一四七の教会をもつに至っている。

改革教会の理念は、神の言葉に従う誠実で信心深い個人を育てることであり、それによって汚職と腐敗にまみれた国家を草の根レベルから再建するというものである。その活動は、日曜の礼拝や地域集会に加え、村落での牧師養成学校の設立、簡易水道の設置、道路の拡張、養殖場の建設、ならびに都市での卸売り店の経営など多岐にわたる。その理念に現実味があるか否かは確かではなく、また牧師学校や商業活動なども未だ小規模である。しかし、その活動は植民地期の白人宣教師と類似しているが、白人宣教師ではなく自分たちの親族の男性が主導する点に斬新さがあり、大きな注目を集めている。

とりわけD牧師の説教は、人々から賞賛を浴びている。その理由は、説教の内容それ自体というより、むしろ彼が「白人」であることに関係がある。まず、D牧師は高学歴で西洋風の家屋に住み、海外を行き来し、自動車を三台も所有するなど、大半の村人とはかけ離れた日常生活を送っている。説教においても、通常の牧師の説教とは異なり、D牧師はピジン英語や英単語を多用し、彼自身の海外経験や海外のニュースを織り交ぜる。さらに、彼はスーツを着用し、村落部ではめずらしい発電機を利用して昼間から照明をつけ、エレキ・バンドの演奏を従えてマイクを握る。筆者の聞く限り、彼の説教には、英単語や海外の話など、村人にとって意味の取りにくい箇所が多い。しかし、その内容は彼がキリスト教、学校教育、商業活動のすべてにおいて卓越した「白人」であることを強く印象づける。ゆえに、彼の説教には村人から常に熱烈な拍手や歓声が湧き上がるのである。人々はD牧師の導きを欲し、彼の宗派は拡大を続けている。

しかしながら、「白人」としてのD牧師の説教から、実際の人々による実践へと目を転じたとき興味深いことがわかる。それはD牧師が率いる改革教会の新しい活動が、クラン間の既存の競合関係の枠組みに埋め込まれ、利用されていることである。人々はD牧師の言葉に耳を傾けながらも、彼の意図とは異なる枠組みにもとづいてキリスト教の教えを実践しているのである。ここではその事例として、改革教会による「部族献納」(トライブ・デディケーション)と呼ばれる運動を取り上げる。

「部族献納」の運動は二〇〇六年に、D牧師が考案し主導したもので、Yクランをはじめ、近隣の五つのクランがそれぞれこの部族献納を行なった。この運動の名目は、クランの人・土地・財のすべてを神に贈与する誓いを立てることにあった。それによって、土地や財をめぐる争いや競合をなくそうというのである。加えて、この運動の主導者がD牧師であることを考慮すると、人々にとって部族献納運動のもうひとつの目的は、「白人性」の獲得にあると考えられる。

具体的には、改革教会の主導のもと、宗派の別に限らず、クランの大多数の成員がそれぞれ定められた日に村落の広場に集まり、神に祈りを捧げた後、七つの宣誓を行なった。そのうち、本章の議論に関連する三つの宣誓の内容を取り上げると、①いかなる争いであれ、クランの成員は、争いの原因をつくった人物を保護してはならず、公式の裁判所の判断に委ねるか刑務所に入れること、②他のクランが自己のクランに危害を加えようとも、決して反撃してはならず、かつ補償も受け取らずに許すこと、③葬儀時になされる母方親族への贈与を行なわず、かつ受け取らないこと、であった。重要なのは、人々がこれらの宣誓を「法」と呼んでいることである。それは植民地期の白人の「強い法」と重なりつつも必ずしも一致しない、D牧師とYクランの人々の新しい「法」であることが強調される。(7)

ここで「部族献納」の内実をより詳細に見ると、前記の宣誓①と②は、裁判所や刑務所といった近代的な制度を用いることで、争いを個人レベルに留め、クラン間の競合へと発展させず、さらなる争いや戦争を抑止する狙いがある。この宣誓が打ち立てられた背景には、エンガ州のクラン間関係が友好的側面と敵対的側面の双方を併せもつ点がある。クランは外婚の単位であり、クラン成員は他のクランから女性を得て、その返礼として婚資や葬儀時の贈与を支払うことで友好関係を形成し維持する。しかし同時に、クランとクランは戦争や争い、大量の豚を贈り競い合う儀礼的贈与交換「テー」、邪術などを通して競合する。(8) つまり、クラン間の競合や争いは文脈に応じて、むしろ良きこととされるのである。

それに対して、とくにキリスト教の文脈では、クラン間の競合や戦争は、いかなる場合にも否定されており、友好的側面のみが強調される。改革教会に限らず、キリスト教の牧師の説教においては、洗礼とは「イエスのクランに入ること」であるといわれる。これは洗礼を受けたすべての者は、別々のクランではなく、単一の「イエスのクラン」に属することを意味する。つまり、すべての人々は理念上、競合性が高いクラン間関係ではなく、連帯が強調されるクラン内関係に包摂されることになる。前述した①と②の宣誓は、こうしたキリスト教の理念を踏まえた上で、近代的な制度により争いを個人レベルに留め、クラン間の競合性を合理的に制御しようとするD牧師の思惑を映している。

こうしたなか、事態を複雑にしているのが、③の、葬儀時になされる母方親族への贈与を行なわず、かつ受け取らないという宣誓である。そこでは、人々は単に宣誓に従い、葬儀時の贈与を行なわないというよりは、既存のクラン間関係の枠組みのなかで行動している。

具体的に、エンガ州では、男性の葬儀時に死者の父方クランの成員から母方クランの成員に対して、豚と現金の贈与がなされる（深川 2011）。この贈与は、母親がその死者を産んでくれたことに対して、時間差をともなった、父方のクランから母方のクランへの返礼を意味する。しかし、部族献納の宣誓すなわち「法」は、葬儀時の贈与を、死霊への供犠に当たるとして禁じている。実際、葬儀時の母方クランへの贈与そのものが死霊への供犠を意味するのではないが、死霊は贈与物である豚肉料理から出る「匂い」を消費するとされる。そのため葬儀時に、贈与のために豚肉を広場に並べること自体が、亡くなった男性の死霊を鎮める供犠を含意している。そのため、死霊を「悪魔」として否定するキリスト教では、死霊への供犠を行なってはならないとするのである。それだけでなく、部族献納においてはそもそもクランの人・土地・財のすべてを神に贈与する誓いを立てたため、死霊に財を捧げることは許されない。ゆえに、葬儀時の贈与は、宣誓③の「法」において厳しく禁じられているのである。

実際に、ある死者のクラン成員たちが葬儀の場で、死者の母方クランの成員に贈与するか否かを決めるとき、しばしばクラン内部は贈与に賛成する派と反対する派に二分される。なぜなら、クラン内部には、相手クランの成員たちと姻族や母方親族の関係にある男性たちと、直接的な関係をもたない男性たちがいるからである。相手クランの人々と親密な関係にある前者の男性たちは、贈与に賛成するのに対して、後者の男性たちは贈与に反対する。なかでも自己のクランの利益を確保し、名声を高めようとするリーダーは、相手クランに財を与えることに強く反対する傾向にある。

こうした状況下、部族献納の「法」による葬儀時の贈与の禁止は、死者のクランの贈与反対派の強力な武器となっている。部族献納の「法」を盾に広場で贈与を断わることは、大勢の人々が集まる場で自分の敬虔さと、「法」を無視して贈与を要求する相手の蒙昧さを示す。ここで重要なのは、「法」に従い、贈与を公然と断わることが、自己のクランの白人性を誇示することになることである。キリスト教を通じて、自己のクランが相手クランよりも白人性の獲得において卓越していることが示されるのである。理想的な植民地期を表わす白人が称えられ、その白人性を体現するD牧師が名を馳せるなかで、それはクランの名声を高める行為となっている。そこでは神との関係を築くはずの部族献納の宣誓が、葬儀時に相手クランへの贈与を断わり、自己のクランの富を保持し、名声を築く手段として遵守される。

このように、人々はあくまでクラン間の競合関係のなかで、部族献納の「法」を、当初のD牧師や人々自身が意図したのとは違ったかたちで遵守している。部族献納の宣誓は、理念の次元では、D牧師の導きに従って神との関係を築く重要な行為である。そこでは、クラン間関係の競合性は否定されるはずであった。しかし実践の次元においては、意図せざるかたちで、キリスト教の活動や戒律は、クラン間の競合に組み込まれていた。それによって、部族献納とクラン間の競合が、同時に維持される状況が生まれたのである。こうして、人々は「白人」の牧師に導かれて新しい慣習を習得し、白人性の獲得へと向かいながらも、同時に、既存のクラン間競合の枠組みを再生産しているといえる。

## 5　脱植民地期における白人性の獲得

本章では、はじめに、パプアニューギニアの植民地統治から独立にいたる変化を、植民地政府による秩序の構築と、その崩壊に焦点を当てて概観した。とくにニューギニア高地では、植民地期に抑えられていたクラン間の戦争が復活し、人々の歴史認識と結びついた白人／自己像が構築されたことを指摘した。エンガ州サカ谷の人々は、白人が統治した植民地期を理想化し、独立後の現状を悲観視する。さらに、この状況をモラルと富の双方において優れた白人と劣った自己という構図によって理解する。それらの語りの特徴は、国家間の構造的な不平等が、個々人のモラルや能力の問題へと回収される点にある。

このようにエンガ州における白人像と自己像は、植民地期から現在までの歴史認識を反映している。ただし注意すべきは、自己と白人の違いが乗り越え不可能な差異とはされない点である。人々は慣習を変えることで、「白人になる」ことを試みる。つまり、具体的で個別的な白人を離れた属性、すなわち白人性の獲得を目ざす。その意味で、劣った自己とは、植民地期の白人との対比のみならず、現在の自己と未来の来たるべき自己（＝「白人」）との対比をも含むといえる（cf. Jacka 2007: 450）。こうして、人々にとって理解し難い植民地期ならびに脱植民地期の現状も、自らの努力によって克服可能なものとして対象化されうるのである。

しかしながら、学校教育や商品経済といった近代的な制度へのアクセスが困難な状況で、白人性を獲得するのは容易ではない。そこで、白人性を獲得できる唯一の手段となったのがキリスト教であった。キリスト教の活動では、植民地期の白人宣教師に代わる存在としてエリートの牧師による導きが不可欠であった。

さらに本章で取り上げた事例では、人々はエリートの活動に導かれながらも、実は既存のクラン間の競合関係の枠組みに即して行動していることが明らかになった。つまり、白人性の獲得を、現地で意識的に表明された言説から離れ、実践の次元から捉えたとき、それは既存のクラン間関係をキリスト教という新しい領域へと拡張しながら再生産する営為であったと解釈できる。そこには革新の希求が、否応なく慣習的な枠組みを呼び起こすという矛盾がみてとれる。脱植民地期という新たな状況において、人々は白人性の獲得というかたちで自己を積極的に変容させながら、同時に慣習的な枠組みを再創出するのである。

**注**

（1）本章の事例は、二〇〇七年五月から二〇〇九年一月、二〇一一年八月に、パプアニューギニア高地エンガ州ワペナマンダ郡サカ谷のＭ村で行なった調査にもとづいている。現地調査は、財団法人日本科学協会の笹川科学研究助成を受けて行なった。

（2）本章では、特定地域の人々がもつ白人の認識に着目する。これとは異なる観点から、オセアニアにおける白人について論じた研究として、植民地期のサモアの人種政策に焦点をあて、白人とネイティヴの混血の問題を検討した山本（2005）がある。

（3）本章では紙幅の関係上、十分に議論できないが、文化の客体化論については吉岡（2005: 139-239）や白川（2001, 2005）に詳しい。

（4）エンガ州サカ谷の人口は約一万六〇〇〇人、調査村のＭ村の人口は約一三〇〇人である（Papua New Guinea National Statistical Office 2000）。

（5）「ナイ」という語の由来は不明である。人々によると植民地期から白人を「ナイ」と呼んでいたという。筆者が調べた限り、「ナイ」には「白人」の意味しかなく、他の文脈では用いられない。

（6）なお、筆者は村落で「ナイ」つまり「白人」とみなされていた。一般的に、ヨーロッパ諸国やアメリカ、オーストラリア出身の人々だけでなく、インド人、中国人、日本人もすべて「白人」のカテゴリーに含まれる。

（7）本章では、キリスト教と「法」の関係について詳述できなかったため、この点については別稿に譲る。なお、ソロモン諸島ならびにメラネシアにおけるキリスト教と「法」の関わりを論じた研究として石森（2011: 181-202, 347-349）がある。

（8）調査時点では、クラン間の戦争と儀礼的贈与交換「テー」は行なわれていなかった。ただし、クランとクランの関係は依然として競合性や敵対性をもち、暴力的な衝突を含む争いが起き、クラン間での邪術による殺害の疑いも常にあった。

# 2章　文化接合としてのミメシス
## ――ソロモン諸島の宗教運動にみる正統性の希求

石森大知

### 1　ソロモン諸島のクリスチャン・フェローシップ教会

南太平洋に浮かぶソロモン諸島は、一九七八年にイギリスの植民地支配から独立した新興国家である。同諸島で最大の面積を誇るガダルカナル島は第二次世界大戦の激戦地として日本人にも広く知られている。本章のおもな舞台となるのは、このガダルカナル島の北西約三〇〇キロメートルの距離に位置するニュージョージア島である。

ソロモン諸島のニュージョージア島には、クリスチャン・フェローシップ教会（CFC：Christian Fellowship Church）という、土着発生的な独立教会がある。CFCは、ニュージョージア島出身の現地人説教師サイラス・エトの指導のもと、イギリスの植民地支配下にあった一九六六年に、主流派のメソジスト教会から分離・独立を果たした。それ以降、信仰、運営、財政などの面で西洋人の干渉を受けることなく、独自の活動を展開して現在に至っている。

二〇〇六年一〇月一七日、筆者は、CFCがニュージョージア島にほど近いヴォナヴォナ島で開催したある式典に参加した(1)。式典では、ユニオン・ジャックが高く掲げられ、CFC信徒たちは軍隊式のパレードをおこなっていた。そして同日夜の集会では、生演奏にのせて「ゴッド・セーブ・ザ・クイーン」を熱唱する姿が見られた。その一方で、ソロモン諸島の国旗は見られず、また同諸島の国歌が歌われることもなかった。これは一体どういうことなのか。そもそもCFCは反西洋的な思想を内包するにもかかわらず、誤解を恐れずにいえば、なぜイギリスの真似事、あるいは「模倣」（ミメシス、mimesis）をするのだろうか。

このような事例に限らず、CFCは、キリスト教を中心に西洋文化の模倣で溢れている。たとえば、CFCの発端は、聖書に記された出来事の再現もしくは模倣に求められる。教祖エトは、「使徒言行録」第二章の聖霊降臨と同様の現象が現実世界でも起こると説き、ニュージョージア島における聖霊の到来と神の国の出現を預言した。やがて同島の各所で憑依現象が起こり、それがメソジスト宣教団との対立を深める原因ともなった。またエトは、メソジスト教会の宣教本部を模倣した村落を次々と築き上げ、エデン、ベツレヘム、シナイなど聖書に縁のある名称をつけた。つまり、聖書の世界をある意味で模倣したのである。そのほか、軍旗にみたてた旗や役職に付随するバッジの作成、アメリカ軍の規律やパレードなど、CFCにおける西洋文化の模倣は枚挙にいとまがない。

しかし、先行研究において、CFCのミメシスに関する分析はきわめて貧弱である。というのも、模倣が正面から論じられることはなく、ただCFCをプロテスタントの「間違った不完全なコピー」と位置づけたり、あるいは一時的な狂気や精神疾患とみなす傾向が見受けられるからである（Tippett 1967; Tuza 1977）。そこでは模倣した側の視点やその多様性が軽視されるとともに、ソロモン諸島民が西洋文化との接触過程で示した創造的な側面が捨象されてきた。そのため、彼らはどのような思いで模倣を生み出し、それにいかなる意味を付与してきたのかが問われなければならないと考える。

本章では、CFCの形成過程を模倣に注目しながら概観すると同時に、「ミメシス」概念の批判的な考察を目ざす（本章では便宜的に分析概念としての模倣を「ミメシス」と記す）。以下に続く2節では、ミメシスと植民地主義をめぐる人類学的議論を概観する。3節でCFCの事例を明らかにした後、4節では、その事例にもとづいて模倣を生み出した教会（運動）の指導者の視点、およびその模倣を受け取った一般信徒の視点をそれぞれ明らかにする。最終的には、異なる文化の接合という視点から、ミメシスをめぐる位相について考察をおこなう。

## 2　ミメシスと植民地主義

ミメシスとは、古代ギリシャ以来、神の美や真理を模倣する技術として、芸術の基本理念に据えられてきた語である。プラトンは、真実在（イデア）を模倣して物象に定着させることを芸術と捉え、ミメシスである芸術でもってしても、真理を理知的に把握することはできないという批判的な芸術観念をもっていた（プラトン 1979:332）。やがてルネサンス期を迎えると、芸術を天才もしくは独創という個人が生み出し得る真理とする転回が生じ、芸術作品そのものがアウラを発するという近代的な芸術概念の確立に至った。こうした思想的潮流をふまえ、ミメシスの概念を発展的に継承したのがベンヤミンである。彼は、複製技術の象徴である写真と映画の事例を用いながら、それらは実在の人物や風景の単なる模倣や再現ではなく、それ自身によって輝くアウラを発する真正品であると主張した。そして、人間の「模倣する能力」（mimetic faculty）について、自然の本来の姿や人間の行為の形式を「ありそうな仕方で再現する能力」と定義したのである（ベンヤミン 1995, 1999）。

しかし、ミメシスでもって自己を「ありそうな仕方」で再現し、本来の自己ではない他者に接近することは、一時的であれ、それまでの自己の同一性が危機にさらされることを意味する。そうであるなら、模倣は、自己の同一性を問い直すとともに、構造の再生産からの変革を促す創造的な契機を提供することになる。このような議論の流れのなかで、一九八〇年代以降、ミメシスは植民地における主体の在り方を論じる語として装い新たに登場し、世界各地で「色の黒い人びと」と接した西洋人が、彼ら「劣等人種」に生まれ備わった習性を論じるための概念として洗練されていくことになる（春日 2007: 77; 岩谷 2009: 24）。

ミメシスと植民地主義をめぐる議論の先鞭をつけたのは、タウシッグである（Taussig 1993）。彼によれば、南米のクナ社会の人びとは、魔術的な力を引き出すミメシスに依拠し、植民地時代を生き抜いてきた。ミメシスの実践は、支配者である西洋人に対する暴力的反抗ではなく、西洋人の模倣をとおして、さまざまな不幸を追い払う力を象徴的に獲得したことを意味する。たとえば、クナの人びとは、病気治療のための呪術的な儀礼の場で西洋人を模して彫った木造の立像を用い、この像の力を借りて病気をもたらした悪霊を呼び出す。さらに、彼らは伝統的な衣装のデザインのなかに、ジャック・ダニエルの瓶に描かれたイメージ、そしてグラモフォン社（のちのビクター社）の「蓄音機に耳を傾ける犬」のロゴを用いる。そのほか、コロンビア軍を模した恰好で歌と踊りを演じたり、西洋の技術的産物を神としてあがめるなど、クナ社会は模倣で溢れている。

タウシッグは、このような権力に対する服従にもみえる営為が、じつは対象を把握し、支配関係の逆転を狙う意志の表現であると主張する。なぜなら、ミメシスとは「他者に対する能力」（Taussig 1993: 19）であり、人間を他の存在にならせようと駆り立てる原初的な原理にほかならないからである。人間は模倣をとおして新しい他者をつかみとり、他者に抗しつつ、変化する現実のなかで自己を確保・維持するのである（春日 1997: 134）。

またストーラーは、ベンヤミンやタウシッグの議論に依拠しつつ、西アフリカのソンガイ社会で起こったハウカという精霊憑依運動を分析する（Stoller 1995）。一九世紀以降、西アフリカの諸社会は、イギリスやフランスをはじめとする西洋列強の植民地主義によって多大な影響をこうむってきた。強制労働の導入と人頭税の実施は既存の経済活動を大きく変化させ、やがてそれは伝統的首長の権威失墜へとつながった。また西洋式の教育の導入は、衣服や空間の改造をつうじてアフリカ人の身体と文化的アイデンティティを否応なく変えた。そのような状況において、一九二五年に起こったハウカ運動は、植民地行政官の容姿や身振りの模倣を特徴的におこなってきた。ストーラーによれば、これは西洋人の力を感覚的に把握し、抑圧的な植民地秩序に抵抗する手段である。そして彼の議論に従えば、これまでハウカはエキゾチックで不可解な運動と描かれてきたが、そのような見方は妥当ではない。それよりもむしろ、この運動はミメシスの能力を駆使して対抗ヘゲモニー的な言説を紡ぎだし、ミメシスをとおして力を獲得してきたという。

以上のように、一九八〇年代以降の議論は、植民地に生きる社会的な弱者がおこなう強者の模倣に焦点をあてるものであった。そこでは、弱者はミメシスをとおして強者との関係を維持し、支配関係の逆転を狙う存在と位置づけられる。このような視点は、非西洋の人びとの諸実践を従属状況に対する抵抗と解釈する象徴的抵抗論にもつうじる。しかし、この種の議論は、ともすれば政治化・言説化された文化に注目するあまり、ミメシスの実践とその歴史性を画一的に理解する傾向があることは否定できない（石井 2007: 5-8）。そもそもミメシスという捉え方自体が、模倣した側（＝非西洋）ではなく、模倣された側（＝西洋）から発せられたものであり[2]、結果として、日常を生きる前者の人びとの視点が軽視されてきたといえる。そのため、たとえば西洋人の立像を治病に用いるクナの人びとについて、研究者がその行為を抵抗と理解するよりも先に、彼ら自身がその立像をどのように認識し、意味づけてきたのかを考える必要があるだろう。次節では、このような視点からソロモン諸島のCFCにみる模倣の事例を概観する。

## 3　CFCの形成過程と模倣

**運動の発端**

CFCの教祖サイラス・エトは、一九〇五年にニュージョージア島の北部で、（ソロモン諸島の共通語であるピジン語で伝統的な政治指導者を意味する）チーフの息子として生まれた[3]。メソジスト教会が同島に到来したのは一九〇二年であり、その宣教団がエトの出身地域に達したのは一九一五年のことであった。エトは幼少の頃からキリスト教に強い興味を示し、同地域で初めて洗礼を受けた後、二二歳のときに島の南部コケンゴローにあるメソジスト教会の宣教本部に向かった。当時、島の各所からチーフの息子たちが宣教本部に集められ、併設されたミッション・スクールで教育を受けていたのである。

エトは、宣教本部に着いたばかりの頃、西洋人と同等の生活が手に入るという期待を抱いていた。なぜなら、西洋人のもたらしたキリスト教は「神のもとですべての人びとは平等である」という教えを説いてきたからである。しかし、その想いとは裏腹に、エトは宣教本部での生活を送るなかで、「ソロモン諸島民」という劣等感を心に深く刻むことになる。こうしてエトは、自らが抱いた劣等感を振り払うかのように、ひたすらキリスト教の神に祈りをおこなうようになった。一人で山に入り、労働やミッション・スクールおよびそのほかの雑務に課される時間を除き、朝から晩まですべての時間を祈りに費やした。いつしか彼は、西洋人宣教師や島の人びとから「祈りを捧げる人」という呼び名をつけられたという。

そのような状況下、エトの良き理解者となったのが、宣教団の最高責任者のオーストラリア人宣教師ゴルディであった。ゴルディは敬虔なエトのことを大変に気に入り、自分が信じるところの福音主義的な祈りの仕方をエトに伝えた。ゴルディは、古典的なウェズリアン（初期メソジスト）の宗教的熱狂を理想とする福音主義的な運動に身を投じた人物であった。彼は、メソジストの創始者ジョン・ウェスレーが確立した集団的高揚の集会スタイルを継承し、聖霊による回心を重んじていた（Goldie 1914）。そしてエトは、ゴルディからの個人的な教えをとおして、聖霊の働きやウェスレーの信仰を学び、聖霊が現世の人びとと神を直接的に結びつけると信じるようになった。

ある日、エトは、ゴルディの教えに従って熱心に祈りを続けていると、「聖霊が体の中に入り込む」という経験をした。そのとき、彼は「おまえは生まれ変わらないといけない。おまえは聖霊のように生きなければならない。おまえは自らの出身地域の人びとに聖霊を届け、人びとを「新しい生活」に導かなければならない」という神の啓示を聞いたという。その後、エトは現地人説教師となり、ニュージョージア島北部に帰還した。

一九三二年、エトは、神の啓示を胸に秘めて自らの出身地域に戻ると、ウェスレーのように「祈りの集団」を組織し、「祈りを熱心におこなったものには聖霊が舞い降りる」、「聖霊が降りた者には新しい生活がはじまる」などと説いて回った。やがてエトの説教を聞いた人びとのなかには、聖霊に憑依される者が続出した。聖霊による憑依は、現地語（クサゲ語）では「タカモエ」(*takamoe*) と呼ばれており、霊的存在が身体に入り込んでその人物の行動を支配することで、激しい痙攣、発作、号泣などを引き起こし、ときには何かを口走るトランス状態になる。なかには、立ち上がって踊りだす、家の壁をよじ登るなどの反応を示す者もいたという。

エトによれば、タカモエとは、キリスト復活後の最初の聖霊降臨を描写した新約聖書の「使徒言行録」第二章の再現もしくは模倣である。彼は、それについて「聖書に書かれていたことは本当だ。遠い昔に遠い国で起こったことが、今われわれの島で起こっている」と人びとに説明した。タカモエの状態を引き起こすのはエトであり、その状態から人びとを解放できるのも唯一、エトだけであった。当時、このタカモエを経験した者は、つぎのように言う。「ママ〔エトに対する敬称〕はタカモエが聖霊によって起こることを教えてくれた。タカモエを鎮めることができるのは、ママだけであった。それというのも、タカモエはママの力によって引き起こされるからである」（男性、一九四〇年生まれ）。

さらに、エトは聖書に記されたキリストと同様の奇跡的な行ないをしたと信じられている。たとえば、つぎのようにいうCFC信徒がいる。「ママがわれわれに対しておこなったことは、イエス・キリストがおこなったことと同じである。ママはイエスと同じように、奇跡的な行ないをした。たとえば、ママは死んだ人を復活させたり、海の上を歩いたり、病気の人を治療したのである。これらのイエスの行ないと同様のことを、ママはおこなうことができたのである」（男性、一九五七年生まれ）。

以上のように、エトはニュージョージア島の人びとに聖霊をもたらし、集団的な憑依を引き起こすとともに、治病行為や死者の復活など、さまざまな奇跡的な行ないをしたと人びとに考えられている。そしてこれらの現象

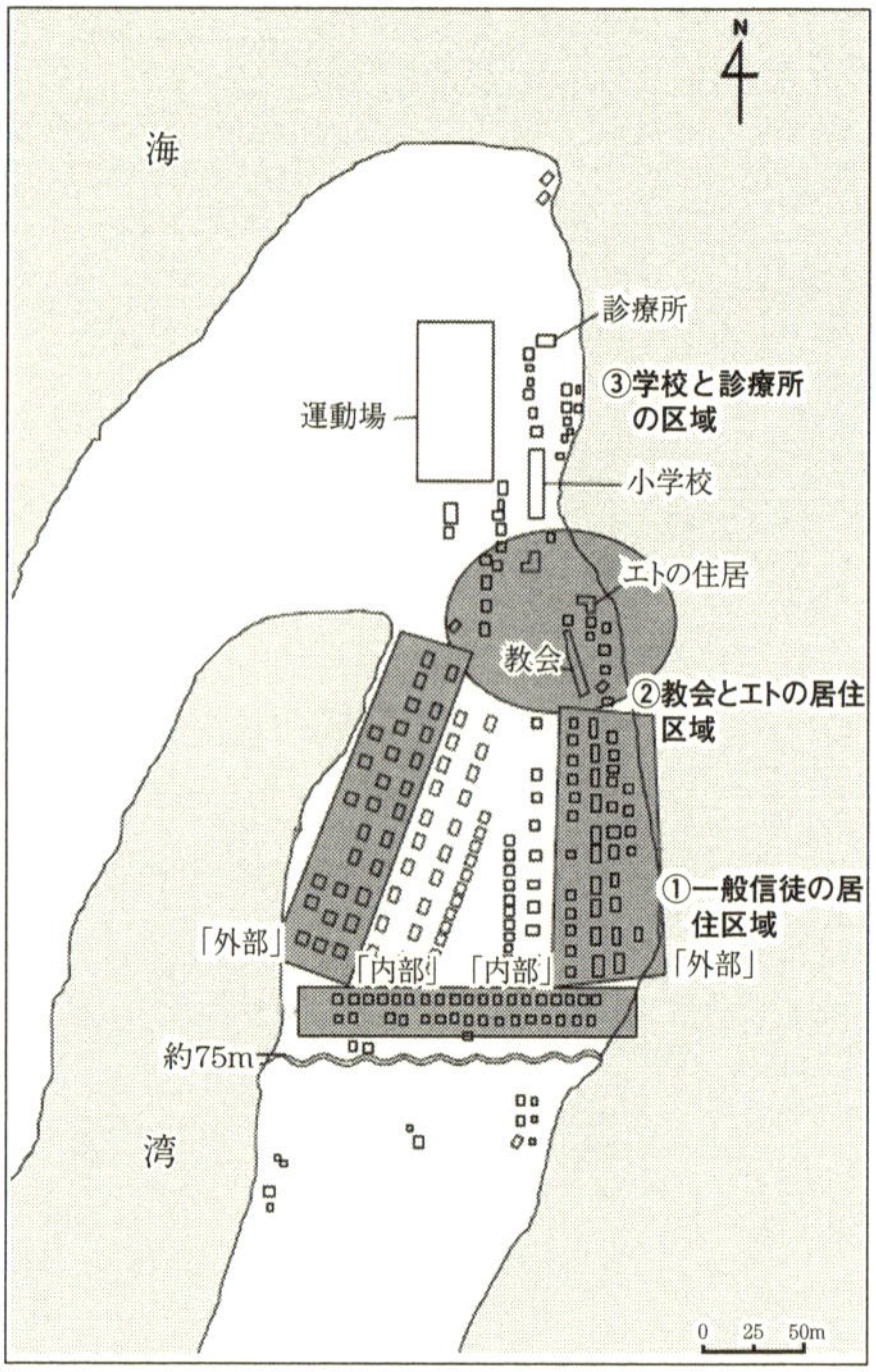


**図1**　パラダイス村の概略図（石森〔2011:152〕から一部修正して転載）

や行為は、いわば聖書の模倣にもとづくものであった。その過程で、人びとは超自然的な力、あるいは聖霊に裏打ちされた霊的な力を目の当たりにし、やがて神が人間の姿形をとって生まれてきた存在としてエトを神格化するに至ったのである（石森 2011: 277-278)。

## パラダイスの出現

エトは、聖霊憑依（タカモエ）の宗教的熱狂によって、ニュージョージア島全域で信徒を集めることに成功した。つぎに彼は、神の啓示に従って「新しい生活」を送るための楽園の創出を目ざした。ここでいう「新しい生活」とは、西洋人から干渉されることのない、平和・愛・団結に満ちた生活を意味する。一九五九年、二年の歳月をかけて、その名のとおりパラダイスと呼ばれる大規模村落が完成した。パラダイス村は、現在にいたるまでソロモン諸島の村落部で最大規模を誇るが、ここで注目すべきは規模よりも景観であり、それは既存の村落とは全く異なり、計画的に規格化されたものであった。

パラダイス村は、人びとの認識にもとづいて、①「一般信徒の居住区域」、②「教会とエトの居住区域」、③「学校と診療所の区域」という三つの区域に大別される（図1参照）。

①「一般信徒の居住区域」には、パラダイス村の大多数の人びとが居住している。①の区域では、一般信徒の住居が等間隔を保ち数本の列となって並んでいる（現在は一四本、かつては八本の列）。一般信徒の住居はたん

に整列しているだけではなく、V字型を描くように配置されている。そして、そのV字の頂点に相当する部分に、後述の②「教会とエトの居住区域」が位置している。V字型に並ぶ住居のモチーフは、神がエトに与えた啓示および聖書の記述にもとづいて「王様に付き従う兵士たちの隊列」と理解されている。

つぎに、②「教会とエトの居住区域」についていえば、この区域には、教会建物をはじめ、エトとその家族の住居がある。一般信徒は、教会関連行事や特別な用事がない限り、この区域に立ち入るべきではないし、その周辺で騒がしくしてはならない。最後に、③「学校と診療所の区域」についてであるが、この区域には、小学校、小学校の集会所と事務所、幼稚園、ストア（雑貨店）、診療所、ポリス・ステーション、ミッション・スクールなどの建物がある。また小学校の横には運動場とネットボール用のコートもある。この区域は、公共の場として一般信徒も自由に立ち入ることができる。

パラダイス村の建設にあたり、エトが模したのは、かつて宣教師ゴルディが建設した「メソジスト教会の宣教本部」であった。宣教本部では、建物は等間隔を保ちながら一直線上に整列しており、しかもブロックごとに同じ大きさ、同じ形をしていたという。中心部には教会建物とゴルディを含む西洋人居住区が設けられ、そこにソロモン諸島民が自由に立ち入ることはできなかった。なお、教会建物がある一角はV字型を描く二本の道に挟まれたブロックになっていたという。またミッション・スクールやポリス・ステーション（パトロール・オフィサーの屯所）を含むパラダイス村の諸建築物を備えていた。ゴルディが建設した宣教本部は第一次世界大戦によって完全に焼失したが、エトはそれを自らの出身地域に再現しようとしたのである（石森 2011: 175-176）。

エトが模したのは、なにも宣教本部の可視的な部分だけではない。時間と空間の統制についても、宣教本部のやり方が導入された。パラダイス村では、法螺貝とベルの合図に従って一日が区切られ日常生活が営まれる。法螺貝は人びとに共同労働や教会活動の始まりを告げ、ベルは起床、食事、水浴び、小学校のスケジュールなどを知らせることで、村落における生活リズムを刻む。これらを「時計によって人間がコントロールされる」と表現する者もいる。ただし、時間の統制は、それだけではなく、空間の統制とも連動している。たとえば、①「一般信徒の居住区域」の内側にある「内部」と呼ばれる場所は、宣教本部の寄宿舎と同様に、就寝時のみ使用される。毎朝午前五時三〇分ごろにベルが打ち鳴らされると、人びとは「内部」から①の居住区域の外側に位置する「外部」に移動しなければならない。そして、夕方の合図があるまでは「内部」への立ち入りは禁止されている。「内部」はおもに「眠る家」から構成され、「外部」は「炊事の家」から構成されるが、これもニュージョージア島の伝統とはいえず、空間的に昼と夜の活動の場を区切った宣教本部のやり方と同様である。このように、パラダイス村では、メソジスト教会の「規律正しい生活方法（メソッド）」が実践されたのである[4]。

さらに、CFCは、組織的・制度的な側面に関しても模倣で彩られている。エトが一九六〇年代にメソジスト教会からの分離を決意したとき、運動全体を統合する行政的な枠組みや指令系統、聖職者や官僚的役職などに関する組織や制度は存在しなかった。というのも、これまで運動は、エトの個人的資質に依拠するところが大きく、あらゆる事象はすべてつねに彼一人を中心に回ってきたからである。

そこでエトが目をつけたのは、メソジスト教会が構築した「教区制度」であった。メソジスト教会は、ニュージョージア島の諸社会を一方的に分割し、その社会的境界線にもとづく教区制度を布いていた。エトの運動に参加する全村落は、この教区制度をそのまま模倣する形で、五つの教区（ロヴィアナ教区、クサゲ教区、カリコロ教区、ヴォナヴォナ教区、コロンバンガラ教区）のいずれかに属することになった。さらにそのうえで、メソジスト教会の「聖職者二職制」、すなわちミニスターを各教区に置き、信徒から選出されたパスターを各村落に任じて日々の教会運営をはかる制度も導入された（石森 2011: 110）。一方、教会の行政制度については植民地政府のものが模倣され、教会評議会、開発・財務計画評議会、教育評議会という三つの「評議会」がCFCに設けられた。またこれらに付随して、各評議会の議長、副議長、委員、秘書などの役職もつくられ、信徒から任命されたのである。

以上のように、CFCの制度や事象は、基本的に西洋文化（メソジスト教会や植民地政府のやり方）を模したものである。いわば模倣をとおして生みだされたこれらは、現在にいたるまでCFCの教会運営の中心的要素となっている。

## 4　模倣をめぐる現代的位相

### 「本当の教会」と正統性の希求

つぎに、CFCにとって模倣（ミメシス）がもつ意味を考える。まずエトはなぜ模倣を生みだしたのかという点について、CFCの発端となった聖霊憑依の事例から考察する。

聖霊憑依は、エトと信徒たちにとって自己の敬虔さの現われであると同時に、CFCが「本当の教会」（本当のメソジスト教会）であることの証明とされる。なぜなら、CFCは聖書の世界が顕在化した現存する唯一の教会と理解されているからである。たとえば、一九九〇年にエトの宗教的地位を継承した息子のイカン・ロヴェは、つぎのように主張する。「CFCのような教会は、世界中のどこを探しても存在しない。あるとすれば、それはメソジストが始まったときの話である。ただし、それは遠い昔の遠い国での話である。現在では、われわれCFCのみがそれを正しく継承しているのである」。

同様にCFCの聖職者がおこなう説教では、CFCのみが唯一正しい「本当の教会」であり、現在の西洋人に率いられたメソジスト教会は「正しくない」もしくは「間違っている」などとしばしば語られる。そもそも「本当の教会」という認識は「偽の教会」との対立関係を示唆しており、偽とはオリジナルが存在するが（存在していたが）、その後に捏造されたという含意がある。ここでCFCの視点に立てば、オリジナルとは、キリスト教の始源に起こった聖書の「使徒言行録」に描かれた世界にほかならない。その始源の秘密は、エトがゴルディの助言を経由して神の啓示を受けたことによって明らかにされ、そしてニュージョージア島で聖霊憑依として顕在化したのである。聖書の世界の模倣もしくは再現は、キリスト教（メソジスト）のオリジナルの模倣であると同時に、自らの運動および信仰の正統性を示す。すなわち、模倣は、CFCを一方的に正統な「本当の教会」ならしめているのであり、現在の西洋人の「偽の教会」に対する抵抗を含意するのである。

CFCにおけるオリジナルに遡っての模倣。それは聖霊憑依だけではなく、（メソジスト教会にとってオリジナルといえる）ウェスレー由来の様式や事象を積極的に採用したことからもうかがえる。たとえば、エトが自らの出身村落に建てた教会建物は、ウェスレーの時代にちなんで説教壇が高い位置に据えられた。じつにこの説教壇は二メートルの高さに設置されており、ソロモン諸島ではほかに存在しないとされる。また説教壇の裏側には、祭具や衣装をおさめる「祈りための特別な小部屋」が併設されたが、同様の小部屋はウェスレー自身も好んで教会に併設していたことが知られ、初期メソジストにおける典型的な様式といわれる（Tippett 1967: 221）。そのほか、エトの村落の教会壁面には「ジョン・ウェスレー」の文字、また説教壇の後ろにはウェスレーの「教会補助者の十二カ条」を模したものが記され、後者はCFC信徒の行動規範の一つとなった。

ただし、これらの様式や事象は当時のメソジスト宣教団がソロモン諸島民に指導したものではなく、エト本人がゴルディおよび訪問宣教師から直接的に伝え聞いたり、自ら書籍を読むことで獲得した知識にもとづいている。(5) それゆえに、CFCにおける模倣は（とくに一九五二年にゴルディが引退した後の）宣教団が一般的に予想し期待したものではなく、いわば不正な模倣とされ、CFCは間もなく宣教団との対立を余儀なくされる。いずれにせよ、「本当のメソジスト教会」を標榜してきたCFCは、始源における正しさを追求するあまり、同時代のソロモン諸島に存在するメソジスト教会とは異なる様相を示すのである。

以上のように、CFCは、模倣をとおして、真の姿をみせる過去の他者に現在の自己を同一化して主体構築をはかり、そして現在の他者に抵抗するという側面があるといえる。CFCにおける模倣は、現在の彼ら西洋人の単純な模倣ではない。いうなればそれは、オリジナルの模倣ではなく、オリジナルのオリジナルを志向する模倣であり、そこに模倣を介しての正統性の希求がみられるのである。

## 文化接合としてのミメシス

ここで既存のミメシス論に戻って考える。タウシッグによれば、ミメシスには、模倣をつうじて支配関係の逆転をはかる、弱者が従属状況に抵抗するという意味合いがあった。CFCの事例は、とくに指導者や聖職者の視点に焦点をあてれば、ミメシスをとおして西洋人との関係を維持し、彼らと同等以上の地位獲得を目指す象徴的な抵抗をみせていると考えることが可能であり、先行研究の枠内におさまることになる。とはいえ、一般信徒が指導者らの意図どおりに模倣を受容しているのかについては、まだ不明である。

ミメシスは、ニュージョージア島における過去（伝統文化）と現在の断絶を必然的に内包している。というのも、エトはCFC的な事象と伝統文化との関連を否定したうえで、あくまで白分たちにとっての新しさを強調し、聖書的過去に依拠しつつも、聖霊に満ちた「新しい生活」の構築を目指したからである。これは現在を特権化し、その現在および未来のために過去を用いるという主観性重視の政治的な立場と考えることができる（前川 1997: 623）。こうして過去との断絶のうえに生み出された模倣は、その主要な担い手である一般信徒の目にはどのように映っているのだろうか。

エトは、聖霊憑依は聖書に由来する現象として、ニュージョージア島の伝統文化との連続性を真っ向から否定していた。これには、彼が（CFC信徒の憑依をキリスト教的ではないと批判する）メソジスト宣教団と神学的な争いをしてきたことも関連する。そればかりか、エトは、そもそもニュージョージア島における伝統的な意味での憑依の存在も認めようとしなかった。彼によれば、憑依とは、聖霊による憑依しか存在しないのであり、それ自体がキリスト教到来以降の新しい現象ということになる。

聖霊は、現地語で「マンゴマンゴ・ホペ」(*magomago hope*)と呼ばれる。マンゴマンゴとは、人間の「影」を一般的に意味するが、鏡や水面、さらに写真に写った人間の姿を指すこともある。そしてそれだけでなく、現在では稀薄化しつつあるが、マンゴマンゴを個人の霊的な力の構成要素とみなす観念もあった。一方のホペとは、祖先の頭蓋骨がおさめられ祖先霊が宿るという祠を指すとともに、おもに霊的な事象にかかわる禁忌という意味がある。これらをふまえれば、「マンゴマンゴ・ホペ」(聖霊)とは、英語のHoly Spiritの訳語として新しく造られた語ではあるが、過去との断絶を示すというよりも、伝統的な霊的存在との連続性を想起させる概念といえよう。実際に人びとの認識のなかで、聖霊と精霊(などの伝統的な霊的存在)との線引きは曖昧な部分があり、何らかの出来事が発生したときにその背景にある霊的な力として両者がともに言及されることも多々ある。

そして肝心の憑依についてである。ニュージョージア島の年長者に話を聞けば、かつて霊的存在の憑依は存在したことがわかる。西洋人との接触以前、同島の諸社会では、チーフを頂点として、伝統的司祭と戦士長がそれぞれの領域で権力を発揮していた。そのうち憑依にかかわる諸慣行を司っていたのは、伝統的司祭であった。司祭は、儀礼的な手続きを介して英雄的な戦士長の霊(祖先霊)を呼び出し、戦いに向かう戦士長にその霊的存在を憑依させたという。また、当該集団のチーフの霊的存在が呼び出されることもあった。そのさい、司祭はチーフとともに、祖先の頭蓋骨が祀られた祠におもむき、豚や食物および特別な貝貨などを捧げ、ときには人身供犠をともなう儀礼的手続きを経て、祖先霊を呼び出す。やがて祖先霊は頭蓋骨にあけられた小さな穴から抜け出し、空中を浮遊したのち、司祭に憑依するという。やがて祖先霊は司祭の口を借りてチーフに語りかけ、儀礼や饗宴を実施する日取りや戦闘の成否などを告げたという(石森 2011:313)。

ニュージョージア島に伝統的に憑依の観念があったのであれば、憑依そのものはキリスト教到来後の新しい現象とはいえず、エトによる模倣としての聖霊憑依は必ずしも過去と現在の断絶を象徴する出来事ではなくなる。むしろ聖霊憑依は、聖霊概念が伝統的な霊的存在の延長線上に存在し、また人間への霊的存在の憑依現象がみられたという文化的素地のうえに実現したといえる。そこにおいて、模倣は、一般信徒にとって、伝統文化との連続性をふまえて受容された側面をもつのである。

それに加えて、CFCで公式に語られる歴史に従えば、エトはキリストの生まれ変わりなどとされるが、一般信徒の視点に立てば必ずしもそうとは限らない。先述のとおり、エトはニュージョージア島北部のある親族集団のチーフの長男に生まれた。チーフの地位は父親から長男へと世襲されるのが望ましいとされ、エトは将来的にチーフの地位を継承することが期待されていた。にもかかわらず、エトは自らがチーフの息子であることを積極的に語らないばかりか、それを否定的に考えていた節がある。というのも、エトは、メソジスト教会の宣教本部にいたとはいえ、キリスト教徒としての務めを果たすことを主張し、宣教団が出身地域に戻るよう促したにもかかわらず父親の葬式への参加を拒否したからである。いずれにせよ、エトは、自らが（キリスト教的な）神の子であることは示唆しても、（伝統的な）チーフの子であることは積極的に語らなかったのである。

しかし、その一方で、CFC信徒のなかには、エトを伝統的な意味でのチーフでもあると考える者も多い。エトは、現地語で「バンガラ・ラバタ」(*bangara lavata*)、すなわち大チーフと呼ばれることがある。ここで重要なことは、信徒たちはエトを伝統的なチーフと固定的に捉えているのではなく、両義的な存在と考えている点にある。たとえば「ママ〔エト〕は、われわれの神でもあるし、大チーフでもある。彼は、この土地を守り、そしてわれわれに豊穣と安心を与えてくれる存在である」と語られるように、エトは、伝統的なチーフとも連続する神聖なる存在と認識されている。すなわち、エトは、教会儀礼の場ではキリスト教的な神に類する存在として崇拝の対象ではあるものの、過去と連続する存在でもある。なお、エトの死後、その宗教的地位は息子のイカンに世襲されたが、この点に関しても、世襲制をとるニュージョージア島の伝統文化との連続性を有する。一見矛盾するように思えるが、イカンは伝統的な継承の制度にのっとって、キリスト教的な指導者としての地位を継いだのである。

以上、エトによる模倣（もしくはエトという存在）は、一般信徒にとっては、伝統文化との断絶か連続かという二者択一的なものではない。エトは教会内での説教では神に類する存在とされる一方で、豊作や大漁を願うような文脈ではチーフとされる。またすべての憑依現象が聖霊憑依として認識されるわけではなく、憑依が起こった場やコンテクストに依拠して、聖霊憑依なのかまたは伝統的な霊的存在の仕業なのかが議論される。そう考えれば、CFC信徒は、必ずしもエトの意図に従って、彼が生み出した模倣を受容しているわけではない。人びとは模倣をとおして、外部の文化に抵抗もしくは迎合したというよりも、内部から外部の文化を読み換えつつ、二つ文化を彼らなりに「接合」しているのである。

## 5　模倣から創造へ

CFCは、模倣に満ちている。模倣をつうじて宗教的熱狂がかき立てられ、模倣のうえに組織や制度が構築されてきたといえる。既存のミメシス論をふまえれば、教祖のエトは、キリスト教を中心とする西洋文化の模倣を生み出すことで、西洋人との関係を保ちつつ植民地主義に抵抗してきたという側面を指摘可能である。そこでは、模倣は「本当の教会」を支える論理を提供する同時に、正統性を保証するものでもあった。CFCにおけるミメシスは、メソジスト宣教団にとっていわば正しい模倣と不正な模倣が入り混じるやっかいなものであり、エトにとってはそれがゆえにきわめて効果的だったのである。

しかし、模倣にかかわる人間の言動は必ずしも一元的な抵抗とはいえず、いくつかのレベルを想定する必要がある。エトが西洋人との対抗関係を意識して模倣に従事した一方、その模倣の主要な担い手として受容したCFCの一般信徒にとっては、模倣はまた違う意味をもつ。エトの視点に立てば、模倣は、自己の現在および将来を特権化するために、他者の過去を用いたといえるだろう。そこにおいて、模倣は自己の現在と過去を断絶させる。その一方で、一般信徒にとっての模倣は、その意味づけがコンテクスト次第で柔軟に変化しており、それは伝統的過去でもあり、またキリスト教的現在でもあるという両義性を有する。こうしてCFCでは、運動（教会）の指導者および一般信徒が互いの立場から模倣にコミットしつつ、模倣にまつわる諸実践をつうじて、たんに西洋文化でもなく伝統文化でもない、また抵抗的でも迎合的でもない、新しい文化を創造してきたのである。

アリストテレスによれば、ミメシスとは、人間のもつ普遍的な能力である（アリストテレース 1985）。もし既存の議論が、従属状況にある社会的弱者の特権という同概念のイメージを流布してきたとすれば、その点に問題があったといえるだろう。

**注**

（1）教祖エトの死後、その宗教的地位は息子のイカン・ロヴェに継承された。筆者が参加した式典は、二〇〇五年にイカンが「コミュニティにおける宗教と開発の発展への貢献」が称えられイギリス王室からナイト爵（KBE）を得たことを、CFC信徒間で祝うものであった。

（2）春日直樹によれば、ミメシスとは、非西洋の人びとに対しては彼らのマイナスのイメージを中和化する用語である。すなわち、本来は軽蔑や偽物性を含意するコピーやイミテーションなどの表現を、可能な限り払拭する対抗的な言語として、ミメシスは登場したという（春日 2007: 77）。

（3）エトは、「ホーリー・ママの話」（*Vivinei tanisa Holy Mama*）という手記を遺している。この手記は、ニュージョージア島の北部に居住する聖職者が残していたものであり、CFCの形成にいたるまでの宗教的に重要な出来事に関するエトの回顧録である。現在では、記念日などの特別な機会に、その内容の一部が聖職者によって一般信徒にも紹介される。本章では、必要に応じてこの手記を引用する。

（4）ゴルディは、勤勉、誠実、清潔のほか、西洋的な労働観および社会倫理などの確立を目ざす宣教活動を展開するとともに、ニュージョージア島の人びとに対して時間に厳格に従う「軍隊式の規律化された生活」を要求した（Goldie 1914: 583）。これは、規則正しい生活方法を推奨するメソジスト教会の伝統につうじるものである。

（5）当時のオーストラリアン・メソディズムの一部のサークルでは初期メソジスト回帰主義的な信仰が流行っており、訪問宣教師のなかにはその影響下にある者もいた。ほかならぬゴルディも、かつてそのサークルに出入りしていたのである。

# 3章　一義化と両義性から考える仏教徒たちの歴史と視点

## ――現代インドにおける改宗運動とマルバット供犠

根本　達

### 1　問題の所在

本章は、「ヒンドゥー教から仏教に改宗しても、「不可触民」はカースト制度から抜け出すことができないのではないか？」という問いに答えることの困難さを出発点としている。まず、この問いが抱える問題は、この問いに含まれている「不可触民」や「カースト」という単語が明確に定義されていないことにある。しかし、質問者と回答者がステレオタイプ的な定義を共有している場合には、質問が成立していると誤認することになる。そのステレオタイプとは、「不変に続くカースト社会としてのヒンドゥー教」と「被差別民である不可触民」という一義的なオリエンタリスト的表象である（サイード 1993）。そこでは、「被差別民である不可触民」は、改宗したとしても、「不変に続くカースト社会としてのヒンドゥー教」から逃れられないとみなされる。そして、それは「差別を温存するインド」というインド観につながっている。この認識を批判するためには、まず、「不可触民」とは誰か、「カースト」とは何かについて歴史的に理解する必要性がある。

そして、このオリエンタリスト的表象の基盤には、近代的な思考様式が存在している。この近代的な思考様式とは、上からヒンドゥー教全体を見下ろし、「カースト社会」として意味を付与し、「不可触民」を「被差別民である不可触民」として、その最下層に位置づけることにより、首尾一貫した見取り図を示すものである。関根は、このような視座を、超越的視点から「対象を一義的な意味のなかに閉じ込め分類する眼差し」であり、「近代意識の所産」であるとする（関根 2006: 253; cf. ド・セルトー 1987）。つまり、質問者と回答者の両者が近代的思考様式を基礎として考えることにより、先述の問いが成立することになる。しかし、現地におけるフィールドワークの経験から考えると、この問いに含まれるトップダウンの視点に違和感を覚えることになる。この違和感は、この問いが有する切断・分類する視点を無批判に受け容れるのではなく、ボトムアップの視点から現在に目を向ける必要性を示唆している。

本章では、インドのマハーラーシュトラ州ナーグプル市において仏教への改宗運動に取り組む仏教徒たちを対象とし、第一に、イギリス植民地支配の時代から現在の仏教への改宗運動につながる歴史を考察し、アイデンティティ・ポリティクスの特徴を有する改宗運動が近代的思考様式に依拠し、一義的なオリエンタリスト的表象を再生産することにより、ステレオタイプを二重のレベルで維持・強化していることを検討する。第二に、ボトムアップの視点に立つことにより、上からの政策や下からの改宗運動を通じて仏教徒を取り巻く生活環境に単一の意味が付与されていくなかで、境界的存在による両義性を創出する儀礼によって、一つの意味に閉じた排他的な世界が開かれることを明らかにする。言い換えれば、本章は、まず、植民地主義やグローバリゼーションによって広まる近代的な思考様式と仏教徒たちによる改宗運動との関係性、次に、近代的な思考様式の影響下にある改宗運動と仏教徒たちの生活世界との関係性を論じる。

ナーグプル市は、一九五六年一〇月一四日に「不可触民」とされるマハールを中心として三〇万人以上の「不可触民」が仏教へ集団改宗した場所である。この集団改宗は、一九二〇年代から宗教社会運動を率いたB・R・アンベードカル（一八九一―一九五六）によって実現に至った。アンベードカルは集団改宗式の約二カ月後に死去し、一九六八年以降は、日本人の仏教僧である佐々井秀嶺（一九三五―）が改宗運動の重要な指導者として仏教復興に取り組んでいる（山際 2000）。また、ナーグプル市の仏教徒活動家たちは、さまざまな仏教団体を組織し、特に経済自由化によってグローバリゼーションが加速化した一九九〇年代以降、インド国外においても、ブッダやアンベードカルの教えを広める活動に取り組んでいる。二〇〇一年の国勢調査によると、インドの仏教徒人口は、七九五万五二〇七人であり、インドの人口の〇・七七パーセントを占めている[1]。また、マハーラーシュトラ州の仏教徒人口は、五八三万八七一〇人であり、州人口の六・〇三パーセントを占めている。このことから、インドの仏教徒の七三・三九パーセントがマハーラーシュトラ州で暮らしていることになる。そして、仏教徒がナーグプル県の人口の一四・四九パーセントを占めることから、二〇五万二〇六六人が居住するナーグプル市の仏教徒人口は、約三〇万人と推測される（Census of India 2004a, 2004b, 2004c）。

## 2　歴史と視点

特定のアイデンティティ・ポリティクスにおける自己表象や文化の構築は、周囲の状況から切り離された自由な環境のなかで選択されたものではなく、国家、植民地主義、資本主義などが絡み合う権力関係のなかで強制されるとともに、選択されたものである（Hodgson 2002; Li 2000; Nash 2005）。また、アイデンティティ・ポリティクスを選択した集団は、自らの集団を静態的・均質的に描き出す表象を流布するが、ボトムアップの視点に立つと、実際の集団の内部にさまざまな差異が含まれていることが明らかになる（Abu-Lughod 1991; Steedly 1993; Tsing 1993）。ここでいうアイデンティティ・ポリティクスとは、被差別的な立場に置かれた人々が、自らを肯定する本質主義的な表象を自分自身に付与し、支配層から自らに与えられた否定的表象を肯定的なものへと転換することで、新たなアイデンティティを構築し、この肯定的なアイデンティティを基盤として連帯することにより、何らかの問題解決のために集団的な行動を起こすことである（Conklin 1997; Hodgson 2002; Jackson 1995; 金 1999; 小田

1996; サイード 1992)。

## 歴史的理解

まず、アイデンティティ・ポリティクスを選択することについて、リーは、「ある集団が自らを部族や先住民とみなすことは、自然なものでも不可避なものでもないが、また一方で、単に発明されたり、採用されたり、押し付けられたりしただけのものではない。むしろ、この自己認識は、歴史的に蓄積された実践や見通しや意味の一覧表に依拠する位置取りであり、また、取組みや苦闘などの特定のパターンから現れる位置取りである」(Li 2000: 151; cf. Hodgson 2002) とする。つまり、アイデンティティ・ポリティクスを研究対象とする際には、そこにある自己認識が「自然なもの」であるか、「発明されたもの」であるかという二者択一の議論よりも、むしろ、それらの集団が埋め込まれたコンテクストについての歴史的理解が求められる。また、リーの議論を踏まえて、ホジソンは、「この位置取りは、国家だけではなく、国際的なNGO、国連、トランスノショナルな支援ネットワークを含む、複雑で影響力があり、変化する権力の場で行なわれる」ものであり、先住民運動などのアイデンティティ・ポリティクスおいて、ある特定の集団による「表象や位置取りが、植民地主義の遺産や資本主義の流入、「開発」による介入、それ以外の近代の言説や実践や制度によっていかに強制され、また、可能となったのかという歴史的理解は、必須のものである」(Hodgson 2002: 1040) とする。これらの指摘は、アイデンティティ・ポリティクスに依拠する集団が埋め込まれているコンテクストの複雑さに目を向けさせ、特定の集団がアイデンティティ・ポリティクスという現在のかたちに至った理由を検討する必要性を明らかにしている。

## ボトムアップの視点

次に、スティディリーは、「支配的な視点から語られた過去の一般的な説明という公式の歴史と、権力とエンパワーメントに関する新たな一般的な語りを打ち立てることにより、その公式の歴史を置き換えることを試みる、公式の歴史に対抗する歴史」が存在しており、両者とも、「過去に関する会話の独占者による説明であり、権力を持つ位置から発せられ、すべての人のために話す権利を強く主張するものである」（Steedly 1993: 238）とする。つまり、アイデンティティ・ポリティクスは、権力を有する側に対抗する歴史を提示することで、支配的な歴史を置き換え、自らのアイデンティティを肯定的なものに転換しようとするわけだが、支配的な歴史と同様に、被差別状況にある人々が参加する共同体全体の発言権を独占する可能性がある。また、ツィンによると、「国家権力と地域的な不平等に関する研究は、共同体内部の差異化についての分析をほとんどしていない。現地のマイノリティに関するおおかたの研究は、共同体の指導者の視点からエスニック集団全体の周辺化（または同化）を示すことだけで満足している」（Tsing 1993: 119）。つまり、被差別状況にある人々に関する研究もまた、指導者の語りを、被差別状況にある共同体の全体の視点として取り上げてしまい、指導者の視点がその社会の発言権を独占することに荷担する傾向があったと考えられる。これらを避けるためには、トップダウンの視点に立つのではなく、ボトムアップの視点へと移動し（関根 2002）、アイデンティティ・ポリティクスとともに生きる人々の内部に存在する差異に目を向ける必要がある。

## 3　イギリス植民地支配とアンベードカルによる宗教社会運動

アンベードカルが一九二〇年代から開始した「不可触民」解放運動は、二〇世紀初頭から現在に至るまで、イギリス植民地支配、インド独立運動、国民会議派の圧倒的な政治権力、社会的弱者層への優遇措置、コミュナリズム（宗派対立主義）、経済自由化によるグローバリゼーションなどから、大小さまざまな影響を受けながら、現在の仏教徒たちによる改宗運動に至っている。ここではとくに、イギリス植民地支配下におけるカーストと「不可触民」の変容に目を向け、植民地政策がアンベードカルによる「不可触民」解放運動に与えた影響を検討する。

### イギリス植民地支配下における変容

イギリス植民地支配下の政策による変容として、第一に、「カースト社会としてのヒンドゥー教」観が上から流布されるとともに、下から内面化・実体化されたことがある。藤井によると、イギリス植民地政府は、一九世紀末から二〇世紀初めの司法制度の整備や国勢調査などの事業において、『マヌ法典』などのサンスクリット文献に依拠してそれを行なった。そのため、ヒンドゥー社会は、ブラーフマナ（バラモン）を頂点として四ヴァルナに分割された階層的な社会であり、ヴァルナ区分にそって差別的な扱いや刑罰規定が存在するものとみなされた。イギリス植民地政府は、この特定の社会観を基盤としてインド社会を集中的に調査・定義・記述・分類する一方、植民地下においてこれらの分類枠組みが軍雇用などの利益分与と関わりを持っていたため、インド社会の人々は、これらの枠組みにそって自らを再編していった（藤井 2003: 32, 36-37, 79-80, 116; cf. Cohn 1987; 小谷・辛島 2004）。このように、「カースト社会としてのヒンドゥー教」観がイギリス植民地政策を通じて上から流布されるとともに、現地の人々により下から内面化・実体化されることになった。

第二に、イギリス植民地政府による政策を通じて、運動体としての『広域的なカースト結合体」（小谷 1996: 243）が誕生したことがあげられる。もともとは、日常生活レベルにおいて、婚姻と共食とによって結びついた諸集団が地域社会を場とする上下の序列関係を形成していた（小谷 1996: 242-243）。そのようななかで、植民地政府が管理する文書では、カースト名称として、「氏族・ゴートラ・先祖・職能・宗派・地域などの名称が、ほとんど制限を受けることなく書き込まれていった」（藤井 2007: 48-49）。一九世紀後半から開始された国勢調査、地誌、民族誌などを通じて、県、州、全国レベルでの参照と比較が可能となったため、「同じカースト名をもちながらも、通婚関係などをもっていなかった集団」も、ここにおいてたがいの存在を認識できるようになり、地位上昇を目指し、それぞれの生活世界の場をこえて、カースト基軸に結集するカースト組織の結成などに向かった（藤井 2007: 49; cf. 藤井 2003）。このように、日常生活レベルに存在していた多様なものが、植民地主義の影響のなかで、日常生活レベルを維持しつつも、より広範に連帯し、宗教社会運動レベルでのカースト結合体へと展開していった。

第三に、イギリス植民地政府による政策を通じて、「不浄」と「ケガレ」を担う両義的存在としての「不可触民」（関根 1995, 2006）が「不浄」という一義的存在とみなされ、両義性が隠蔽されることになった。たとえば、一九世紀初めのマハールは、「不浄な存在」として差別の対象となるだけでなく、マイライ女神の怒りを鎮める管理者であったり、多産や豊穣を祈るホーリー祭の焚火に最初に火をつける役割を果したりする（Robertson 1938）など、関根（1995）が指摘するように、外部のもの（ケガレ）を受容し、創造力（「ケガレ」）へと転換する力を持った両義的な存在として認められていたと考えられる。二〇世紀になると、イギリス政府が「不可触民」という被差別状況にある人々の存在を法的に認知することとなり（小谷 1996: 137）、マハールも、国勢調査といったイギリス植民地政府の政策の影響下において、「カースト社会の最下層に位置する不可触民」と名づけられる存在となった。この名づけにより、マハールをはじめとする、「不浄」と「ケガレ」の双方を担う両義的な存在であった「不可触民」は、「カースト社会の最下層に位置する不可触民」、言い換えれば、「不浄」という一義的な存在として固定化されていき、「ケガレ」の側面が隠蔽される傾向が強まった（関根 1995, 2006）。

**アンベードカルによる「不可触民」解放運動**

アンベードカルの宗教社会運動は、一九三五年を一つの転換点として前期と後期に大きく分けることができる。まず、一九三五年以前は、主にヒンドゥー教内部からの改革を目指した時期である。一八九一年、アンベードカルは、「不可触民」とされるマハールとして生まれ、学生時代から厳しい差別を経験した。アンベードカルは、コロンビア大学およびロンドン大学に留学し、修士号、博士号、また弁護士資格を得た後、一九二三年に帰国し、ヒンドゥー教改革への取組みを開始した（Keer 1971: 12-19, 26-29, 44-50）。アンベードカルは、「不可触民」への差別撤廃に向け、一九二七年ボンベイの南にあるマハド市において、「不可触民」による貯水池の使用を求めるチャオダール貯水池開放運動を率い、一九三〇年には、ヒンドゥー教の聖地ナシークにおいて「不可触民」によるカーララーム寺院立入り運動を開始した。アンベードカルは、一九三〇年八月にナーグプル市で行なわれた被抑圧諸階級会議において、カースト・ヒンドゥーからいかなる苦難を与えられようともヒンドゥー教を捨てるつもりはないと宣言し、一九三五年までナシークでの寺院立入り運動を続けた（Keer 1971: 70-75, 98-100, 136-143）。このように一九二〇年代から一九三五年までの期間、アンベードカルは上位カーストからの厳しい抵抗に直面しつつも、ヒンドゥー教を離れることはなく、ヒンドゥー教の改革に取り組んだ。

しかし、一九三五年以降、アンベードカルは「不可触民」がヒンドゥー教の下位区分でなく、別個の構成要素であると主張し、ヒンドゥー教からの「不可触民」の分離に向かっていくことになる。一九三五年、アンベードカルはナシーク近郊における会議において、カーララーム寺院立入り運動が完全な失敗に終わった、と述べた。また、「私はヒンドゥー教徒として死なないことを正式に宣言する」と発言し、ヒンドゥー教からの改宗を表明した。翌年、アンベードカルは、集団改宗に向けた準備を行なうため、今後マハールがヒンドゥー教の神に礼拝を行なわず、ヒンドゥー教の祝祭に参加せず、ヒンドゥー教の聖地を訪れないことを宣言した（Keer 1971: 252-253, 272-275）。それ以降、このようなアンベードカルの考えは、集会や機関誌を通じてだけでなく、演劇や歌、詩によって広められていった。そして、一九五六年一〇月一四日、アンベードカルは、二〇万人以上の「不可触民」とともに、ナーグプル市において仏教へ集団改宗した（Moon 2002: 40-45, 108-109, 149-156）。このように、アンベードカルは、一九三五年の改宗宣言以降、「不可触民」をヒンドゥー教から分離する方向に進み、最終的には仏教への集団改宗に至ったのである。(2)

このアンベードカルの宗教社会運動は、イギリス植民地政府による政策の影響を強く受けたものであった。第一に、アンベードカルによるヒンドゥー教批判は、彼の著作である『カーストの絶滅』（アンベードカル 1994［1936］: 7-155）などに明らかなように、「ヒンドゥー教＝カースト制度」とする視点に立つものであり、アンベードカルが、植民地主義政策によって流布された「カースト社会としてのヒンドゥー教」観の影響を受けていたことがわかる。第二に、アンベードカルの宗教社会運動は、マハール・カースト結合体を主体とするものであった（小谷 1996: 243-244）。日常生活レベルに存在していたものが、植民地主義の影響の下で広範に結合し、宗教社会運動レベルでのマハール・カースト結合体となり、この枠組みを基盤として仏教への集団改宗が実現し、仏教徒の共同体が誕生したと考えられる。第三に、アンベードカルは、彼の著作『不可触民』（Ambedkar 1990［1948］: 231-379）や一九五六年の集団改宗式の演説「偉大なる改宗に際して」（アンベードカル 1994［1956］: 225-254）に明らかなように、「被差別民である不可触民」という一義的表象を流布することを通じて、この運動の中心を担っていたマハールだけではなく、「不可触民」全体の連帯を目指していたことがわかる。これにより、「不可触民」の両義性は隠蔽され、「カースト社会の最下層に位置する不可触民」という一義的存在として固定化されることになった。

## 4　改宗運動による一義的表象の再生産と対立の発生

現在、世界規模でグローバリゼーションが進行しており、地域共同体や家族集団が既存の影響力を喪失し、国家がその役割を変容させているなかで、個々人は、明確な根拠もないままに、個人レベルでの意思決定を求められている（ギデンズ 1993; ベック 1997, 1998）。そのような不確実性が増大する状況では、不安や不満を抱える人々が他者への排他的な態度や暴力を選択する可能性が高まり、集団間の対立や紛争が発生することになる

（Appadurai 1996; アパドゥライ 2010; 関根 2006）。インドにおいても、一九九〇年代初頭から始まった経済自由化政策によってグローバリゼーションが加速化しており、ナーグプル市の仏教徒たちにも大きな影響を与えている。ナーグプル市の仏教徒のなかでも、英語教育などの高い教育を受けた仏教徒は、インド行政職官僚、医者、大学教授、会社経営者など、収入の高い職を得ている。特に、エンジニアとなった仏教徒のなかには、現在、中東や東南アジア、北米、日本などで働いている人々が数多く存在する。一方、英語教育などの高い教育を受けていない仏教徒たちのなかには、家々の清掃や日雇い労働などの低賃金の仕事や犯罪で生計を立てながら、貧困や病気などに苦しむものが数多くおり、仏教徒の間でも経済格差や教育格差が存在している。現在の仏教徒たちによる改宗運動はこうした状況のなかにある。

## 上／下からのカテゴリー化

インド独立後、アンベードカルは憲法起草委員会の委員長に任命され、インド憲法は一九五〇年一月二六日より施行された。このインド憲法では、「宗教、人種、カースト、性別又は出生地を理由とする差別の禁止」（第一五条）と「不可触民制の廃止」（第一七条）が規定され、また、「指定カースト」（Scheduled Castes）に対する優遇措置の実施が定められている（孝忠・浅野 2006）。この「指定カースト」とは、「不可触民」を確定するためにイギリス植民地政府が導入した行政上のカテゴリーであり、一九三六年に「インド政府（指定カースト）指令」として「指定カースト」のリストが制定された（押川 1995: 27）。このカテゴリーは、独立後のインド憲法にも引き継がれており、ナーグプル市の仏教徒たちは、ヒンドゥー教から仏教へ改宗した後も、自分の立場を明らかにする際に「指定カースト」というカテゴリーを用いている。ある仏教徒は次のように語っている。

憲法が修正されて、仏教徒は「新仏教徒証明書」を取ることができるようになった。新仏教徒証明書は、

〔改宗前に〕指定カーストであった仏教徒だけが手に入れることができて、指定カーストと同じ留保枠に申し込むことができる。だけれど、カースト証明書に比べて、新仏教徒証明書は取得するために時間がかかる。いつ仏教に改宗したか、どの仏教僧が改宗式を行なったのかなどを証明する必要があって、カースト証明書よりプロセスが複雑だ。ナーグプル市の九五パーセントくらいが指定カーストの証明書を持っていると思う。自分も指定カーストの証明書を持っている。（大学講師　三〇代男性）

このように、仏教徒の多くは、留保制度を受けるため、「指定カースト」と記されたカースト証明書を持っていると考えられる。このことは、仏教徒たちが、仏教への改宗後も、「カースト社会の最下層に位置する不可触民」を確定する「指定カースト」という上からの一義的なカテゴリー化を受け容れ、このカテゴリーを用いて自分たちを位置づけていることを意味している。[3]

一方、このような政策による上からのカテゴリー化に対し、仏教への改宗運動による下からのカテゴリー化も行なわれている。アンベードカルの教えの特徴の一つは、彼の著作『カーストの絶滅』や『不可触民』にみられるように、「差別と迷信のヒンドゥー教」対「平等と科学の仏教」という本質主義的で二元論的な認識枠組みにもとづき、インドの歴史を「ヒンドゥー教徒と仏教徒との闘争の歴史」として理解することにある。現在のナーグプル市の仏教徒たちは、アンベードカルが残した著作、それらの著作をまとめたパンフレットやCD、仏教研究集会、仏教の祝祭における仏教徒活動家の演説などから、これらの教えを学んでいる。ある仏教徒は次のように語っている。

バーバー・サーハブ〔アンベードカル〕[4]は、一九五六年一〇月一四日の集団改宗式において重要な演説を行なった。当時、私は一五歳であり、バーバー・サーハブから五〇〇メートルくらいの場所で改宗式に参加していた。バーバー・サーハブは、「ナーグプルとは、ナーガのプルという意味であり、ナーガ族の首都（プル）を指している」と述べた。ナーガ族は、インドの先住民で支配者であったが、ヒンドゥー教徒に滅ぼされた。生き残ったナーガ族は、牛肉食と仏教への信仰を捨てなかったため、「不可触民」とされた。つまり、「不可触民」は、もともと仏教徒であったのだ。インドのすべての歴史は、仏教徒とヒンドゥー教徒の闘争である。バーバー・サーハブは、一九五六年の集団改宗式において祖先の宗教に戻ったのだ。（エンジニア六〇代男性）

このように、アンベードカルの教えの特徴の一つは、「差別と迷信のヒンドゥー教徒」対『平等と科学の仏教徒』という歴史観にあり、そこでは、ヒンドゥー教徒による弾圧の結果として仏教徒が「被差別民である不可触民」となったことが明かされている。つまり、アンベードカルの教えは、現在の「不可触民」と過去の「仏教徒」との間に繋がりを構築することにより、仏教への改宗を「新たな宗教へ移ること」ではなく、「過去の宗教に戻ること」として意味づけるものである。これらの教えを通じて、現在自らが「被差別民である不可触民」であることは、「差別と迷信のヒンドゥー教徒」と闘争すべき「平等と科学の仏教徒」であることを意味するようになる。そして、この肯定的なアイデンティティを基盤として、マハールだけではなく、「不可触民」全体の連帯が目ざされている。

## 内外における対立の発生

一九五六年の集団改宗以降、仏教徒たちはアンベードカルの教えにもとづき、また、佐々井を導師として、ヒンドゥー教の儀礼や祝祭の代わりに仏教の儀礼や祝祭を始めるとともに、市内のヒンドゥー教寺院を壊し、同じ場所に仏教寺院とアンベードカルの像を建立することにより、自らの生活環境を再構築してきた（図1）[5]。しか

**図1**　仏教寺院とアンベードカルの像（2005年11月5日，筆者撮影）

し、仏教徒たちは他宗教信者や他カーストと完全に隔離された状況で生活しているわけではなく、仏教徒居住区は、他宗教信者や他カーストの居住区と接するかたちで存在している。そのため、生活環境の再構築は、他宗教を信仰する人々や他カーストとの対立を発生させてきた。ある仏教徒は次のように語っている。

> サダル仏教寺院は、もともと〔ヒンドゥー教の〕シヴァ神とナーガ神の寺院であった。集団改宗後、仏教徒たちはシヴァ神とナーガ神の像を捨て、ブッダの像を置いた。しかし、このことに反対するヒンドゥー教徒がおり、現在は裁判になっている。ブッダの像とヒンドゥー教の像の両方を置くのか、ブッダの像だけを置くのかについて争っており、現在、サダル仏教寺院の活動は完全に停止している。（書店・旅行代理店経営　四〇代男性）

このように、アンベードカルの教えにもとづき、仏教徒たちが単一の意味を付与するかたちで生活環境を再構築することは、近隣で暮らしている他宗教信者や他カーストの生活環境を、それらの人々が望まないかたちにつくり変えることでもある。そこでは、他者への排他的態度、時には、暴力が選択されている。グローバリゼーションが進行し、経済・教育格差が拡大する現在、このような他者への排他的態度や暴力による対立は、より大きな規模での宗教間対立やカースト間対立につながるものである。

また、仏教徒内部での対立も発生している。ナーグプル市の仏教徒の連帯は、植民地時代に生まれた宗教社会運動レベルでのマハール・カースト結合体の枠組みを基礎にするものである。一方、日常生活レベルには別の枠組みが存在している。たとえば、仏教徒たちの間には、仏教徒、もしくは、マハールが「一二・五」のサブ・カーストに分かれているという認識が存在する（Pillai-Vetschera 1994: 7）。ある仏教徒は次のように語っている。

マハールのサブ・カーストは一二・五あり、現在、サブ・カーストの問題が出てくるのは、結婚の時である。……私の母方のおじは、彼の娘を異なるサブ・カーストの男性と見合い結婚させたのだが、他の親戚からは、「サブ・カーストを汚した」と批判された。また、私も結婚相手を探しているが、母親から、「同じサブ・カーストの女性と結婚するように」と言われた。仏教徒の間にはサブ・カーストの区別はないはずだが。（大学講師　三〇代男性）

この語りにあるように、仏教徒のなかには、「カースト制度を支持する差別と迷信のヒンドゥー教徒」でなくなるのであれば、サブ・カーストの区別にはこだわらずに、仏教徒全体のなかから結婚相手を選ぶべきとの意見を述べる人々が存在する。この意見は、宗教社会運動レベルでのマハール・カースト結合体を基盤とする仏教共同体の枠組みとは別に、サブ・カーストなど、日常生活レベルにおける枠組みが維持されており、両者の間に対立が存在することを示している。そして、このような複層的な状況から、改宗運動のみを生きるのではなく、改宗運動とともに日常の生活世界を生きる（生きなければならない）仏教徒の姿を見いだすことができる。

## 5　両義的存在であるマルバットの供犠

仏教徒たちの生活世界に目を向けると、仏教徒のなかには、仏教とヒンドゥー教の両者を信仰し、ブッダやアンベードカルの像や肖像画を居間などの見える場所に置く一方、ヒンドゥー教の神々や聖人の像を寝室や台所の奥に隠している一般の信者がおり、「半仏教徒・半ヒンドゥー教徒」と呼ばれていることが明らかになる。以下では、ボトムアップの視点、もしくは、周辺ないし縁辺に存在する「庶民ヒンドゥー教」的解釈地平（関根 2006: 134）に立ち、境界的存在である「半仏教徒・半ヒンドゥー教徒」による「マルバット供犠」について検討する。[6]とくにケガレの議論を軸として、仏教徒たちを取り巻く生活環境に単一の意味が付与されているなかで、両義性が創出されていることを明らかにする。ここでいうケガレとは、「死の脅威」を感じる無秩序で両義的な境界現象であり、「浄・不浄」イデオロギーにおいては「不浄」として排除される一方、「ケガレ」イデオロギーにおいては、受容・共有されることにより、明日を生きる創造的な力に転換されるものである（関根 1995: 333-337, 2002: 113-114）。

### 豊饒性と両義性

マルバット供犠は、「耕牛の祭」（ポラ）に行なわれる儀礼である。耕牛の祭とは、豊作を祈るために農作業に従事する牛に祝福を与えるものであり、新たな農期が始まる前に実施される祝祭である。そこでは、人々に豊穣をもたらす創造的な力が必要とされる（Pillai-Vetschera 1994: 207-209）。耕牛の祭は、シュラーヴァナ月（七月から八月）の最終日とバードラパダ月（八月から九月）の初日の二日間に実施され、一日目は大ポラ、二日目は小ポラと呼ばれる。マルバット供犠は、大ポラから小ポラに切り替わる深夜一二時から開始され、男性たちがマルバットと呼ばれる女性とバルガヤと呼ばれる男性の像を作成し、卑猥な掛け声をかけながら、それらの像を連れて市内を練り歩いた後、棒で叩き、燃やす儀礼である。

仏教徒居住区では、二〇歳前後の男性たちによって、マルバット供犠が実施される。「半仏教徒・半ヒンドゥー教徒」と呼ばれる仏教徒青年たちによると、マルバットは「悪い女」・「浮気の象徴」であり、バルガヤはマルバットの「浮気相手」である。つまり、マルバットは、人間（社会秩序）である一方、浮気という過剰な性行動（自然の豊饒性）を行なう存在であり、人間の世界と外の世界の境界に立っている。また、仏教徒青年たちによると、マルバットは「悪いもの」であるため、外から盗んできたもので作成されなければならないと同時に、苦悩を取り除いてくれる「良いもの」でもある。つまり、マルバットは「両義的で、危険であると同時に潜在的な大いなる力を秘めている」存在であり、「その力が悪い方向に導かれないように適切な対応が求められる」（関根 1995: 121; cf. ターナー 1996; 山口 1975）ものである。

### 無秩序な行動と境界状況

マルバット供犠において、仏教徒青年たちは、盗み、女装、賭け事、酒、淫らな性行為といった行動をとる。また、青年たちは、シュラーヴァナ月とバードラパダ月の変わり目の深夜一二時からマルバットを作成し、暗闇のなかで「マルバットが寝ている、バルガヤがやっている！」や「肝炎、黄疸、マラリヤを連れて行け、マルバット！」などの掛け声をかけながらマルバットを連れまわし、朝の薄明かりのなかで地区の境界において燃やす。つまり、マルバット供犠は、日常的な秩序を転覆させる無秩序な行動と、時間や空間の境界状況のなかで行なわれる儀礼である。二〇〇五年は、九月三日が大ポラ、九月四日が小ポラであり、次の事例1は仏教徒青年たちによる盗みと淫らな性行為という無秩序な行動の場面、事例2は朝の薄明かりのなかで地区の境界においてマルバットが燃やされる場面である（図2）。

**図2**　2005年に作成されたマルバット
（2005年9月4日, 筆者撮影）

**事例1**

深夜一二時過ぎ、筆者が「VKたちはどこに行った?」と聞くと、青年AJは、「VKたちは盗みにいった。明日食べる鶏も、何日か前に隣の道からRNたちが盗んできたんだ」と言った。午前二時頃になると、青年たちは「盗みに出かけてくる」と言って、四、五人で連れ立っていった。しばらくすると青年たちは二着のサリーを手に持ち、笑いながら走って戻ってきた。それからすぐに、青年たちは再び盗みに出かけていき、今度はサリー一着とブラウス一着を持ち帰ってきた。盗んできたサリーとブラウスは藁の下にすぐに隠された。午前四時半過ぎ、サリーを着たマルバットの胴体ができあがると、青年VJが自分の顔をマルバットの股間につけて「あああ」と卑猥な声をあげた。そして、マルバットの顔が胴体にくくりつけられ、マルバットが完成すると、青年VJがマルバットの上に覆いかぶさり、性行為をする真似をした。

**事例2**

午前六時頃、仏教徒青年たちは、彼らが住んでいる地区の入口にある交差点でマルバットを乗せた三輪車を止め、声をあげながら手に持った竹の棒でマルバットを激しく叩き始めた。激しく叩かれつづけたマルバットは次第に三輪車の上からずれながら落ちていき、最後は青年たちの手によって引きずり下ろされた。青年が隣で燃えていた他の像から自分たちのマルバットに火を移すと、マルバットは燃え始め、薄暗い空へ煙が上っていった。交差点では、いくつもの場所で他のグループのマルバットとバルガヤが燃やされていた。午前六時半頃、青年たちのマルバットはすべて燃え尽きた。一緒に回っていた仏教徒少年AKは、「マルバットは悪いものではなくていいものだ。悪いことを連れていってくれるものだ。悩みとか頭の中の問題を持っていってくれるんだ」と筆者に言った。

このように、仏教徒青年たちは、盗み、女装、賭け事、酒、淫らな性行為などによって「範疇化を台無しにする変則性や場違い」な状況を生み出すとともに、月と月の変わり目、深夜一二時、朝の薄明かり、地区の境界などの境界状況を設定し、「他界性（他界的な力の突出）」に向き合う状況を創出している（関根 1995: 115）。そして、仏教徒青年たちは、この無秩序で境界的な状況のなかで両義的なマルバット（ケガレ）を連れ回し、外の世界から創造的な力を引き出す（「ケガレ」）とともに、両義的なマルバットを「不浄」な存在として燃やし、排除することにより、病気や悩みといった仏教徒の生活のなかにある困難な問題を人間界の外へ連れ出し、人々の生活から危険性を取り除いている。

## 6　両義性の創出による「開き」

以上のように、イギリス植民地支配下の時代から現在へとつながる歴史に目を向けることにより、アイデンティティ・ポリティクスに依拠する仏教徒たちの改宗運動が埋め込まれているコンテクストが明らかになる。仏教への改宗運動は、植民地時代から連続する「カースト社会としてのヒンドゥー教」および「被差別民である不可触民」という一義的なカテゴリーに依拠することにより、差別撤廃や地位向上に向けた集団的な行動に取り組んできた。一方、これらのカテゴリーに依拠することは、上から押し付けられた枠組みを下から承認し、オリエンタリスト的表象を再生産・流布するとともに、対象を切断・分類し、単一の意味を付与する近代的思考様式を強化することにつながっている（小田 1996）。つまり、アイデンティティ・ポリティクスに依拠する仏教徒たちは、「差別を温存するインド」を打破する反差別運動に取り組んでいると同時に、「差別を温存するインド」というステレオタイプを二重（言説レベルと思考様式レベル）に維持・強化している。

一方、ボトムアップの視点に移動することにより、問いの前提にある「カースト社会としてのヒンドゥー教」および「被差別民である不可触民」表象、また、その基礎となる近代的思考様式に依拠するかたちで現在を一義的に思考するのではなく、それらに隠蔽された別の地平から現在に目を向け、「「開かれた表象」という「良き表象」」（関根 2006: 308）を提示することが可能になる。グローバリゼーションが加速化する現代インドにおいて、ナーグプル市で生きる仏教徒たちの間には経済格差や教育格差が存在するとともに、改宗運動における取組みのなかで、排他的態度や暴力が選択され、宗教間の対立が発生している。しかし、仏教徒たちは「差別を温存するインド」という一義的なオリエンタリスト的表象を再生産し、切断・分類する近代的思考様式を強化しつつも、必ずしも一義的な世界のみを生きているのではない。同時に、仏教徒たちは、無秩序で境界的な状況において両義性を創出することにより、彼／彼女らが生きている世界へ豊穣をもたらす外の世界と繋がり、一つの意味に閉じた排他的な世界を開いている。

**注**

（1）一方、ナーグプル市の仏教徒の間では、国勢調査の仏教徒人口は実際よりも非常に少ないものであるとの共通認識が存在し、実際のインドの仏教徒人口は、数千万から一億人、多い場合には二億人であると考えられている。

（2）一九六一年の国勢調査によると、マハーラーシュトラ州の仏教徒人口は、一九五一年と一九六一年を比較して、二四八七人から二七八万九五〇一人に急増し、州人口に占める仏教徒の割合は、〇・〇一パーセントから七・〇五パーセントに増加した（Census of India 1961）。

（3）この語りからは、「新仏教徒」（New Buddhist, Neo-Buddhist）というカテゴリーが存在することも見て取れる。この呼び名は、インド国内外で使用されているが、現地の仏教徒たちの間では蔑称として認識されている。仏教徒たちの多くは、「海外の仏教徒たちは、インドの仏教徒を、「新仏教徒」と呼ぶことによって、インドの仏教徒が「不可触民」であることを暗に示唆し、同じ仏教徒として認めていない」といった批判を行なっている。

（4）仏教徒たちは、アンベードカルを「バーバー・サーハブ」（*bābā sāhab*）と呼んでいる。この呼び名は、「偉大なる指導者」

を意味する尊称である。

（5）佐々井の宗教思想および実践とナーグプル市の仏教徒たちの改宗運動および生活世界との関係性については、根本（2010）において論じている。

（6）関根は、ヴェーダ聖典の権威やブラーフマナ（バラモン）の階級的優越性を認める立場からの世界像を「正統ヒンドゥー教」的解釈地平とする一方、その縁辺部に生まれ、現世肯定的で情動的なバクティ信仰に体現される視座を「庶民ヒンドゥー教」的解釈地平と呼んでいる（関根 2006: 133-134）。

# Ⅱ部　「読み換え」から「書き換え」への実践Ⅱ

## ——民族カテゴリーを超えて

# 4章　カテゴリーの成員性――「外国人」と名づけられた生徒の名乗り

井上央子

日本の学校に海外各地域から来日する子供の数が増加し、教育現場には新たな課題が生じている。彼／彼女らの多くは日本語を理解せず、日本での生活経験も限られている。家族も同様である。しかし、日本の教育プログラムはこうしたニューカマーと呼ばれる子供たちを想定してはいない。

日本の学校に入学したニューカマーの中学生は、どのように自己を位置づけアイデンティティを構築するのか。ここでは、調査のなかで注目すべき枠組みとして浮上した「外国人」というカテゴリーに焦点を当てて考察する。本章は、日本の都市部にある葵中学校（仮名）日本語教室において、二〇〇七年三月から二〇〇九年の三月まで約二年間、一二歳から一七歳までの子供たちを対象に行なったフィールド調査にもとづいたものである。

## 1　葵中学校日本語教室

葵中学校は、近隣地域で唯一日本語教室を設置している公立中学校で、日本語教室を理由に他校区に居住するニューカマーの生徒も在籍する。三学年五〇〇人強の生徒数に対し、三〇名ほどのニューカマーの生徒が在籍し、その大半を中国とフィリピン出身の生徒が占める（表1）。彼／彼女らは他の生徒と同様、通常のクラスに入れられる。葵中学校の各学年には、一クラス四〇人弱のクラスが四～五クラスあり、一クラスに一～四人のニュー

**表1**　葵中学校日本語教室の生徒（2007年度，すべて仮名）

| 学年 | 仮名 | 生みの親 | 両親の変化 | 来日時期 |
|---|---|---|---|---|
| 1 | 美紀（女） | 父（フィリピン）母（フィリピン） | 父（日本） | 小学校 |
| | マルコス（男） | 父（フィリピン）母（フィリピン） | なし | 小学校 |
| | アイラ（女） | 父（フィリピン）母（フィリピン） | 母のみ | 中学1年 |
| | メアリー（女） | 父（フィリピン）母（フィリピン） | 父（日本） | 中学1年 |
| | 児島（女） | 父（日本）母（フィリピン） | 母のみ | 日本 |
| | 佐藤（男） | 父（日本）母（フィリピン） | 母のみ | 日本 |
| | 吉田（男） | 父（日本）母（フィリピン） | 母のみ | 中学1年 |
| | 徐（女） | 父（中国）母（中国） | なし | 中学1年 |
| | 武藤（女） | 父（中国）母（中国） | 父（日本） | 中学1年 |
| 2 | 博美（女） | 父（フィリピン）母（フィリピン） | 父（日本） | 小学校 |
| | 斉木（男） | 父（日本）母（フィリピン） | 母のみ | 中学1年 |
| | 本田（女） | 父（日本）母（フィリピン） | 父（日本） | 中学1年 |
| | 王（男） | 父（中国）母（中国） | | 小学校 |
| | 林（男） | 父（中国）母（中国） | 父（日本） | 中学1年 |
| | 李（女） | 父（中国）母（中国） | 父（日本） | 中学1年 |
| | 張（男） | 父（中国）母（中国） | 父（日本） | 中学2年 |
| | 呉（女） | 父（中国）母（中国） | 父（日本） | 中学2年 |
| | 小田（男） | 父（中国）母（中国） | 父（日本） | 中学2年 |
| | 赤井（男） | 父（中国）母（中国）：引揚 | なし | 中学2年 |
| 3 | 慎吾（男） | 父（フィリピン）母（フィリピン） | 父（日本） | 小学校 |
| | 美奈（女） | 父（フィリピン）母（フィリピン） | 父（日本） | 小学校 |
| | リサ（女） | 父（フィリピン）母（フィリピン） | なし | 中学1年 |
| | 立花（女） | 父（日本）母（フィリピン） | 母のみ | 小学校 |
| | あゆみ（女） | 父（日本）母（フィリピン） | 父（日本） | 中学1年 |
| | 正志（男） | 父（日本）母（フィリピン） | 母のみ | 中学1年 |
| | 咲子（女） | 父（日本）母（フィリピン） | 母のみ | 中学2年 |
| | 新藤（男） | 父（中国）母（中国） | 父（日本） | 中学1年 |
| | 時田（女） | 父（中国）母（中国） | 母（中国） | 中学2年 |
| | 周（男） | 父（中国）母（中国） | 父（日本） | 中学2年 |
| | 舞（女） | 父（中国）母（中国） | 父（日本） | 中学1年 |
| | 八木（女） | 父（中国）母（中国）朝鮮族 | 母のみ | 中学2年 |
| | 宋（女） | 父（韓国）母（韓国） | なし | 中学1年 |

（2008年度来日）

| | | | | |
|---|---|---|---|---|
| | 趙（女） | 父（中国）母（中国） | | 中学2年 |

（他校在籍で日本語教室のみ参加）

| | | | | |
|---|---|---|---|---|
| 2 | 郭（女） | 父（中国）母（中国） | なし | 中学2年 |
| | 陳（女） | 父（中国）母（中国） | なし | 中学2年 |

カマーの生徒が在籍していた。入学時に日本語を習得している生徒は稀で、まず日本語教室で二週間の集中日本語指導を受ける。その後は通常のクラスに編入され他の生徒と同様に過ごすが、国語と社会の時間に通常のクラスを抜け、日本語教室で日本語や個々の教科を学習する。

二週間の集中学習を終えた生徒の日本語力は、ひらがなとカタカナを覚え、挨拶ができる程度である。教師の指示も、目の前のクラスメートの間で起こっている出来事も、彼／彼女らはほとんど理解できない。周囲を観察し、真似しながらクラス活動についていく。通常のクラスでの一日の活動が終わると、彼／彼女らは日本語教室に向かう。そこには、他のニューカマーの生徒も集まっており、クラスでわからなかったことをはじめ種々の問題を解決し、宿題や課題をする。母語でおしゃべりもする。そして、三々五々、日本語教室から家路へ向かう。彼／彼女らは、日本語教室への出入りを繰り返すなかで、抱える問題を徐々に解決しながらクラス活動へ参加していくことになる。

日本語教室は、コの字型三階建て校舎の二階の端の突き当たりにある。部屋は三つあり、三人の教師がそれぞれの部屋で教えている。隣にはカウンセリング室、その隣には空き教室、教員の更衣室、パソコン教室が並び、角を曲がると階段を挟んで職員室と校長室がある。生徒が大勢いる通常クラスの教室は階上の三階にあり、学年ごとに使用する階段が決められているため、日本語教室周辺には生徒の姿は少なく、休み時間に階上から騒ぎ声や足音が聞こえてくる程度である。日本語教室やその前の廊下を、ニューカマー以外の生徒が行き来することは稀である。

調査は、学校という場における制限のなか、主として日本語教室において週平均二日の頻度で行なった。日本語教室では状況に応じて日本語や教科を教える役割も担った。休み時間や放課後には、生徒たちとおしゃべりをし、彼／彼女らの課題を手伝った。生徒たちは筆者を「先生」と呼んだが、それはときおり果たしていた教師の役割に起因していると考えられる。しかし、生徒たちは筆者が教師ではなく、調査研究に来ている学生であることを知っていた。学校でのフィールド調査後も、学外でインタビューを行ない、卒業生を中心に学校生活を振り返って説明してもらう作業を続けた。

## 2　カテゴリーと差異

民族、ナショナリティといった人間分節によってできあがるカテゴリーは種々の権力関係や政治性を抱えている。生活論的視座に立つ松田素二は、それらの内実を明らかにし、またそれらに抗う形態の共同性を模索する一方で、アイデンティティ化を介さない共同性、カテゴリー化を排する共同性という志向が、現代世界における共同性の再想像を実践する際の出発点になると一定の評価をしながらも、こうした方向性が現実の人々の生活共同のリアリティからはズレていると批判する（松田 2009：122-123）。生活において人々が関わるカテゴリーは、社会の権力関係のなかで構築されたもので、権力の中枢に都合のいいように設定されがちである。とはいえ、あるカテゴリーはあくまで周囲との相互関係において成り立っているもので、固定的なものでも実体的なものでもないであろう。重要なことは、そうしたカテゴリーが正当化され本質化されることによって、生活世界のなかで人々に共同性を与え、アイデンティティ構築の拠り所となっているという点である（松田 2009：123）。人々にとって、カテゴリーがどのように正当化され、本質化されるのか、それをふまえて現代社会の共同性とはどのように成立するのかを、カテゴリー内部の視点から検討する必要がある。

人々の日常生活において、なにがカテゴリーを成り立たせ、維持しているのか。酒井直樹は「日本人」というカテゴリーについて、それは「西洋」に対し、カテゴリー内にある無数の文化的非共約性を無視し、非共約性をカテゴリーの外部、つまり「西洋」との境界にのみ見ようとすることで成り立つとする（酒井 1996）。本章が検討する「外国人」というカテゴリーは、日本人単一民族神話が依然浸透している日本社会において、「日本人」

と「外国人」の境界に非共約性を見いだし、設定したものである。[1] そして、この「外国人」カテゴリーの設定も、そのための「差異」の選択も、「日本人」側が行なっていることであり（佐々木 2009）、当事者である「外国人」が自らの存在を表明するために生成したカテゴリーではない。内堀基光は、民族集団の生成において、「名づけ」に対する当事者側からの応答である「名乗り」が、社会的地位の単なる表現にとどまらず、社会的位置づけを形成するという点で構築的な行為だとする（内堀 1989）。この行為において、カテゴリーの当事者によって無数の「差異」のなかから成員性となるいくつかの外部との「差異」と内部の共通性が選びとられ、ある形態のカテゴリーを表明することで、カテゴリーは実体化してゆくのである。本章では、与えられたカテゴリーに対する「外国人」の応答の仕方を検討し、「外国人」の「名乗り」によるカテゴリーの成り立ちと、成員との関係を「差異」の内実という点から考察する。

## 3　名づけ

### 学校教育の文脈

日本では、小・中学校の九年間の義務教育によって、国が設定する基準を満たす学校教育が全国で実現した。これにより、日本の教育水準は一定の質を保持することが可能となる一方、義務教育の九年間、学校または地域ごとの独自性の追求は限定されることになった（苅谷 1995; ＯＥＣＤ教育調査団 1972）。

学校は、すべての子供に○年○組○番という在籍を与える。そこでは、都市圏出身か地方出身か、あるいは中国人か日本人か、といった生徒の多様性は原則として主題化されず、生徒みなに「平等」に同じものが提供される。[2] 与えられたものをどのように受け取り、それにどのように反応するかは各々の生徒次第である。

また、この教育政策、とくに義務教育は、日本国民を対象とするという前提の上に成り立っており、教育基本法や学校教育法に示されている（宮島 2005）。授業は当然日本語で行なわれ（宮島・太田 2005; 高藤 2008）、それぞれの教科に学年ごとに到達すべき進捗の基準が設定されている。つまり、現行の法の対象は日本国民で、義務教育の一年目から継続してこの制度の下で教育を受けることを前提にしているといえる。新たに中国やフィリピンから来た子供たちは、学校教育の対象として想定されていない。

## 言葉と出自の結びつき

ニューカマーの生徒も他の生徒と同様に○年○組○番という在籍を与えられるが、彼／彼女らが抱える日本語の能力が問題になる。この「問題」を解決すべき場が日本語教室である。校舎の片隅にある日本語教室に実際に足を運んでみたことがない「日本人」生徒も教師も、そこが日本語指導が行なわれている場であることは理解している。「日本人」は、日本語の「問題」を抱える生徒、そして日本語教室に関わっている生徒に対して、「外国人」という呼称を使用する。(3) しかし、その日本語の「問題」についてより詳細に検討すると、「外国人」として分節する際に採用される基準を、単純に日本語の問題とすることの限界が見えてくる。

通常のクラスにおいて、教師やクラスメートの指示が理解できるようになり、自分の目の前の出来事や自分の役割がわかり、次の日の予定や提出物がなにかがわかるようになると、その生徒は日常生活が送れるようになったとされ、日本語の問題を解決したと判断される。そして、日本語教室における学習が削減され、なかには完全に終了する生徒もいる。しかし、そうした生徒は日常生活に必要な言葉の問題を解決していても、依然、教科学習のための理解力を十分に習得できていない、という議論が各地の日本語教室で出てきており、教師の間でも徐々にこの認識が共有されるようになっている。日本語教室における学習支援の継続の基準を、日常生活における言葉の理解力から学習に必要な言葉の理解力へ移行する必要が指摘されている。

日常生活で必要とされる言葉の理解力という意味での日本語の問題は、生徒のなかから「外国人」生徒を分別する「差異」になりうる。ところが、学習能力という意味での日本語の問題は、「外国人」にはもちろん「日本人」にもあてはまる。たとえば、「日本人」生徒のなかにも、小学校の段階で覚えておくべきとされる漢字を覚えていない生徒がいる。逆に、義務教育で学ぶ漢字以外の漢字をすでに習得している生徒もいる。学習に必要な言葉の理解力は、「日本人」生徒の間でも習得に差があり、それは主題化されうる「問題」である。学習能力の習得を促す指導を日本語教室で「外国人」生徒に行なう際、教師の間で「日本人生徒でもわからない子はいるのに、ここ（日本語教室）でやるべきことなのだろうか」といった会話がなされ、「外国人」生徒のみを特別扱いすることになるのではないか、という議論がなされる。すでに、日本語が「外国人」生徒に限った問題ではなくなっていることを示しているのである。これはいわば、問題となる「差異」の扱い方において、「日本人」である教師の間でも合意が得られていないグレーゾーンにあたる。

このように、「外国人」生徒を分別する「差異」として日本語が機能しなくなりうるのは、日本語の問題が相対的な「差異」として、「外国人」の特徴から一般的な特徴として連続的に扱われているからである。出会いの段階では「外国人」生徒を分別する差異になるが、接触後ある一定の段階では境界設定の十分な条件になりえなくなる。問いが、日常生活に必要な言語の理解力から学習能力に移行するとき、日本語という基準は「外国人」を決定する「差異」として選び取られなくなる。(4)

こうして、日本語は「外国人」を分節する条件としては不十分であるが、一方、「外国人」生徒が日常会話を理解できるようになったからといって、教科書を読めないまま通常クラスへ送り返すわけにはいかない。ニューカマーの生徒を「外国人」に留め、日本語教室で対応する正当な理由が必要になる。そこで選び取られる「差異」が、彼／彼女らの出身地や生まれ育った環境である。

教科書が読めない、漢字の送り仮名を正しく書けない、といったニューカマーの生徒の状況を、学習能力の問題と捉えるか、それ以前の問題と捉えるのかは、状況ごとに教師の判断に委ねられる。日本語教室で対応すべき

「問題」とすると、出自や家庭での使用言語などに関連づけ、たとえば家庭では母親と日本語を使用していないため日本語との接触が日本人とくらべて少ないとか、小学校で学習する漢字を日本語教室で補習したが、それらを実際に使用する機会がなかったという説明を与え、学習能力の問題ではなく日常生活で必要な言葉の理解力の問題として対応することになる。一方、学習能力の問題として対応することになれば、生徒は日本語教室ではなく、通常クラスで他の生徒と同様に授業を受けることになる（その際、出自は「問題」に関連づけられない）。

このように、日本語の問題を「外国人」の分節に採用すると、取り除くことが可能な相対的な「差異」であるため、「外国人」と「日本人」の境界が曖昧になる。これに対し、出自は取り除くことが不可能なものである。その出自を「差異」として選び取ることは、彼／彼女らの親、祖先につながる時間的連続感を維持・固定することになる。言葉の「問題」に出自を結びつけることよって、「外国人」を分節する「差異」に過去からの連続性が加えられ、「外国人」というカテゴリーが本質化されるのである。ただし、一見日本語の「問題」のなさそうな生徒に対する日本語教室での対応（つまり生徒の出自を「差異」として採用し「外国人」とするか）は、個々に教師の判断に委ねられる。「外国人」というカテゴリーはこのようにして形成されている。

## 4　名乗り

「外国人」という「名」はそもそも、「日本人」が設定した「名づけ」によるものであるが、名づけられた本人たちのアイデンティティ構築において無視できるものではない。以下、彼／彼女らによる「名乗り」を検討する。「外国人」と名づけられた彼／彼女ら自身も、日本語教室に出入りするのは「日本人」ではなく、「外国人」であることを互いに要求する。その際に採用する「差異」は、言葉と出自である。「外国人」生徒自身が、「日本人」が「外国人」に適用する条件を満たすことを、日本語教室で机を並べることのできる要件として確認するのである。

## 選択可能な「日本人」と「外国人」

条件を満たせば、「外国人」や「日本人」を名乗るか名乗らないかの選択は、本人に委ねられている。彼／彼女らにとって、日本語教室は、日本人ではないことを選択した子供たちが集まる場なのだ。以下は、日本語教室での三年生八人（正志、立花、舞、周、宋、リサ、咲子、あゆみ）の間のやりとりである。立花、正志、咲子、リサ、あゆみはフィリピンから、舞、周は中国から、宋は韓国から来日した。来日時期はそれぞれ異なる（表1）。

立花　三年になって初めて、正志、フィリピン人って知ったよ。それまで日本語教室でたまに見て、中国人かなとか思ってたから。関係ないって。（無視して）いいっか、ってシカトしてた。
正志　日本人だよ。自分は。（タガログ語で、自分の親子関係や来日の経緯を説明した。）みんな、日本人、中国人、っていう。
立花　後藤さんとか、全然日本語教室、来ないよね。
咲子　だれだれ？
リサ　美奈。
咲子　あ〜。美奈。
立花　日本人と同じだよねー。日本人だよねー。ここにも全然来ないし。関わってないし。慎吾もじゃん。
正志　うん。
立花　慎吾も日本人だよね。慎吾のタガログ語聞きたくて、わたしがんばってタガログ語で話しかけたのに、日本語で返ってきたよ。もう。なんでだろー。

舞　日本人になりたいんじゃないの。

みなが顔を見合わせて笑う。（後藤美奈と慎吾は、一年生のときに日本語教室で学習し、日本語教室に出入りしていたが、その後顔を見せなくなった。）

この正志と立花を中心にした会話は、ほかの生徒たちの間でも共有され、理解されていた。正志は来日して中学一年のクラスに編入し、一、二年生の間は、国語と社会の時間に日本語教室で勉強していた。三年生になると、週に一度の進路の授業のみ日本語教室で受け、それ以外はすべて通常のクラスの授業に出ていた。それでも、昼休みや放課後には日本語教室に姿を見せ、教師に助けを求めて提出できていない宿題にとりかかり、またおしゃべりに時間を費やしていた。しかし、二学期に入ってからは、ほとんど正志の姿を目にしなくなった。日本語教室での立花との会話は、このような時期のものであった。

翌日の放課後、再び正志が日本語教室に姿を見せた。とくに宿題があるわけでもなさそうで、おしゃべりをしたり、なにをするでもなく椅子に坐っていたりしていた。その後、立花と正志は二人で他の生徒たちから離れたところに坐り、話を始めた。昨日の話の続きのようだった。途中から、あゆみとリサも加わった。

正志が日本語教室を去った後、立花が筆者に説明した。日本語教室に来つづけるのか、正志は迷っているという。それは、日本人になるかならないかという難しい選択なのだと立花は説明した。あゆみとリサも説明を加えた。「日本人でなければ、日本語教室に来るのだ」と。

この日を最後に、昼休みや放課後に正志の姿を日本語教室で見ることはなくなった。週に一度の進路の授業に、欠席と出席を繰り返しながらやってくるのみであった。筆者が次に正志と日本語教室で出会ったのは卒業式当日であった。

正志は来日当初、日本語教室で教師たちに家族のことや彼の心境を話していた。父親が日本人であること、「中村正志」という漢字を使用した日本人の姓名であること、顔の造りにフィリピン人というよりは日本人の特徴を備えていると考えていることなどを理由に、自分はどちらかといえば日本人なのだろうと話していた。そのような思いを抱えながら、日本語教室に出入りしていた。通常のクラス内にも居場所を確保しているようだったが、それでも日本語教室に出入りしていた。

ところがその正志が日本語教室に来ることをやめた。日本語教室と一切関わらない美奈や慎吾のように、正志も日本語教室に来ることをやめ、「日本人」を選択したのだ。逆にいえば、立花やあゆみ、リサのように、日本語教室に出入りし続ける生徒は、日本人ではないことを選択しているのである。

## 「中国人」より「外国人」を選ぶ

中国出身の生徒たちにとって「中国人」という呼称は、自身を説明するのに有効で、積極的に使用するものであるが、政治的な意味合いをも含む複雑な側面がある。中国で学んだ歴史認識が原因で、彼／彼女らは来日以前から、日本で自分が「中国人」として扱われることを恐れていた。彼／彼女らにとって、「日本人」や「中国人」という語には、否定的な意味や感情が付与されているようであった。ところが日本では、彼／彼女らの予測を裏切り、「中国人」にまつわるステレオタイプが彼／彼女らに押し付けられることはなかったという。来日してから一年以上経つ生徒たちが集まり、来日当時やその後について振り返り、考えを述べる機会があった。

生徒たちは、言葉を濁しながら、中国人は日本人が嫌いと話した。その原因を戦争ドラマや学校の授業、ニュースに求めて説明した。中国では、頻繁に中国と日本の間に起こった戦争を題材にしたドラマが放映されているという。「（日本人のことを）悪く思っちゃう。（そうした）ドラマがあると」と陳が話すように、その内容は日本人を「悪い」（徐）、「敵」（張）、「だめだ」（郭）といったイメージで描いている。来日以前に、ドラマやニュース、学校の授業などさまざまな媒体による情報によって、日本人に対するイメージが彼／彼女らの前に積み上げられていった。日本に対してそうしたイメージを植えつけられて、彼／彼女らは来日することになる。

郭が日本行きを決め、周囲の人に伝えると、「裏切り者」、「なんで日本に行くんだ」といわれたという。張は、日本に行く前、「クラスの人に「大丈夫かー」っていわれた」そうである。張は、日本では「中国人は嫌われていると思ってた。日本人との関係うまくいけるかな、大丈夫かなと思っていた」と話す。日本に行くことにあまり気が進まなかったし、怖かったそうである。

陳は、日本の学校で、「授業で中国のことが出てくると、緊張しちゃった」と話す。「中国のこと、悪くいったらどうしよう。いわれちゃったら、わたし、ここにいるから、変な目にあっちゃう」と思っていた。「中学の戦争の授業のときが一番嫌」だった。教科書をめくり、中国と日本の戦争について扱うページがあることを陳は前もって見つけていた。その日が近づくと緊張し、当日も授業中ずっと緊張していたという。

このように、彼らは中国で、敵としての「日本人」のイメージを形成し、「中国人は日本人が嫌い」であるのと同様に、日本人も中国人が嫌いであろうと想像していた。そのため、日本で「中国人」として扱われることを恐れていた。自分が「中国人」だと、いじめられるだろうと覚悟していた。

ところが、日本に来て、歴史の授業でも中国のことを悪くいわないのに驚いた。クラスではむしろ、「中国人」としてではなく、「外国人」として扱われたという。張は、クラスメートは「外国人」として対応してくれると説明し、そのことがよかったと話す。張が「外国人」だから、早口や省略した日本語を使わず、身振り手振り、身体を使って張がわかるように教えてくれる、ということである。林は、葵中学校の生徒は「外国人」に慣れていて、自分が嫌な思いをすることはなくつきあいやすいと言った。善悪の価値がつかない『名』として「外国人」を認識し、「敵」というステレオタイプが付随する「中国人」ではなく、「外国人」として扱われることを彼／彼女らは好んだ。「外国人」という「名」を、そこに付随する差異は言葉のみで、政治的に否定的な「差異」をともなう「中国人」を覆い隠すものとして積極的に採用していた。

彼／彼女らは、自分が「中国人」であることを否定しない。彼／彼女らにとって、「外国人」という名乗りは、文脈に応じた限定的なものであって、日本人がマジョリティを占め、歴史問題に触れる可能性のある場合に、彼／彼女らは「外国人」という名乗りを選択しているといえる。

### 理解を求めない差異

日本語教室ではとくに交わることがなく、しばしば対立することもある中国人とフィリピン人のグループだが、通常のクラスに行くと様相は変わる。

クラスでは、とくに女子生徒の場合、グループの一員になっていることが重要である。グループ構成は二人でも十分で、一人でいないことが重要である。この女子生徒たちのグループ形成については、中国の生徒たちもフィリピンの生徒たちも最初戸惑い、「日本人はおかしい」と語った。彼女らは、入学して次のクラス替えがあるまで、どのグループにも入ることができずに一人でいることが多い。新年度、教師は意図的に各クラスに「外国人」生徒が均等に所属するようクラスを決める。そのため、「外国人」生徒は各クラスに分散し、一クラスに二、三人在籍する場合が多い。

フィリピン出身のアイラと中国出身の趙は二年次の同じクラスに在籍していた。アイラは一年の五月に入学し、日本の学校に通い始めて一年以上経っていた。趙は二年の四月に入学した。二人とも来日当初はまったく日本語が理解できず、ひらがなの学習から始めた。クラスに日本語教室の生徒は二人のみで、アイラは趙をよく助けた。趙は日本語を理解せず、アイラもすべてを理解していたわけではないが、アイラは時間をかけながら趙に伝えていた。教室移動のときにも、アイラは趙に声をかけ、一緒に連れて行く。二人は互いの意思疎通が難しいため、グループというほど行動を共にしていたわけではないが、趙がアイラの助けを必要としていたため、二人がクラスで一緒にいることは多かった。

二学期ごろから、クラスで趙がいじめられるようになった。クラスのあるグループの女子生徒たちが、アイラに自分たちのグループに入るよう誘ってきた。「なんで趙さんと一緒にいるの」っていわれた。「趙さんと一緒にいないで、アイラさんはおいでって」とアイラは説明した。いじめられている趙と一緒にいれば、自分も一緒にいじめられるかもしれないとアイラは考えた。趙に対するいじめの表立った理由は、身体的なことがらであった。クラスメートがなぜそれを理由にいじめにいたるほど趙を嫌がるのかわからない、とアイラは話した。「わたしもそれは、って思うけど、それは趙さんの一部で、それを理由に嫌いにはならない。（クラスメートが）こっちにおいでって言ったけど、わたしはいいって言った。わたしたち、外国人二人だけだから」[5]。趙に対するクラスメートのいじめは続いたが、アイラは趙に声をかけて一緒に行動することをやめず、趙が困っていると助け続けた。

アイラの選択は、日本語教室で共有されている来日後の苦労や経験による、趙への共感からくるものであった。日本語教室を出入りする生徒たちは、「みんな同じような苦労してるんだよ」とある生徒がいうように、来日の背景や家庭環境、日本語理解や高校受験などからくる苦労や経験を共有している。また、クラス内でのグループ化など、「日本人」が理解できないという点で一致している。このような共感によって彼／彼女らは、自らを「日本人」とは区別して、「外国人」と名乗るのである。

「外国人」であると名乗る際に採用されるのは、「日本人」に理解を求めない「差異」、つまり絶対的な経験的差異である。共有している苦労や経験について、彼／彼女らは積極的に話そうとはしない。「日本人」に対して説明したり、理解を期待したりしない。そもそも「日本人」に理解できるものではないと考えているようである。「日本人」と同じ土俵を設定して比較しようとせず、彼／彼女らの間でのみ理解することのできるものとして温存している。つまり、差異を相対的なものではなく、理解を求めない単独のものとして採用し、それを共有するもの同士を「外国人」としているのである。

## 名乗り

「外国人」と名乗る生徒たちが採用する「差異」の選択において、「日本人」が「外国人」を分節する際に用いる言葉や出自を無視することはできない。しかし、彼／彼女らは日本人によるカテゴリー設定をもとに、自身で「差異」の再選択をし、表明可能なものとして再設定している。言葉や出自に加え、そこから派生する苦労や経験を、多数の「差異」のうちの一つに留めるのではなく、それを主題化することによって「外国人」というカテゴリーの意味を再設定する。この「差異」は「フィリピン人」、「中国人」、「韓国人」がまとまることを可能にし、このまとまりが日本人社会で直面する問題やいじめに対峙するエージェンシー（作用を及ぼすもの）となっている。

これまでの苦労や経験を、「外国人」を分節する差異として主題化するか、とくに価値づけないかは個々の生徒による。それぞれの生徒のなかでも変化するようだ。ときにその経験を価値づけることを強調し、ときに無視する。経験を差異として認識し、設定するとき、彼／彼女は「外国人」であることを選ぶ。そして、「外国人」を捨て去ることも可能であるし、また再表明することも可能である。「外国人」であることを表明している生徒たちは、新たに、もしくは再び「外国人」を表明する友人を、「差異」を共有するものとしていつでも受け容れる。彼／彼女らにとって「外国人」という名は、彼／彼女らを拘束するものではなく、選択可能なアイデンティティの一つなのである。

「外国人」であることを表明する友人を、「外国人」生徒たちはいつでも受け容れるが、だれでも「外国人」を表明できるわけではない。「外国人」を表明するには、言葉と出自という「差異」を満たしている必要がある。それは、日本人が設定した「差異」である。彼／彼女らの名乗りは、まず日本人が設定したカテゴリーとしての

「差異」を満たすことを必要とし、それに加えて、その差異から派生する彼／彼女ら自身の経験に価値づけられた意味を「差異」として選択することで成立する。その結果、「外国人」自身が設定する「外国人」の境界が、日本人が設定する境界と重なるのである（名づけ→／→名乗り）。

## 5　カテゴリーの成員性

「日本人」も「外国人」も、生徒たちはみなそれぞれ多様な「差異」を抱えている。「外国人」の境界化は、そうした種々の差異のうち特定の差異を選択し、認識論的操作によって二種類の差異として問題化することによる。一つは相対的な差異（一般性のなかの特殊性）であり、もう一つは比較不可能な理解不可能な差異（単独性）である。相対的差異を採用するか、理解不可能な差異を採用するかは、文脈に依存している。

名づけにおいて、「外国人」の境界設定には、学校の文脈が拠っていた「平等の原則」と、それまで想定していなかった問題に対処する方策の要請、それらの間のせめぎ合いにおいて、「差異」の操作が生じている。「平等の原則」は強固に学校という文脈の根底にあり、それに合致しない活動や特別な対処を行なうのは許容され難いものと認識されている。「平等の原則」に従えば、日本語の問題を抱える「外国人」生徒に特別な対応をすることは、一定の習得段階から認められなくなる。一方、現場での現実的な要請はある。そこで学校は、出自という変更不可能な差異を、日本語の問題と結びつけることによって、「外国人」を分節するのに採用していた相対的な差異に時間的連続性を加え、本質的な差異として採用した上で、日本語教室で対応すべき対象としている。

一方、名乗りにおいて、中国出身の生徒たちが「外国人」という「名」を選ぶケースでは、彼／彼女らは「中国人」という「名」を避け、相対的な「差異」を採用した。中国・日本間の歴史認識とそれにもとづく「中国人」と「日本人」という分別を、彼／彼女らは、向き合いたいことがらではないし、向き合えるものでもないと考えている。したがって、「外国人」という名乗りは、歴史性や政治性が付随していないニュートラルな意味を選択しているといえる。また、アイラと趙のケースで見られたような「外国人」としてのつながりは、日本人社会で生きる苦労やこれまでの経験を共有することで成り立っている。こうしたつながりは、「日本人」との相互理解を期待しない名乗りである。これは、理解不可能な差異を覆い隠すというよりは、むしろ積極的に価値づけ、温存する名乗りといえる。

「日本人」が理解不可能な他者を理解可能なものとするために設定した「外国人」というカテゴリーを、当事者たちが流用することもあれば、理解不可能な差異によって再設定することもある。そこには、決定的な成員性があるわけではない。また、成員が一定であるわけでもない。「外国人」は選択可能なカテゴリーであり、その境界は出入り自由、時間の経過とともに出たり入ったりしてもよいものとして設定されている。この意味で、「外国人」という境界は固定化されておらず、柔軟な側面をもつ。また、「外国人」というカテゴリーは文脈において立ち上がるものである。「外国人」対「日本人」として恒常的に設定されているものではなく、彼／彼女ら自身が必要とするときに、「日本人」に対峙するものとして表明される。表明されたときの「外国人」の姿は状況によってさまざまであり、しかしそうした方法で「外国人」というカテゴリーは、彼／彼女らの生きる媒体として象徴的「資源」となっているのである。(6)

**注**

（1）酒井（1996）、小熊（1995, 1998）、国広（2004）らを参照。

（2）「エクイティ」の議論を参照。たとえば、佐藤（2011）。

（3）ニューカマーの生徒のなかで、「外国人」と呼ばれない生徒がいる。このような生徒もあえて問えば「外国人」であるが、クラスで他の生徒同様に過ごし、とくに「問題」が生じない限り、「外国人」という名が与えられることはない。学校の文脈では、「外国人」である前に、○年○組○番○○さんなのである。

（4）「学習能力」は教師によって使われる表現で、「客観的」指標によって測れるとされ、普遍的とされる能力と、文化資本による能力と、両方含まれる。
（5）アイラが筆者に話す際に使用する言語は、大半が英語であったが、「外国人」という言葉は日本語だった。
（6）Eckert（1989）を参照。アイデンティティ構築に関わる生徒たちの集団形成のあり方として、カテゴリーとグループを区別する。成員性が明らかで、成員が固定的なグループ（集団）と比較し、成員性が明確でないカテゴリーを論じている。

# 5章　アイヌ民族と共生／連帯する人びと

関口由彦

## 1　「個」の散乱を超えて

社会的マイノリティによる抵抗運動が変容している、と指摘されている（竹沢 2009a）。二〇世紀末から現代に至るまで、多文化主義を公式に導入した国民国家では、人種やエスニシティの本質主義的区分を踏襲するアイデンティティ・ポリティクスを展開してきた。すなわち、人種やエスニシティといった人間区分を、不変の本質的属性によって規定されるがゆえに境界の明確なカテゴリーとして捉え、そこに自分のアイデンティティを置く人々が多文化主義によって認められる諸権利を受け取ろうとしてきたのである。このことは、そのような本質主義的カテゴリーによって自己のアイデンティティを意味づけられることを受け容れ、さらに権利主張の基盤としてそれらのカテゴリーを積極的に使用していくことであり、その帰結としてアイデンティティ・ポリティクスが生じる。そのとき、これまで負の価値づけをなされることによって人々に抑圧をもたらしてきたカテゴリーは、正の価値に転換され、解放のための足がかりとして戦略的に用いられる。

しかし、このような戦略的本質主義に立つ多文化主義も限界を迎えようとしており、「多文化主義の壊滅」が論じられるようになっている（竹沢 2009a: 16）。マイノリティの解放を目指したはずの多文化主義が、「人種」や「民族」といった本質主義的人間区分やそうした区分を可能にする権力関係を温存してしまうという逆説への批判が高まってきた。つまり、カテゴリーの価値づけを「負」のものから「正」のものへと転換したところで、本質主義的カテゴリーの存在自体が人々の本来的なアイデンティティの多様性を同質的に固定化するという表象の暴力を発揮していることが問題化され、その暴力を可能にする権力関係が暴かれるようになってきたのだ。

しかし、「人種主義」やそれにもとづく「差別」といったものが厳然として存在する世界の現状においては、抵抗のための戦略的本質主義を解体することが「個」の散乱に至り、抑圧を乗り越えるためのエンパワーメントを脆弱化させてしまうというジレンマが生み出されている（竹沢 2009a: 17）。

そうだとすれば、「戦略的本質主義」にもとづく集合表象を拒否しつつ、不平等で抑圧的な現実への抵抗を手放さないためには、現状維持に手を貸してしまう「個」の散乱を超えて、「新たな」共同性が見いだされなければならないだろう。しかし、その道筋については、まだ議論されていない。そこで、本章は、そのような道筋について展望する。すなわち、その可能性を、日常生活のなかに深く埋め込まれた「既存の」人間同士の結びつきに見いだしてゆきたい。

## 2　「多文化共生」論から

ここでは、前節で提示した問題意識を、より明確な分析概念へと深化するために、現在、日本で広く主張されるようになった「多文化共生」をめぐる議論を参照したい。

一九九〇年代後半以来のニューカマーの「定住化」といった状況をうけて提唱されるようになった「多文化共生」の語は、まず在日外国人をめぐる政策の議論において登場してきており（近藤 2009）、外国人の社会参画を目指す社会統合政策（多文化共生政策）の必要性が訴えられている（山脇 2009: 31）。一方で「多文化共生」の語は、一般に広く浸透し、異文化の尊重を高らかに謳うスローガンとして空虚化しつつもある（植田 2006）。このように「多文化共生」の語をめぐってはすでに多くの課題が指摘されているが[1]、ここではまず、「文化」の表象をめぐる本質主義の問題および他者との「共生」をめぐる権力の問題を焦点化している戴エイカの研究（戴 2003）を取り上げよう。

戴は、「文化」の表象をめぐる本質主義の問題から論じていく。それは、①文化が実体化・同質化されるとともに民族・国民・国家の境界と重ねられ、本質主義的に把握されてしまうこと、②オリエンタリズムのまなざしで他者化され、そこでは一方的な表象の権力が発動していること、であるという。次に、他者との「共生」をめぐる権力の問題を論じて、単に多様性の承認に向かうだけではなく、マイノリティの権利要求およびマジョリティの反省を通して、人種・エスニシティの差異を評価する権力の不均衡をも問題にしなければならないという。

しかしながら、以上の議論から、「多文化共生」を実現するための人間同士の結びつきを具体的にイメージすることができただろうか。もし、そこから「共生」という人間同士の結びつきのイメージを具体的に描けないとしたら、次のような疑問が残ってしまうだろう。マイノリティの権利要求を受け容れる時、そこで主張される「被抑圧者」というカテゴリーをどのように捉えるのか。本質主義を否定して、豊かな多様性を内部に含んだ「被抑圧者」像（カテゴリー）をどのように描けるだろうか。そのイメージを明確に描けないとしたら、マジョリティが本質主義的表象の権力を反省しても、そのことがあらゆるカテゴリーの否定に向かって、「個」の散乱を招くだけではないか。「被抑圧者」という本質主義的カテゴリーによって差異を評価することに伴う権力を否定し、個々の人間の具体的な経験の多様性に向き合うとき、カテゴリーは細分化し、最終的には一人一人の人間の多様性に行きつくことだろう。このとき、あらゆるカテゴリーの束縛から自由な「コスモポリタン」としての個人というイメージは湧いてくるだろうが、「共生」という共同体のイメージは湧いてこないのである。例えば、竹沢（2009 b）が指摘するように、多文化主義が「壊滅」したとされるアメリカの芸術界においては、アジア系アメリカ人若手アーティストたちが人種主義にも、また戦略的本質主義による自己表象にも抵抗しながら、個々人の自己アイデンティティを表現するに至ったのであり、それらの表現に何らかの共同性のイメージを見出すことは難しい。本質主義的表象を否定し、人々のアイデンティティの多様性を同質的に固定化しようとする表象の権力を自省する議論だけでは、それに代わる人間同士の結びつき（「共生」）を直截に導き出すことはできない[2]。

これに対する筆者の展望は、日常生活の現場で見られる人間同士の結びつきに注目するというものである。そこに、生きることが本質主義的表象および表象の権力への抵抗となり、個の固有性が失われることのない人間同士の結びつきが生じる可能性があると考えるのである。それは、すでにある定型的カテゴリーを「生活の便宜」に応じてズラしながら用いることによって、人間同士の結びつきを確保するものであろう。そのような人間と人間の結びつきは、お互いの「生活」を重視し合う日常的関係性のなかでこそ生じるものであると考えられる。

石原吉郎は、一九四五年一二月から一九五三年一一月までのソ連の強制収容所での自らの抑留経験から、「深い孤独の認識のみが実は深い連帯をもたらすのだという逆説」（石原 1997b）に気づく。そして、そこで成立する連帯が、「お互いがお互いの生命の直接の侵犯者であることを確認しあったうえでの連帯であり、ゆるすべからざるものを許したという、苦い悔恨の上に成立する連帯である」と述べ、他者の理解不可能性がもたらす「孤独」こそが、「のがれがたく連帯のなかにはらまれている」と語る（石原 1997a: 25）。石原の思考から学ぶべきは、極限的な生の現場において「共生」せざるを得ないのは、理解不可能な他者であるということであろう。「共生」と呼ぶべき連帯は、個の固有性を帯びた「孤独」な存在同士の連帯であり、「無傷な、よろこばしい連帯」というものではあり得ない。

柿木伸之は、「他者」を「非対称」かつ「共約不可能」な存在として捉えているが、ここに、石原の他者をめぐる思考との共通性を見いだせる。柿木によれば、他者の苦しみにどれほど心が痛んだとしてもその苦しみそのものを自ら味わうことはできず、「非常に親しい人であっても、自分と異なる以上、自分を投影して理解することは不可能」（柿木 2010: 118）であり、自己と決して重なり合わないという意味で、自己と他者とは「非対称」

である。また、他者は、「他者を一面において捉えることを可能にする、その他者についての手持ちの観念――役割や社会的類型のようなもの――を不断にはみ出していく」（柿木 2010: 119）からこそ、安易なカテゴリーによる理解を拒むという意味で、「共約不可能」な存在である。(3)

## 3　アイヌ民族をめぐる文化・社会運動への視点――生活世界の他者像

ここで、前節の「共生」をめぐる議論を踏まえたうえで、具体的にアイヌ民族の文化・社会運動に連帯する「グループ・シサムをめざして」（グループ〝シサムをめざして〟1994, 1998）の活動をみてゆくことにしよう。「和人」である彼らはアイヌ民族とどのように「連帯」しているのだろうか。彼らは、近代以降のアイヌ研究の非人間性を指摘し、「わたしたち和人による抑圧社会を変革する闘い」が必要であるという。自らが属する抑圧者としての「和人」社会の変革をめざす彼らの語る「共生」は、「被差別少数者」（＝他者）と「差別多数者」（＝自己）との間で成立させなければならない「対等関係」のことであった。

> わたしたちは、被差別少数者が差別多数者にたいして、根本的には不信の念をのこしつつも共生をよびかけることの重みをかみしめなくてはなりません。歴史的な抑圧 - 被抑圧関係をのりこえて共生＝対等関係をつくりだすことは、双方にさまざまな課題をなげかけるにちがいないからです。（グループ〝シサムをめざして〟1994: 51-52）
>
> また、この「共生＝対等関係」を築くためには、「和人」による「侵略史」の自己反省が必要である。（同 1994: 53）。

この「自己反省」こそが、アイヌ民族との「連帯」を築くための基礎になると彼らはいう。そして、「アイヌ民族」にとっての「シサム（善き隣人）」として「共生」をめざしていくことが主張される。

アイヌ民族の母語と文化を奪ってきたのが和人とその社会であることの反省が、連帯するうえでの基礎だとおもいます。（グループ〝シサムをめざして〟1994: 58）

私たちは、アイヌ民族を抑圧・差別してきた歴史を反省し、アイヌ民族と連帯するシサム（善き隣人）として多民族の共生社会をつくっていきたいと思います。（同 1998: 9）

これは、厳然として存在するアイヌ民族の抑圧状況の変革のために、まず「被差別少数者」＝「アイヌ民族」＝他者／「差別多数者」＝「和人」＝自己という関係性を自覚する立場である。たしかに、「侵略史」を自己反省した上でなされる真摯な活動がこれまで隠蔽されてきたアイヌ民族の抑圧の歴史を明るみに出してきたのであり、その功績は強調してもしすぎることはなかろう。しかしながら、この二分法が、戴が論じるように、他者を一枚岩の存在として認識する表象の権力を内包していることも指摘せざるをえない。また、ここでの他者の捉え方は、石原が示唆し柿木が論じるような、「非対称」かつ「共約不可能」な存在を捉えるものとはなっていない。むしろ、前述の「運動の論理」から他者としてのアイヌ民族を「被差別少数者」という「社会的類型」においてのみ理解し、そこからはみ出す部分については言及されていない[4]。

では、カテゴリー理解からはみ出すものに目を向け、「非対称」かつ「共約不可能」な存在にアプローチすることで、人間同士の結びつきとしての「共生」を具体的なイメージのもとで記述するには何が必要であろうか。そこで必要なのはまず、日常生活の実相から「共生」／「連帯」を見直してみることであろう。そこで、「生活の便宜」という観点から生活世界の人間像を問い直してきた松田素二の研究（松田 1989a, 1989b, 2009）を手がかりにしたい。

松田は、人びとの言説や実践の背後にそれらを必然的に発露させる体系的な観念体系を前提することなく、生活の「便宜」にもとづいて個々の言説や実践を生み出す生活知による技法に注目する。つまり、人びとの言説や実践の背後に、それを生み出す「文化」や「民族」といったカテゴリーを必然的なものとして想定する本質主義を退けるということであり、そのうえで人びとの「便宜」的な言説や実践を生み出す「生活知」に注目しようとしているのである。それはまた、人びとの背後に「運動の論理」から導き出された「社会的類型」――「被差別少数者」／「差別多数者」、「アイヌ民族」／「和人」など――を前提としないということでもあろう（人びとの背後に「社会的類型」を想定すれば、「被差別少数者が差別多数者にたいして、……共生をよびかける」という構図が容易に生じるからである）。

しかし、このことは、人びとをばらばらな個人というアトムに解体することになるわけではない。現実に、人びとは日常のなかで、「和人」／「アイヌ」といった定型的カテゴリーを用いて、自らの所属集団を想定しており、「個」の散乱に陥ってはいない。しかし、松田によれば、それが生活知にもとづく便宜的な技法によるものであるということだろう。それらのカテゴリーは、あくまで生活の便宜のために、理解不可能な他者とともにあることに暫定的に同意することを約束するものなのであり、それらを人びとの一定の言説や実践を必然的に生み出す根源として固定化してはならない。人びとが用いているのは、生活の「便宜」に応じて対象を暫定的に固定化（同一化）したうえで、定型的な認識カテゴリーを一貫した観念体系――運動の理念・役割・利害・アイデンティティにもとづいて、首尾一貫した論理を構成する――から切り離して、相互に融合することのない複数のカテゴリーのストックとして配列し、それらを適宜使い分ける技法である。このような視座をとることで、運動の理念・役割・利害・アイデンティティにとらわれることのない生活者の複雑な生活実践（および他者性のあり方）と、その実践が示す他者との連帯のあり方――無傷の直接的な相互理解ではなく、暫定的な同意としての連帯

――が見えてくることだろう。言い換えれば、人びとが多様な定型的カテゴリーを使いこなすことで開かれる連帯の可能性を、「共生」として捉えなおしたいということである。

次節では、現在のアイヌ民族の文化・社会運動に関わる人びとのライフストーリーにもとづいて、そのなかで語られる自／他の認識を検討することから、日常生活の現場に見いだされる「共生」について論じてゆく。そこで、（戦略的）本質主義に依拠することのない柔らかな共同性を模索するには、その周縁部（自／他の境界領域）に注目する必要がある。なぜなら、自己と他者の差異を本質主義的に区分する権力は、社会の中心部分に偏って存在しており、自／他の境界領域としての周縁部分ほど、権力の浸透を受けずに、境界をあいまいなものにしていく実践を温存していると考えられるからである。そこで、ここでは「アイヌ」／「和人」の境界を越える「連帯」という現象について論じたい。日常生活のなかに見いだされる「共生」としての「連帯」を記述することにする。

## 4　生活世界における定型的カテゴリーの使用――「生活の便宜」という視座から(5)

### 北海道日高地方P地区の活動の特徴――「生活」の重視

「生活の便宜」という観点にもとづいて、北海道日高地方のP地区というローカリティ（社団法人北海道アイヌ協会P支部並びにPアイヌ文化保存会の活動に携わるアイヌと和人）から日常的な「共生」／「連帯」の問題を考える（以下で取りあげる語りのすべては筆者の聞き取りによるものである）。

まず、アイヌの人びとがそこでの活動にいかに参加し、どのような関係性が築かれ、アイデンティティをもつかということを見ていこう。

活動に参加する動機を単純に「運動の理念」に求めることはできない。彼らにとって「生活」の問題は非常に大きく、各種助成制度を受けることを参加の動機として語る人びとは少なくない。

対策事業の利用っていうのも頭の中にあったからね。今のようにね、昆布取って、干し場に運ぶったって、今みたいな四駆とか軽トラなんてほとんどなかったからね。その頃、昆布運搬機っていうのが導入されたんだわ。うちでも補助をうけて利用させてもらってたから、そういう制度の活用も、すごく大きく影響してると思う。

このような助成制度を受けることに対しては、活動に参加する人びとの間にも、それを「甘え」として批判し、「一人の人間として、きちっとした責任を持った行動をとっていけば良い」という意見も存在する。ただし、ここで指摘しておきたいことは、厳しい生活状況のなかで活動に参加する人びとの間には、「運動の理念」よりも「生活」を重視する強い傾向があるということである。前記の批判も、「運動の理念」に照らした批判というよりも、「甘え」という「生活」の姿勢をめぐる批判であると考えられる。そこでは、「生活」に資するものが尊重されているのであり、アイヌ語教室に参加している人物がアイヌ語をめぐって、「英語とか、中国語の方を自分の子供に教育したい」と語るのも同様の感覚であろう。

活動に参加する人びとの間には、「人間、生活が大変だったらさ、こんな文化だの、刺繍だのって、やろうって気持ちになれないでしょ」と語られるように、お互いの困難な「生活」状況への配慮が見られる。お互いの「生活」は、活動の「理念」よりも重視されるのであり、そのことは、逆に「気負い」を取り除き、「自然な楽しみ」というものを生み出している。

やってたら楽しいって思えたし。だから、なんていうかな、私って、「これは私がやっていかなきゃいけない」とか、気負ったというか、そういうのは全然なくて、もう自然にはじめて、自然に楽しんでやってたっていう感じ。

このようなお互いの「生活」を第一に考える活動を「楽しみ」ながら続けていくことで、当事者たちの意識が変化していくことがある。前述のような活動への参加動機を語っていた人物は、活動を通して徐々に、「やっぱり自分たちアイヌ民族はけっして差別されたり、蔑まれたりするようなものじゃないということに気づいていった」のである。

もともと、「アイヌ」であることを否定的に考えていたという人は多い。「アイヌとして生きるよりも、ごく一般の日本人として暮らす方が子供の幸せにつながる」という両親の考えのもとに育てられる人も多い。あるいは、和人に「いじめ」られているのをよく見ていたり、そのせいで、アイヌ民族の身体的特徴とされる「毛深い」ことが嫌になったりする。さらには、「アイヌ同士の結婚」を避けるようになる人も多い。

「アイヌ」というアイデンティティを否定的に捉えていた人びとが、「生活」のために活動に参加するようになり、やがてアイデンティティ意識を肯定的なものへと変化させてゆく。このような活動への参加の契機としては、日常的な関係性の存在が語られた。たとえば、かつてP支部で生活相談員をしていたT氏に誘われて参加した人びとがいる。このT相談員の存在が大きかったと語る人は多い。そのほかにも、「母親」や「姉」といった家族の影響を語る人もいる。いずれにせよ、そこではお互いを「理念」的なアイデンティティの面から捉えるのではなく、以下の語りに見られるような、日頃のなじみの関係性を通して活動の輪を広げてゆくのである。

T相談員も私の隣の隣の家で生まれてるんだわ。そこでずっと育って、外に働きに出たときもあったかもしれないけど、私もその隣の隣で生まれて育ってるから、ずっと見ていた。それで、私のところは今でも昆布取りをやってるけど、昆布取りって家族だけだと手がまわらないから、他人の手も借りなきゃならないんだわ。そういう時にT相談員にも手を貸してもらったり、相談員の妹さんにも手を貸してもらったりして、そういうつき合いもしてたから。

そのなじみの関係に「楽しみ」が見いだされる。「みんなの顔見て木彫りしたあと、コーヒー飲んで休憩して、いろんな話したりして、それが楽しいから来る」人もいるという。アイヌ語では「仲間」「同胞」を意味する「ウタリ」という語があるが、このような顔なじみになっているお互いのことを「仲間」といっている。お互いのことを指し示す「仲間」という語を頻繁に耳にすることを指摘しておこう。

そこで感じ取られる「アイヌ」としてのアイデンティティは、一見すると定型的な「アイヌ」/「和人」という区別にもとづいているようにみえる。そのアイデンティティを否定しようが肯定しようが、「アイヌであること」には変わりがないようであり、誰が「アイヌ」であり、「和人」であるかということには明確な境界線が存在している。実際に、以下で取り上げる「和人」の二人の人物も、自分が「アイヌ」ではなく「和人」であることを筆者にはっきりと表明しているし、さらにいえば、筆者が「和人」であることも揺るがせない「事実」であった。言い換えれば、生活世界においても、「アイヌ」/「和人」という定型的な区別は、自己(他者)認識の道具として力強く機能しているようにみえるのである。しかしながら、論点を先取りしていえば、そこにはカテゴリーの創造と再編による境界の移動が存在しているのである。

それは、「生活」の文脈に深く依存しながら、複数のカテゴリーのなかから適切なものを選び取っていくというものでもある。たとえば、P地区での活動の中心人物の一人は、「アイヌであること」に誇りをもてる環境づくりをしたいという。

やっぱり差別を体験したり、目の前で差別が繰り広げられたりしてるのにね、列車のポイント切り替えるようにね、今日からこっちに気持ちを切り替えるなんて難しい、時間がかかる。活動はしていながらも、本当に、抵抗感から抜け出せなかったり、これでいいんだろうかって思ってる仲間は大勢いると思うよ。やっぱり時間が必要だと思う。そのためにも、そういう自覚が生まれたり、誇り、自信が生まれたりするような環境作りをしなきゃ、「誇りを持て、自信を持て」って言ったって、そんなことできっこないんだからね。やっぱり、今回、国会も「アイヌを先住民族と認める決議」をしてくれたわけだよね、いい流れだと思うんだ。そういうふうにきちっとしたアイヌの歴史・文化を知ったうえだと、差別もなくなる、アイヌにも自信も誇りも生まれてくるかもしれないんだよ。そういう環境作りだよね、大事なのはね。

しかし、そのような環境づくりを主張する一方で、常日頃から「アイヌ」として生きつづける必要はないという。それは、「アイデンティティの否定から肯定へ」という固定化されたアイデンティティの変容を意味しているのではなく、選択肢の一つとして「アイヌ」を選べるようにするということであり、そもそも常日頃から「アイヌ」として生きつづけることを主張するものではない。あくまで、「アイヌ」という選択肢が選択可能であればいいという主張であり、人びとの背後に固定化された「アイヌ」という一つのアイデンティティを想定するものではないと考えられる。

「日常生活でアイヌだって意識をもって生きる必要はない」という(「日常でいちいち意識してたら大変だし、疲れるだけだから」)。「なにかあったときには、私はアイヌだって名乗り、声を出せるような」選択肢が確保されていることが重要なのであって、常に「アイヌ」である必要はないというのだ。

以上の議論をまとめておこう。お互いの「生活」が重視されるなかで、定型的アイデンティティを選択的に使用することが許容される。それは、「運動の理念」のような一貫した観念体系から切り離されたアイデンティティをその都度選び取るということである。その意味で、「アイヌ」「仲間」（ウタリ）といった定型的語彙は、一貫した観念体系から切り離されながら、自己（他者）表象のために選び取られることを待っているストックであるといえる。この時、アイデンティティは選択可能なストックに開かれており、固定化されてはいないのである。また、彼（女）らの活動は、その当事者の輪をなじみの人間同士の結びつきによって拡大していく。なじみの関係とは、前述のT相談員との関係をめぐる語りが示すように、日常生活の場を共有することによって、固定化されたアイデンティティや「社会的類型」では捉えきれない他者の「共約不可能」性が露わになった関係性である。逆にいえば、「共約不可能」な他者との関係があるからこそ、「生活」の都合に応じた定型的アイデンティティの可変的な使用が許容されていくのである。次に、このような特徴をもつアイヌの人びとの活動において、「和人」と「アイヌ」の「連帯」可能性を示す事例について検討していくことにしよう。

**「和人」からする「連帯」**

R氏（六〇歳代・和人女性）は、アイヌ民族の男性と結婚後、三〇年ほど前から夫の生まれ育ったP地区で暮らすようになった。彼女は、「シャモ」（和人）でありながら「アイヌ」の「仲間」になるという実感をした経験があったという。ただし、そのような経験の前提として、「アイヌ」／「シャモ」の境界を明確に意識させられている。それは、アイヌの人びとから「お前アイヌか」と言われて悔しい思いをしたという経験であった。しかし、その時、彼女は「半アイヌだ」と言い返したという。

「お前アイヌか」とか言われましたけど、それもちょっとシャモからしたら悔しいところもあってね。だけども、私こういう性格だから、「半アイヌだ」とか言って、「半アイヌ」っていうのは（笑）、夫婦でいると、旦那さんといいて、血は混じってないけど、そういうのが私の体の中にはなんぼか入ってんだとか言って……。

なぜ彼女は、このように言い返すことができたのだろうか。彼女がアイヌの人びとの「仲間」になったことを実感したのは、家を建てた時であった。建前の餅を撒くための準備や、宴会の準備のために、何十人ものアイヌの人たちが手伝いに来てくれたが、そのとき仲間を想う気持の「すごさ」を実感したという（「ああいう仲間がいなかったら家も建てれなかったし」）。家を建てるそもそものきっかけは、R氏の夫とT相談員の夫とが「幼馴染」であったことである。「せっかく来たんだから、家を建てたほうがいい」と言われ、「保証人もお膳立て」してもらったという。R氏は、夫の「幼馴染」との関係を通して、アイヌの人びとを「仲間」として実感してゆく。そして、その実感は、その後のアイヌの人びととの継続的な関係のなかでいっそう育まれていくことになる。すなわち、この時手伝ってくれた人たちとともに、刺繡・舞踊・アイヌ語といった文化伝承活動を現在に至るまで長期にわたって継続していくことになるのである。活動の「常連」である五、六人のメンバーとともに、何年もかけて三〇枚ほどの着物を縫い上げたりした。

やっぱり大変だよ、自分でお弁当持っていってっていうのは大変だけど、……ある程度やってるうちに、好きになったから通えて縫えたと思うのね。そのなかで、いろんなこと、アイヌの人のことばっかりじゃないにしても、……やっぱりP地区の人と仲良くもしたいし、顔も知りたいって部分もあったから、行くことにはなんにも抵抗なかった。行きたくなきゃ行かないばいいんだから。どうしてもやらなきゃなんない、どうしても協力しなきゃなんないっていうことじゃないから、……で、雑談しながら、いろんな交流があるでしょ。あそこ（生活館）に行けば、いろんな人の出入りがあるでしょ。

「仲間」になっていく過程では、「馬鹿になった」ともいう。その頃は、「少しでもP地区の人間に、P人になりたい」と思っていた。R氏は、刺繍・舞踊・アイヌ語といった文化伝承活動を「仲間」とともに続けると同時に、「運動会」や「盆踊り」といった出来事を通して「P（地区）人」にもなろうとしていた（「運動会っていえば馬鹿するし、盆踊りっていえば馬鹿するし、そうやっていってるうちにP地区の人が認めてくれたっていうか」）。つまり、継続的ななじみの関係をもとにして「仲間」や「P（地区）人」といったより大きな包括的カテゴリーを獲得していったのである。その結果として、今では「でっかい顔」をしていられるのだろう。

なじみの関係の継続が重要である一方で、それは誰にとっても可能なものではないことも事実である。それは、「生活」の文脈に深く根ざしている。P地区の文化伝承活動は基本的に無償であるため、定職に就いている若い世代の人びとが持続的に活動することは困難である。そのため、継続的に活動を行なう五、六人の「常連」が形成されてくるのである。そして、「仲間」として伝承活動の継承者になってゆくには、「一生やめない」人でなければならないという。「やっぱりアイヌの文様を縫うのには、一生やめないで縫える人でないと」。R氏は、このような「生活」に深くかかわる関係の継続性の上に、「仲間」や「P（地区）人」といったカテゴリーを形成・獲得していったのである。だが、支部会員のすべてがそれらの活動に熱心というわけではない。そこには、前述のような困難があるからである。また、文化伝承活動にかかわる人たちのなかでは、女性が圧倒的に多いのも、同様の理由による。

また、R氏が継続してきたなじみの関係は、他者を「運動の理念」のなかに位置づけられるアイデンティティ（「アイヌ」）や「社会的類型」（「弱者」）にもとづいて理解することで築かれてきたものではない。文化伝承活動に熱心に関わってきたにもかかわらず、「アイヌとは何か」と考えることはないという。「自然と溶け込んでいるから全然考えないし、深く考えたこともないし」。だが、アイヌの人たちに対する理解は、日常生活の経験のなかで確実に積み重ねられていったといえる。それはとくに夫との日常生活を介して積み重ねられ、「アイヌの人は毛深い」と「毛深いのは愛情深い」という理解が形成されていった（「シャモから見た感想だけどね。やっぱり一緒に生活してると、そうだなって実感しましたよ」）。とくに前者は、アイヌ民族に対する差別のなかで語られてきた定型的語り口であるが、それが日常生活の文脈のなかで別の意味を付加されて「読み換え」られていく。それは、身近な他者と日常生活を長年ともにすることで得られた実感的理解であり、相手に直接聞くことで得られた知識ではない（「なんとなく失礼になる気がして、……しつこく聞かないのね」）。日常生活のなかの持続的な関係性のなかで実感された他者の「生」そのものへの了解であった。

以上のような関係性の積み重ねの結果、「差別」に対する実感的理解も生じる。それは、自らが「シャモ」として「差別」される経験と、アイヌ差別とを重ね合わせることから生じたものであった。

（自分が）和人かなって思うのはやっぱり、「お前アイヌでないべ」って言われたときだね。やっぱり仲間でもね。……それはちょっと、シャモとして言われたときはショックでした。それはアイヌの仲間に入っててのことだけど、だから、アイヌの人がた「アイヌ、アイヌ」って言われたときにはきっと大変だったと思う。気持ちわかる気がする、自分がそう言われたとき。

子供が小学校でいじめられそうになったときに問題を回避できたのも、父親に対する実感的理解のおかげであったという（「子供はすごい父親を尊敬してた人だったから」）。すなわち、子供は父親を尊敬していたため、アイヌであることを卑下しなかったのである。

絶対父親はすごい人だって思って育っていたから……、子供は先生に（アイヌの歴史を）教えてもらって納得したみたい。それではじめて、お父さんがこのP地区生れで、お父さんの親、おじいちゃん、おばあちゃん、曾じいちゃん、曾ばあちゃんのアイヌの血を引いてるからお父さんもアイヌなんだよってことを、子供には一応そこまでは教えましたけど。……アイヌの父親をもってるってことは自分では全然意識してないみたい。それが私、一番のあの子をほめてあげられるところかなって思ってるのさ。

次に、S氏（六〇歳代、和人男性）の経験をみていこう。彼は、P地区で生まれ育つが、就職のために道内他地域へ移る。その後P地区に戻り、アイヌの女性と結婚して子供ができたのを機に、アイヌ民族の活動にかかわるようになった。彼もまた、各種の補助事業をうけることを参加の動機として語る。

俺は別にアイヌの血筋ってわけじゃないんだけど、その後、子供が学校へ行くっていうときに補助があるわけでしょ。そういうあれで、ソフトボールだとか、いろいろな行事にはちょこちょこ行ってたけど、そんな熱心に行ってたわけでもないんだ。……まあどっちかっていうと、子供がいろんなことで世話になるわけでしょ、そっちの方がつよい。世話になるからっていう、そっちの気持ちの方が強かった。制度を利用させてもらうっていうかな。

そして、文化伝承活動への関与については、次のように語る。

俺は、そんなに出ないよ。ただ、来ないかって誘われて、じゃあ行ってみるかっていう程度で、まあ都合つけば行くっていうような感じだったよね。……踊りったって何回かしか行ってないから。……一緒に居て、まあ後ろの方で真似てるだけだけどね。男性も混じって踊るようなものは、少しは覚えたかな。

アイヌ民族の活動に関わることや、そのなかで民族衣装を着ることには「違和感はとくになかった」という

（「いや、別に……、まあ、儀式に参加するんだから着るんだっていうぐらいしか、わかんないね」）。前述のように、P地区の活動では、お互いの困難な「生活」状況への配慮が逆に「気負い」というものを取り除き、「自然な楽しみ」を生み出すという状況があったが、R氏の関わり方には、「仲間」に誘われたら可能な範囲で活動に参加し、民族衣装も着るといった自然なスタンスが見てとれる。また、仕事帰りに、支部の事務所（生活館）にコーヒーを飲みに寄るということも多いという（「女の人としゃべったり、……愚痴だとかを言い合ってるだけだけどさ（笑）」）。

S氏は、これまでも自らが「和人」であることや他者が「アイヌ」であることを意識することはなかったと語る。同級生の友達にもアイヌの人がいたし、よくお互いの家を行き来して遊んでいたという（「ただ友達だったから」）。S氏の父親は仕事柄アイヌの人たちとの交流が多く、アイヌの人が家に来て、お酒を飲んでいくこともよくあった。

俺は全然そういうのを意識することがなかったんだけど。ただやっぱり、俺が小さい頃、小学校なんかでは馬鹿にするっていうか、差別するような人はいたけどね、アイヌだとかって言って。うちにも、けっこう岡田（地名）の方の人とか遊びに来て、飲んだりなんかしてね。その人たちも、アイヌの人とか何とかって考えたこともなかったし。……他の民族っていうのもね、ただアイヌ、アイヌとはみんな呼んでたけど、アイヌの人だっていうのはわかってても、それが民族だっていうのは全然考えたこともなかったな。ただ、友達としてつきあう、昔から親父の代から行き来してるから、それについて歩いたから別に……、そういう感じだったよ、俺はね。

このような身近な人たち（「友達」）を目の前にして、「アイヌとは何か」と考えることはなかったという。「俺も別に何の勉強もしてなかったしさあ、だから何ていうのかな、民族だからどうのこうのっていうのは……」。前述のR氏と同様に、他者をアイデンティティや「社会的類型」にもとづいて理解することのないなじみの関係性が築かれてきたといえる。ここにおいても重要なことは、日常生活のなかの継続的な関係性であろう。S氏にとっては「親父の代」からの継続的な関係性があったことが、自然なスタンスで「仲間」とともに支部活動にかかわっていくことを可能にした要因の一つと考えられる。

S氏は、日常生活のなかで、アイヌの人たちを意識することはなかったという。ただし、「アイヌ」が「和人」と違って差別される存在であったことを知らなかったわけではない。それでも、S氏が「アイヌ」／「和人」という民族の違いを意識しなかったのは、日常生活のなかの継続的な関係性を築くことによって、すでに「友達」というカテゴリーによる実感的理解が成立していたからであろう。

## 5　生活世界における共生／連帯

R氏とS氏は、「アイヌ」／「シャモ」の境界を明確に意識し、自らを「シャモ」として位置づける一方で、「半アイヌ」、「仲間」、「P（地区）人」、「友達」といったカテゴリーを生み出したり、用いたりすることで「アイヌ」／「シャモ」の境界を再編している。このことは、P地区の活動では「運動の理念」よりもお互いの「生活」が重視される傾向があり、「理念」という一貫した観念体系から切り離されたアイデンティティをその都度の「生活の便宜」において選びとることが許容されていたことに由来するといえよう。R氏とS氏は、「シャモ」、「半アイヌ」、「仲間」、「P（地区）人」、「友達」といった定型的な表象のストックを駆使して、「アイヌ」／「和人」の境界を移動させ、さまざまに交差し拡がってゆく包摂関係を作り上げていたのである。この関係を「連帯」と呼ぶこともできるだろう。このことは、「アイヌ」／「和人」という定型的な区分がなくなることを意味するわけではなく、その区分をズラすような別のカテゴリーが生み出されていくということである。この「連帯」においては、お互いが「生活の便宜」にもとづいて新しいカテゴリーを生み出したり、選び取ったりすることもある「普通の人間」（＝生活者）であるという実感がもたらす結びつきが生み出されている。

それは、文化伝承活動や日常生活において、継続的ななじみの関係性が築かれていたからこそ可能であった。このなじみの関係性は、お互いの「生活」が強く配慮される文化伝承活動や日常生活のなかで築かれるものであり、「運動の理念」にもとづいて「アイヌとは何か」と考えることによって形成されるものではない。「運動の理念」よりも「生活」が重視される活動のなかで、日常生活の文脈に根ざした具体的な関係性が築かれていったといえる。その関係性においては、S氏のように、「仲間」に誘われたら可能な範囲で活動に参加し、民族衣装も着るといった自然なスタンスでの関わりが可能になる。

また、この関係性がもたらすのは、「差別」の痛みの共有ではなく、「運動の理念」にもとづく「弱者」、「被差別者」という理解でもない。そこにあるのは、「非対称」かつ「共約不可能」な他者に対する「理解」である。アイヌ差別についてのR氏の理解は、他者の「非対称」性を消すものではなく、「シャモ」として「差別」される経験とアイヌ差別との「非対称」性を前提としながら生じたものである。さらに、「アイヌの人は毛深い」と「毛深いのは愛情深い」というR氏の理解は、一見すると（とくに前者は）「アイヌ」に対する固定化された差別的理解のように見えるが、実際には「毛深い」という定型的な語り口を自らの実感のなかで「組み替え」たものである。R氏は、夫との長期の具体的な関係性のなかで、「毛深いのは愛情深い」という実感的理解を形成しているのである。ここでは、「アイヌ」という固定的カテゴリーからはみ出す他者の「共約不可能」性が露わになっている。

そして、このような他者との具体的な関係にもとづく実感的理解は、差別への抗力をもっている。R氏の子供やS氏は、「アイヌ」が「和人」と違って差別される存在であることを知るが、それでも両者が「アイヌ」／

「和人」という民族の違いを意識しなかったのは、日常生活のなかの継続的な関係性において実感的理解（R氏の子供の父親に対する理解、S氏の「友達」に対する理解）が成立していたからであろう。

**注**

（1）「多文化共生」をめぐるさまざまな課題については、（竹沢 2009a, 2009b; 植田 2006; ハタノ 2006; 戴 2003; 近藤 2009; 山脇 2009）を参照。

（2）戴エイカはマイノリティの権利要求が「戦略的本質主義」に依拠することに同意している（戴 2003: 51）が、このことは、「共生」という人間同士の結びつきのイメージが明らかでないことに基因するミスディレクションではないだろうか。

（3）しかし、柿木伸之の議論においては、「共生」を、全世界が一個の「球になること」であるグローバリゼーションによってもたらされた「地球の有限な表面」という地平における他者との関係性として構想しており、ミクロな日常生活の現場（ローカリティ）から捉えるものではない。そして、グローバリゼーションの脱領域化の裏面としての再領域化が進行するミクロなローカリティを、「パレスチナの隔離壁やゲイティッド・コミュニティ」のような越えがたい壁をもつ閉域としてのみ捉えることは、本章の展望と大きく異なる。また、柿木は、共生においては「すべての他者を選ぶことなく歓待しなければならない」とするため、この議論からは、一定の輪郭をもった人間同士の結びつきとしての「共生」／連帯という現象を捉える視点が得られない。

（4）ここで検討の対象としたのは、彼らの「活動指針」である。したがって、このグループに属する個々の人びとが現実にアイヌ民族と日常的な関係性を築いている可能性を否定するものではないし、筆者は実際にそのような関係性を築こうとしている人物を知っている。

（5）本節で扱われている事例については、関口由彦「災害と民族共生をめぐる人類学的研究 ―― 北海道日高地域の「アイヌ」／「和人」関係から」（『平成二二年度 厚生労働科学研究費補助金成果報告書 災害対策における要援護者のニーズ把握とそれに対する合理的配慮の基準設定に関する研究』二〇一一年）で詳しく報告したことがある。ここではその事例内容をコンパクトにまとめなおし、日本における多文化共生をめぐる諸議論に接続していくことを目指している。

# Ⅲ部　「読み換え」／「書き換え」の実践へ

## ——開発の枠組みを横断する

# 6章　援助機関文化と人類学のインターフェース
## ――ある開発援助事業から人類学のあり方を考える(1)

真崎克彦

### 1　開発援助を取り巻く権力編成

「人類学はいつから「消費」の学問になってしまったのであろうか」（前川2004: 3）。欧米で流行ったカルチュラル・スタディーズやポスト・コロニアル批判を取り入れることで先進性をアピールし、読者の知的好奇心を買おう（「消費」してもらおう）とする面のあった人類学のあり方に対する警告である。こうして前川啓治は、生きられた社会をフィールドでとらえ、そこから従来の現状理解のあり方を刷新するという「生産」が、一部の人類学者の間でおろそかになりがちであったことを戒める。

この警句は開発人類学にも当てはまる。開発援助の運営に資する情報提供のために欧米を中心に発展してきた開発研究に、一部の人類学者は積極的な接近を図ってきた。その結果、人びとの声を開発援助の実務者に役立ててもらう（「消費」してもらう）ことを優先した実利的な開発人類学が確立されてきた。こうしたタイプの開発人類学では、農業技術や家族計画のような新知識・制度の普及、農協や漁協や水利組合や金融組合などの組織化、地域住民が主体となったコミュニティ開発、開発事業にともなって起きる他所への移住・住民移転などに焦点が当てられる。それら活動を円滑に進めるには、あるいは負の影響を最小限に止めるにはどうすればよいのか、といった機能主義的分析が行なわれる（玉置 2003: 95-100）。

こうした開発人類学では、開発援助の現場に人類学を応用することに力点が置かれる。そのため、開発援助が現実社会にどういう影響を及ぼすのかを調べ、その上で両者の関係性についての慣れ親しんだ見方を刷新しようとする人類学的「生産」が二の次にされがちであった。ここでいう「慣れ親しんだ見方」とは、開発援助で暗黙の前提とされてきた、「当該社会は「遅れた」状態にあるので「進んだ」状態に変えていく必要がある」という基層イデオロギーである（Olivier de Sardan 2005: 71-73）。人類学者が開発援助の運営向上に役立とうとして、そのイデオロギー性から目を背けるならば、開発援助と「邪悪な似たものどうし」（evil twin）（Ferguson 1997）になってしまう。

同時に、「遅れた」社会と「進んだ」社会という認識基盤があるからこそ、いろいろな抵抗や折衝も生起する。開発援助の不平等な関係性を静的・本質主義的に捉えるのでなく、その見直しが常に行なわれてきた実態に目を配らなくてはならない（Crewe and Harrison 2000: 18-19, Lewis 2009: 35）。

支援される側では、開発援助は当該社会の人たち自身による意味づけを経て取り入れられ、地元の文脈に即した独自の社会変化を生み出す。そればかりか、基層イデオロギーに根差した開発援助の諸概念・アプローチに抗して、支援される側から別の開発のあり方が提起されることもある（Edelman and Haugerud 2005: 49-50）[(2)]。人類学者はそうした生きられた現実社会を踏まえ、支援される側のエージェンシーの探究（Sivaramakrishnan and Agrawal 2003: 31）、あるいは「創発性に着目した存在論」（emergent ontology）（Quarles van Ufford et al. 2003: 18）に取り組む必要がある。

他方、支援する側（国際組織や政府ODA機関、NGOなどの援助機関）にも同様のエージェンシーや創発性が備わっている。支援する側で、開発援助の基層イデオロギーをめぐってどのような討議や交渉が起き、そこから政策や言説がどう生み出されるのかについて明らかにしなくてはならない（玉置 2003: 102-103）。しかし従来、開発援助に批判的な人類学者の間では、支援する側の援助機関職員はブラックボックスとして扱われがちであり、基層イデオロギーにそって事業計画を抜かりなく進めていく存在として、一望的かつ固定的に捉えられることが多かった。伝統的な暮らしを営む「遅れた」人びとに「進んだ」知識や制度をもたらしたいが、人類学者はその発想を問い質す。「人類学者は（中略）事業の進捗を遅らせ、事業担当者の仕事に難題を突きつけるような、ありがたくない不快な報せを持ち込んでくる」（Edelman and Haugerud 2005: 46）。こうした理由で支援する側は人類学者を忌避する、と無批判に想定されがちだった。

もちろん、援助機関の職員は、従来繰り返されてきた支援方式を踏襲しながら日常業務をこなすが、同時に、開発イデオロギーの持つ権力性に躊躇し、場合によってはそれに抗することもある。権力がルーティン化された制度やしきたりに従順な行為主体を生み出すとともに、場面に応じて制度やしきたりに能動的に働きかけるエージェンシーの源泉にもなるという行為遂行性（パフォーマティヴィティ）である。田中雅一の行為遂行性の形容を借りれば、開発援助の実務は「自由意志を持つ個人からなるものでも、規則に盲従する人からなる世界でもない。それは従属と抵抗、そして饗応が複雑にからみあう場」（田中 2006: 21）である。「一方的な命令と承認が支配する世界ではなく、偶発性を無視できない相互交渉の世界」（2006: 21）である。

そうだとすると、人類学者が取り組むべき重要課題の一つは、開発援助の基層イデオロギーを起点とする援助機関内の支配的文化が、それに抗する価値や考え方とどのようにせめぎ合い、そこから何か別の形の文化が接合され得るのかどうかを探究することではないのか。「「インターフェース」という概念によって、諸文化（社会・組織）間の接触によって新たな文化が構築される（あるいはされない）過程を広範に取り上げる」（本書二一頁）という人類学的な「生産」活動である。

さらには、こうしたアプローチをとるならば、開発援助の基層イデオロギーの不可避性や不可逆性を前提とする立場から離れることにもなるので、人類学者としてどういう実践を対置すればよいのかを考察する展望が開けてくる。開発援助運営に資する情報を提供する応用人類学か、開発援助を分析対象としてその権力性を問いただす人類学かという二分法に止まらず、それらをつなぎ合わせてく展望である。そうすれば、さまざまな矛盾のまかり通る社会のあり様を再帰的に再考しつつ（認識基盤を問い直しつつ）、それら矛盾にどう向き合えばよいのかを考える（存在論的な問いかけを行なう）、という人類学の本来のテーマ（前川 2006）に立ち戻れるだろう。

こうした問題意識から、本章ではA国のある開発援助事業を取り上げたい。筆者はその事業のアドバイザーとして現地調査を行ない、事業運営のあり方について援助機関に直に問題提起をする機会を得た。そこに見て取れたイデオロギー性を筆者が指摘したところ、事業を手際よく進めなくてはならない立場にいたはずの事業担当者からも似たような問題提起が出てきた。まさに、認識論的問いと実践的志向が仲介された事例である。この事例を通して、援助機関文化と人類学的批判のインターフェースはどのように進み、そこに人類学者がどう関わればよいのかについて考察する。

## 2　援助機関文化と人類学のインターフェース——A国の水力発電事業の事例

### 事業はどう運営されていたのか？

筆者は、二〇〇七年五月にA国での水力発電計画調査に参加した。同国中部を流れる河川を利用した水力発電施設の設計のために、二〇〇六年二月から二〇〇七年六月まで、ある援助機関の支援で行なわれていた調査である。河川水を貯めない流れ込み方式でなく、ダムを用いた貯水池方式が採用される見込みであり、一部住民の移転や河川の水量変化など、流域に暮らす人たちの生活を左右するのは避けられない状勢であった。

その援助機関は、地元の自然環境や社会生活に負の影響を与えかねない事業を進める際、事前にその回避・低減措置を計画しておくことをガイドラインで定めている。全事業がAレベル（影響が重大）からCレベル（最小限の影響）までの三段階に分類され、Aレベルの場合、環境社会配慮の計画づくりをどう進めるべきかが事細かに決められている。

その一つが公聴会の規定である。筆者が参加した調査はフィージビリティ調査（事業の実行可能性を確認し、計画の大枠を決める調査）であったが、その種の調査の場合、地元住民との協議を少なくとも三回実施することがガイドラインで定められている。調査の検討項目を定める段階、その結果を踏まえて環境社会への影響をどう調査するかを決める段階、そして最終報告書を仕上げる段階である。

この水力発電計画調査でも、二〇〇六年六月、二〇〇六年一二月、二〇〇七年五月の計三回、公聴会が行なわれた。筆者は援助機関より「公聴会の様子を視察してほしい」と要請され、最終回に出席させてもらうことになったのだが、その背景には、A国の電力公社の関係者が三回開催の規定を問題視していたという事情があった。事業自体より、むしろガイドラインの影響が地元で波紋を呼んでいたのである。

最終公聴会の前の二〇〇七年二月に、援助機関のA国駐在の事業担当スタッフB氏から、下記の公電が本部宛てに送られていた。そもそも三回開催するのは、深刻な影響を被りかねない地元住民に早めに議論に入ってもらい、その回避・低減策を考えておくためであった。しかし、実際の公聴会には生活基盤の脅かされている人びとは参加できていない、と指摘されていた[3]。

**問題点**

（一）マスミーティングの問題

公聴会にできるだけ多くの出席者を集めてほしいという本部の要請に応じて、前回（第二回）は七百五十名もの人に来てもらった。しかし、参加者の興味・関心はまちまちで、焦点を絞った話合いができなかった。

（二）公聴会を繰り返し開くことのリスク

これまでの発言の多くが、「自分の土地にどれくらいの補償が支払われるのか」や「工事期間中や発電所の運転開始後に雇用機会は得られるのか」といった事業便益に関してであった。しかし、現段階では具体的な情報を提供できないため、住民側がかえって不満を募らせる。しかも、公聴会が繰り返し開かれるので「早晩事業は開始する」との印象を与え、事業便益への地元の期待はいたずらに煽られている。

**改善案**

公聴会の開催回数や参加者数に固執せず、人びとの声を実質的に反映できる仕組み（フォーカス・グループ・ディスカッションなど）を考えるべきである。

このように、公聴会では事業便益に関する期待が表明されていたのに対して、生活基盤が脅かされている人びとの声はなかなか届いていなかった。その主な理由は、第一・二回目の公聴会が県庁所在地で行なわれたことである。県の中心地、しかも大ホールで開催される会合では、どうしても政治家や地主層、実業家などの有力者がその場を牛耳ってしまい、事業で路頭に迷うような立場の弱い人たちは発言しづらい。また、そもそもそうした人たちはたいてい県庁所在地から離れた場所に住んでいて、会合に参加することすら難しい。

そこで、第三回目は県庁所在地だけでなく、ダムの建設予定地の一〇村のうちから二カ所を選んで公聴会を開くことになった。村落レベルに出向き、生活基盤が脅かされている人びとと膝を交えてじっくりと話し合おう、という目論見である。前記のB氏の公電でも提案されていた「人びとの声を実質的に反映できる仕組み」のはずだった。

しかし、場所を村落に変えたからといって、生活基盤の脆弱な人たちの立場は変わらない。県庁所在地での会合と同じく、「自分の土地にどれくらいの補償が支払われるのか」、あるいは「売電で得られる歳入の一部を地方交付金として還元してほしい」といった、事業便益を待ち望む声が幅を利かせていた。これらの要望を出した人はたしかに会場近辺の村落の出身者だったらしいが、普段は県庁所在地に住む不在地主、あるいは近くの町で工事請負業者を営むような人たちであった。

ではどうすべきだったのか。開発援助の運営改善を最優先する開発人類学の視点に立てば、「人びとの声を実質的に反映できる仕組み」として、次のような案が出せたであろう。人類学者を雇用し、ダム建設による立ち退きで路頭に迷うような弱者を集めたフォーカス・グループ・ディスカッションを企画・実施する、というものである。

しかし、A国の電力公社にとって問題は別のところにあった。第一に、電力公社の方でも政府規則にそって、事業対象地で情報公開や対話集会を行なっていた。そこで、自分たちが実施する住民協議も三回開催に含めるよう、電力公社側はそれまで何度も援助機関の本部に要請していたらしいが、聞き入れられなかった。

第二に、B氏の公電にあるように、短期間に繰り返し開かれる公聴会は事業便益に対する地元の期待を助長しており、公社職員は住民や政治家から多くの質問や要求が寄せられて困っていた。当人たちは過去の経験から、むやみやたらと公聴会を開催すればそうした事態を招くことは百も承知で、援助機関本部には三回開催にこだわらないよう再三依頼してきたらしいが、「方針は変えられない」という回答しか来なかった。

**事業運営にどういう根本的問題があったのか —— 筆者の現地調査報告**

この「どうしてわざわざ援助機関が公聴会を開くのか」という電力公社側の疑問に鑑みれば、前記の人類学者の雇用案のように三回開催規定の運用方法を議論するだけでは不充分ではないか。その規定自体が地元の期待をいたずらに煽り、電力公社のイニシアティヴを疎外してきたという現実を直視し、援助機関主導で事業が進められてきた状況をまず問題化する必要があろう。そうすることで、事業運営のあり方を下支えする「当該社会の「遅れた」状態を「進んだ」状態に変える」という開発援助の基層イデオロギーに光を当てていくべきではないのか。筆者はこのように考え、以下の報告を行なった。

第一に、この調査では海外コンサルタント会社の技術者・調査者（以下、コンサルタント）が雇われており、現地調査から報告書作成までの全作業を担っていた。しかし、その会社は（慣例どおり）限られた時間・予算で仕事を請け負っていたので、コンサルタントには地域住民とじっくり話し合う余裕がなかった。しかも、ダム建設予定地は大半が徒歩でしか行けない山間部にあるので、事業対象の一〇村すべてで公聴会を開けない。そうすると開催場所が限られて一回毎の来場者が増えるので、テントや音響機器などの機材を運ばなくてはならず、車で行ける場所を選ぶことになる。その結果、県庁所在地や近くの町を基盤とする人たちが車やバスに乗って来場しやすくなり、逆に、本来参加してもらいたい遠隔地に住む人たちは来にくくなる、という悪循環に陥る。

第二に、それでも生活基盤が脅かされている人に限って参加を許せば、発言者の偏りは防げただろう。しかし、いくら対象層を絞り込もうとしても、莫大な土地補償を見込める富裕層の不在地主が「土地を失って困る」と言えば、公聴会から除外できない[4]。そこでコンサルタントは会場で参加者に出身村を自己申告してもらい、それをうのみにして「事業で影響を受ける全一〇村から参加があった」と援助機関に報告していた。「村の出身者＝生活基盤が脅かされている人」という安易な前提にとどまり、真に生活基盤が脅かされている人がどれくらい来ていたのかはあやふやにされた。

第三に、会場には真に生活基盤が脅かされている人もいたが、発言機会がほとんど与えられなかった。電力公社の職員のみならず、援助機関のコンサルタントや職員もやって来るとなれば、村長や校長などの地元の公職者も招待する必要があった。前方の座席に村の有力者や電力公社や援助機関の関係者が陣取り、その他の人は地面にしかれたシート上に坐る。しかも村の有力者による挨拶で始まり、ようやく一般参加者の発言が始まっても、地元の力関係が働いて、暗黙のうちに話す順序が決まってしまう。こうしたなか、立場の強くない真に生活基盤が脅かされている人は意見表明の機会をなかなか得られず、たとえ順番が廻ってきても自分の窮状を述べることに気がひけてしまう。

以上のような根本的問題を表に出しても、充分な予算も時間もないなか、コンサルタントはそれらに取り組めない。それればかりか、コンサルタントが中心となった調査実施体制ではむしろ問題解決が遠ざかるという限界が露わになりかねず、自分たちの存在意義までもが問われる。

そこでそれら根本的問題は脇に追いやられ、援助機関との契約にそって公聴会はつつがなく開催された。そうしたなか、三回開催の規定は「地元民との協議を三度行なえばよい」という風に、コンサルタントや雇用主である援助機関にとって現場のやっかいな根本的問題から注意をそらす方便となっていた。

三回開催の規定をめぐる地元での波紋には、支援する側の都合が、支援される側のそれより優先されるという開発援助の根源的な権力性が発現している。援助機関の方針が先んじられ、それにそって粛々と活動が進められるという事態、そしてそこから生じる根本的問題を直視することで、「進んだ」人たちが「遅れた」人たちを助けるという開発援助の基層イデオロギーが問い直されなくてはならない。

## 事業担当者は根本的問題をどう受け止めたのか —— 援助機関と人類学的批判の呼応

このように、開発援助の現場で起きていることを指摘し、そこから、支援する側が支援される側より優位に立つという慣れ親しんだ関係性を問題化する筆者の報告は、事業を円滑に進めたい援助機関の職員にとって迷惑だったろう。しかし、B氏の受け止め方は違っており、筆者の現地滞在中に筆者が見聞きした同氏の言葉や行動の端々から、事業運営を取り巻く根本的問題に踏み込みたいという思いが表われ出ていた。

その一例が、C村での公聴会開催時の出来事である。もちろん、援助機関の一職員として組織の方針にあからさまに逆らうわけにはいかず、B氏は会合の手はずを整え、会場にもコンサルタントと一緒に出向いていった。しかし、形式的に話合いが進んでいくことに嫌気が差したのか、中座してどこかに行ってしまった。

後で尋ねてみると、どうやら地元の子供の案内で、村の学校を訪ねていたらしい。「進んだ」人びとが「遅れた」人びとを助けるという構図が当然視されると、支援される側の人たちは自分たちを「遅れた」存在と位置づけるので、地元主体の発展気運が高まるどころか、人びとの依存心ばかりが増長されてしまう。学校訪問のなかでこうした根本的な問題を再認識させられたというB氏は、その後、援助機関の現地事務所が発行するニュースレターに以下のような記事を寄稿した(5)。

「すみません。英語をしゃべりますか?」それが会話のきっかけだった。私が「うん」と答えると、その少年は「僕の国を助けてくれてありがとう」と言った。

二〇〇七年五月のある日のことであった。私は、水力発電計画調査の一環で行なわれていた公聴会の様子を見にC村を訪問していた。

その人なつっこい少年は十二歳のD君である。私が現地語で話しかけるとD君はすっかり打ち解けて「学校を見せてあげる」と言う。そこで私は興味津々行ってみることにした。D君の親友E君も一緒に三人で暑い日差しのなかを歩き始めた。

D君　水力発電事業は良いと思うよ。だって僕の国には発電施設が足りないから。

私　でも、事業で良くない影響が出るかもしれないよ。家や土地を手離さなくてはならなくて反対する人もいるみたいよ。

D君　良くない影響があったって発電は必要だよ。だって、電気がなければ発展もないよ。個々人が犠牲を払わないと国も発展しないよ。

私　水力発電って知ってるの。

D君　もちろん。川の水でタービンを回して電気をつくるんだよ。でも僕の国には技術がないから、いつも他国の技術を使うんだ。

私　じゃあ、あなたが頑張って国産第一号を作れば。

D君　いや、それは少し難しいよ……だって公立学校ではきちんとした教育が受けられないんだ。

私は彼が自尊心を示さないことが残念に思えた。四五分歩いてようやく学校に到着した。私が「素敵じゃない」と言ったら、心底嬉しそうに「本当？　気に入ってくれた？」と聞いてきた。

帰り際に何人かの大人に囲まれた。「どこの国から来ましたか。学校に寄付をしてくれませんか。私たちは貧しいので建物の修繕すらできないのです」。こうした「外国からもらえるものはもらう」という大人の姿勢がD君の眼にどう映るのか気になった。D君は困った顔をしていた。少しして「僕の国って怠け者ばかりでしょ」と聞いてきた。「だからお姉さんも本当は自分の国に帰りたいんでしょ」。

D君、もちろん答えは「No」よ。あなたのような若者がこの国の未来を切り拓くのでしょ。大志を持って、社会に貢献できる大人になってね。あなたと出会えて、改めて初心に戻ることができたわ。わたしの所属団体も原点を忘れないようにしなきゃね。

先のB氏の公電では、公聴会運営の改善案の提起を目的としていて、「進んだ」人びとと「遅れた」人びとという二分法を自明視する開発援助の基層イデオロギーは取り上げられていなかった。それに対して、この記事では支援する側と支援される側の不平等な関係性が問題視されている。日ごろはその不平等性を前提とした組織方針から大きく外れずに仕事を進めるB氏も、心中それに対する戸惑いを覚えていたことが率直に表現されている。現地事務所が独自に発行するニュースレターという自由な場を得て、普段は言い出しにくい問題意識を表明したのである。

こうした行為遂行性（組織の方針に従いつつ、機会を見計らってそれと折衝しようとする姿勢）は、筆者が援助機関の本部で現地視察結果を報告した際のB氏の発言にも表われていた。同氏はテレビ会議設備を利用してA国から会議に参加し、「本部での会議でこのようにしゃべらせていただくのは初めてで、公聴会で発言を許された地元民になった気分です」と、それまで直に声を上げる機会がなかったことを揶揄した上で、以下のような問題提起を行なった[6]。

今日は、ぜひ現場から、皆さんにお伝えしたいことがあります。

A国側はこの事業に非常に真剣であるということです。年々ひどくなる電力不足に対応できるのは貯水池方式の発電施設しかないので、大げさに言えば、この水力発電計画に国の存亡がかかっています。

また一方で、無理やり事業を進められる時代ではないこと、環境や社会への負荷をできる限り低減することの重要性もよくわかっています。実際、ずっとこの国の電力開発をやってきたのは電力公社職員ですから、それだけ真剣なわけです。公聴会が一筋縄にはいかないことも重々わかっています。

事業開始後に住民と対立しては困るので、公社職員は自国の法律にそって住民協議や情報公開を進めています。ですから、現場で事業を任されている駐在員の立場から見ると、そういった住民への情報公開ですとか、住民との対話といった、そういう部分は基本的には電力公社が最善だと思うやり方を尊重してはどうかと思います。

もちろん国際的な常識から見て余りにも外れている、あるいは不十分だと思われるところがあれば、もう少しやり方をこのように工夫したらどうか、この辺の社会調査が足りないのではないか、といったインプットは必要かもしれません。しかし、公社職員も決してその点は疎かにしていませんし、最善を尽くしているということを、ぜひ理解していただきたいと思います。

この発言では公聴会運営のあり方の改善案が出されており（「電力公社が最善だと思うやり方を尊重してはどうか」）、その限りでB氏は三回開催という組織方針に従っている。しかし同時に、「遅れた」国の人たちは何もできないと本部関係者は思い込んでいないか、という問題提起も含まれている（「職員は自国の法律にそって住民協議や情報公開を進めています」）。その意味で、「進んだ」人たちと「遅れた」人たちという不平等な構図に立脚した三回開催方針に抗するという決意も表われている。

このように開発援助の基層イデオロギーに疑問を感じていたB氏は、それを問題視する筆者の報告を歓迎していたようで、先の発言の前に「非常に良いきっかけが得られたと思って感謝しております」と述べていた。この例が示すように、開発援助のイデオロギー性に躊躇を覚え、行為遂行的に日常業務に取り組む援助機関職員は、普段なかなか取り組めない根本的問題を明るみに出す人類学的批判を歓迎することがある。

ところが、本章冒頭でも述べたように、人類学者は援助機関職員を人類学的批判に嫌悪を覚える存在として一枚岩的に規定してしまいがちである。そうすると、一方的な他者理解につながりかねないのである。

## 3　人類学のあり方——認識論的問いと実践的志向の仲介

前記のとおり、援助機関職員のなかには、地元の人たちと接するなかで開発援助のはらむ不平等な関係性を痛切に感じ、できることならその問題解決に取り組みたいと心中思っている人がいる。したがって組織内部では、支援のあり方をめぐってつねにすでに討議や交渉が進行しており、そうして生成される援助機関文化は一枚岩・調和的でなく、複合的・流動的である。そこに、「「遅れた」社会を「進んだ」状態に変える」という開発援助の基層イデオロギーの問題化・刷新を目指す人類学的な「生産」活動が、援助機関文化と通じ合う素地がある。近代西洋の下で流布されてきた「進んだ」人たちと「遅れた」人たちという分別を相対化する、という人類学の対抗学問としての力は、援助機関内の対抗勢力と呼応し得るのである。

ただし、援助機関内でさまざまな価値や利害がせめぎ合うからといって、開発援助の基層イデオロギーが覆される余地はなかなか生まれない。援助機関は事業を前に進めることを最優先せざるを得ず、そこを踏み外して仕事をするわけにはいかない。そのため、「進んだ」自己と「遅れた」他者という慣れ親しんだ現状認識を改めるべしと訴えようとしても、結局はそうした不平等な構図にそって、どう開発援助を運営するのかという話にしない限り、援助機関での議論の俎上に載せられない。

たとえば、先の少年に対する「事業で良くない影響が出るかもしれないよ」という語りかけからわかるように、B氏は大型発電施設に頼ったA国の電力政策に疑問を感じていた。同国では地域住民が協同で管理・運営する小規模水力発電が広がりを見せており、同氏はそうした水平分散型の電力供給の方が望ましいと考えていた。そうすれば、国外から資金や技術、あるいは調査団を大々的に受け容れることなく、A国の人たちが主体となって電力開発に取り組めるようになり、開発援助の不平等性から生じる根本的問題の発生も抑えられるようになる。

それにもかかわらず、B氏は会議の冒頭で「大げさに言えば、この水力発電計画に国の存亡がかかっています」と述べ、既存の垂直統合型の政策を前提に事業の進め方を論じる、という立場をとった。A国の電力政策自体を問題にすると、三回規定の運用方法という議題から外れてしまって議長から発言を制されかねないので、あえてそうした姿勢を戦略的に打ち出して、電力公社と援助機関の不平等な関係性に光を当てるという目的達成を目指したのである（筆者報告においても同様の譲歩があった）。

このように援助機関での公的な討議や交渉では、事業の運営方法から離れた根本的問題は持ち出せない。「遅れた」状態を「進んだ」状態に変えるという開発援助の基層イデオロギーにそって、いかに事業を捗らせるかという議論に立ち返るしかない。援助機関の「内部システムは、自らのシステムの形式を変更しながらも、その観念は維持するという形で外部システムに適応」（前川 2004: 83）するのであって、その意味で援助機関文化は外に開かれつつも内向きに閉じられている。つまり、開発援助の基層イデオロギーはさまざまな軋轢にさらされ、事業運営方法（「システムの形式」）に手が加えられるが、まさにそのプロセスのなかで基層イデオロギー（「システムの観念」）は再生産・維持されていくのである。援助機関文化にはこうした非対称的な力関係が作用している。

では、こうした事態に対して人類学者が果たしうる役目とはどういうものなのか。それは、前川啓治が人類学の強みとしてあげる認識と実践の橋渡し（前川 2006）ではないだろうか。人類学か応用人類学かという二分法に陥ることなく、さまざまな矛盾のまかり通る社会のあり様を再帰的に再考しつつ（認識基盤を問い直しつつ）、それら矛盾にどう向き合えばよいのかを考える（存在論的な問いかけを行なう）、という認識論的問いと実践的志向をつなごうとする営為である。

A国の水力発電事業の事例が示すように、認識論的問いと実践的志向は相容れない面がある。前者が人びとの慣れ親しんだ＝慣らされた歴史観・社会観を変えたいという個人的希望の表明であるのに対して、後者は逆に慣れ親しんだ＝慣らされた歴史観・社会観から離れられないという社会的現実との遭遇だからである。しかし、社会的現実と個人的希望を別物として済ますのでなく、「社会的現実の認識そして提示が個人的希望に入れ子的に構成され、社会的希望となる」（前川 2004: 134）ようにするならば、人類学者は「なんとか両者を仲介し、接合しうる」（前川 2006: 134）のではないか。

水力発電事業での筆者の報告はその一例である。支援する側の方針が支援される側の意思より優先されるという権力性を駆逐したい、という個人的希望に引きつけつつ、その不平等性を前提として開発援助は進められるという社会的現実のなか、どのような根本的問題が起きているのかを指摘する。そうすることで、B氏のような、開発援助の権力性を排したいという個人的希望をもって日々行為遂行的に業務に取り組む援助機関職員の間に、根本的問題を直視しようとする意欲を喚起し、社会的現実の制約のなかでできる限りの代替案を出そうとする気運を高める一助となることができる。
こうした認識論的問いと実践的志向の仲介では、筆者報告でも、あるいはそれに呼応したB氏の会議発言でも結局そうであったように、個人的希望が徹頭徹尾表明されることはない。その意味で「消極的な希望かもしれないが、より社会に根差している希望」（前川 2004: 134）と言えよう。開発援助が現実社会にどういう影響を及ぼしていて、それをめぐって援助機関内でどのような討議や交渉が進行しているのか、同時に「遅れた」状態を「進んだ」状態にしようとする支配的な援助機関文化がどれほど頑強なのか、という現実を踏まえた希望だからである。

より「積極的に」開発援助に直に役立つ情報を提供しよう、あるいは逆に、より「積極的に」関発援助の権力性の探究に専心しようとすると、冒頭でふれたように、人類学を「消費」の学問（前川 2004: 3）に追いやりかねない。開発援助の運営に使ってもらおう、あるいは知的好奇心に訴えようとする「消費」促進志向が、生きられた現実をフィールドで捉え直すという「生産」よりも優先されがちになるからである。

開発援助をめぐるカルチュラル・インターフェースのフィールドに自ら入り込むことで、開発援助の権力性に対抗した人類学的営為がどこまで現状変革の力となり得るのか、社会的現実も踏まえつつ批判的問題提起を行ない、その可能性と限界を見極めようとする。そして、人類学的批判に共感する援助機関職員に、現行秩序のなかでは見えにくくなっているオルタナティヴな問題対処のあり方を追求するよう促す。さらには、人類学者自身も含む開発援助関係者が、現行秩序が覆されるようなより大きな変革という希望をあきらめないよう鼓舞する。こうして認識論的問いと実践的志向をつなぎ止めようとする姿勢にこそ、人類学者のあるべき姿が見いだせるのではないだろうか。

## 注

（1）本章は、日本文化人類学会の第四四回研究大会（二〇一〇年六月一二日）での研究報告がもとになっているが、玉置泰明先生（座長）と前川啓治先生に重要なご指摘をいただいた。

（2）支援される側から生まれてきた開発アプローチのなかには、世界的に注目を集めるものもある。人びとが心豊かに暮らせる地域社会を尊重したブータンの国民総幸福（GNH）、仏教にもとづく内発的発展を進めるタイの開発僧、無農薬の野菜や果物を都市で栽培するキューバの地産地消型の有機農法などである。近年は「「開発してあげる」から「自分で開発する」へ」（from 'we develop it' to 'we develop'）という重点の移行が起きている（Nederveen Pieterse 2010: 208-210）。

（3）引用部分は、B氏が二〇〇七年二月二七日に送付した公電の記載内容をもとにしている。

（4）そもそも言葉で指し示される対象は厳密には定められない。この根本的問題に開発援助関係者はどう向き合えばよいのかについては、真崎（2010: 99-142）を参照のこと。

（5）引用部分は、当該ニュースレターの二〇〇七年七月号に掲載されたB氏の記事（英文）を翻訳したものである。

（6）引用部分は、二〇〇七年五月二八日に開かれた報告会の議事録からの抜粋である。発言の筋道や内容はそのままだが、読みやすいように多少筆を入れている。

# 7章　「まちづくり」的感性のつくられ方

## ――地域ブランド商品の開発プロジェクトを事例として

早川　公

本章は、カルチュラル・インターフェースの現象として「まちづくり」に着目する。具体的事例として地域ブランド商品の開発プロジェクトをとりあげ、その開発現場への関与を通じて再帰的につくられる感覚や「非－ビジネス」の論理といった「まちづくり」の場において交渉・構成される感性の再帰性について論じる。

「まちづくり」は、日本における地域開発の諸形態を指す用語である(1)。「まちづくり」に類する用語としては、「地域づくり」、「村おこし」、「地域再生」などが挙げられ、その中身も都市計画から福祉政策、地方自治、商店街活性化、地域に根差した市民活動まで広範な領域を含んでいる。本章では、そのなかでも「地域ブランド商品」という商品開発の取組みを例にとり、人類学的フィールドワークという関わりの仕方からその実践の様態を描写することで、「まちづくり」に携わる人びとのリアリティに接近することを目指す。以下では、それを捉える枠組みとして「再帰性」と「アクター志向アプローチ」をまず確認する。

## 1 分析枠組み

### 再帰的近代と「まちづくり」

再帰的近代とは、社会学者のギデンズによって提唱された社会分析の認識論的枠組みである。彼は現代社会の再帰性として、時間と空間の分離、脱埋め込みメカニズムの進展、知識の再帰的適用（制度的再帰性）という三つの側面を挙げた（ギデンズ 1990: 53）。このうち、二つ目の脱埋め込みメカニズムの進展に関して、ギデンズが代表例として挙げるのが「伝統」である（ギデンズ 1997）。モダニティが進行した現代社会において、「伝統」は「伝統である」という同義反復的な理由によって社会で意味づけられることはなくなる。しかし一方で、「伝統」は現代社会において新たに生起する別の問題（たとえばアイデンティティの問題）と結びつくことによって、再び社会のなかに位置づけられる。この現象をベックは「脱埋め込みされたものの再埋め込み」と呼んだ（ベック 1997: 30）。

そしてそこでは、人間の感性や感覚も再埋め込みの対象となる。中西眞知子は、再帰的近代においては、「言語は無論のこと、景観、色、香り、肌触り、雰囲気など、さまざまな言語化されないものを含んだ集合的な記憶としての文化が、再帰の対象として大きくその存在を訴えるようになる」（中西 2007: 51）と述べ、人間の五感もまた再帰性の徹底化が進行すると論じる。中西の議論は、ギデンズの論じた再帰的近代を下敷きにしている。ギデンズは、再帰性とはマクロな社会システムを駆動させる原理であるだけでなく、自己の再帰性は身体にまで拡張されると述べる（ギデンズ 2005: 85）。なぜなら、「身体とは単なる受動的物体ではなく行為システムの一部」（ギデンズ 2005: 85）として現実に身を置くからである。ギデンズおよび中西の議論に関連して、野村一夫は近代社会のなかで育まれる人間の感覚を分化や分節にもとづく「近代化された五感」（野村 2003: 22-23）と表現する。

一方ラッシュは、近代を分化において捉えるモダニティの議論に対して、再帰的近代を脱・分化（de-differentiation）において捉える。ラッシュは、文化領域の自立化が近代についての合理主義的・非合理主義的見解のいずれをも産み出す余地を持つものであると述べ、ポスト近代において生起する脱・分化は、われわれの現実の経験そのものに混乱と皮相化と不安定性を生み出していると主張する（ラッシュ 1997: 6-24）。つまり脱・分化とは、ある素材が分化する前の状態に戻ることを含意し、しかもそれは働きかけによって分化される前とは異なる現実をつくり出す契機でもあるといえる。

「まちづくり」では、しばしば地域ブランド商品が企画される。地域ブランド商品とは、一般に地域資源を活用したその地域独自の商品をさし、農産物、加工食品、工芸品、またはキャラクターなど多岐にわたる。とりわけ、（農産物を含む）食品は地域ブランド商品の典型例であり、「B級グルメ」などのブームも後押しして「まちづくり」においてポピュラーな「商品」となっている（関 2008）。この地域ブランド商品には、ローカリティとしての「地域らしさ」が求められる。それゆえ、開発プロジェクトの現場において、関与する人びとはこの「地域らしさ」を意識的に客体化し、構築物として発明する。言い換えれば、それは、人びとが地域という場所やそのイメージを再埋め込みしようとする実践である。すなわち、「まちづくり」とは再帰的近代という現代的文脈の下で展開される現象の一つであるといえる。

## アクター志向アプローチ

他方、「まちづくり」を地域開発の一つの形態として考察する場合、それは広義には開発を文化現象として扱ってきた開発の人類学（および開発人類学）[2]のなかに位置づけることができる。たとえばモスは、開発を計画されたプロジェクトとして捉えるのではなく、それを社会関係や文脈依存的な要素からなり、柔軟性や予測不可能性から構成される変化と学びの「プロセス」として捉える枠組みを提示する（Mosse 1998: 5）。彼のアプローチは、モニタリングや影響評価、計画を形成するための代替品ではない。それは、量的データの規則にもとづいた解釈に文脈依存的な手がかりを提供することで、開発プロジェクトの効果を改善しようとするものである

（Mosse 1998: 11-12）。

そして、プロジェクト・プロセスの民族誌というモスの議論を方法論化したのがロングの「アクター志向アプローチ」である。彼は、開発研究にとってそれまで主要な分析モデルとされていた近代化論や従属理論、マルクス主義的修正主義に由来する分析や、現象学的社会学にもとづく「行為者アプローチ」（the actor approach）の不十分さを批判する（Long 2001: 10-12）。そこで、彼の論じるアクター志向アプローチが注目するのが、アクター（行為主体）とネットワーク、そしてそこにつくり出されるエージェンシーである。エージェンシーとは、ある制約された状況下において、「社会的経験を処理したり人生に対処したりするよう工夫する能力を個人に備えさせる力」（Long 2001: 16）を意味し、それは必ずしも個人に所属するものではなく、文化ごとに異なる仕方で構築される。[3] ロングが想定するアクターは、特定の社会的状況や彼らの生きられた経験に由来する生活世界のなかでお互いがそれぞれのふるまいを参照しながら、そして権力や知を配置するエージェンシーに操作されながら、自己を操作し生活をやりくりしようとする存在である（Long 2001: 17-18, 24）。そして、それは「体系的な民族誌的理解をとおして前述の課題を把握しようとする点に強みがある」（Long 2001: 14）ものであるとも主張している。

そして彼は、このアプローチでは「インターフェース」の概念が有効だと主張する（Long 2001: 50）。ロングによれば、インターフェースとは、「社会的利益、文化的解釈、知、権力の矛盾が、批判や対立を目前にしてどのように調整され、またどのように永続、変化されるのかを明らかにする」（Long 2001: 50）概念である。インターフェースは異なる（しばしば対立する）生活世界や「社会的現場」（social field）の接面で起こる。社会的現場とは、明確な境界のない、資源、情報、科学技術、言説、制度、集団といったさまざまな要素の配置によって構成されるもので、この分析はそこでの対立や交渉や調整、そしてそれによる変容の過程を分析するものである。

## 2 「北条米スクリーム」開発プロジェクト

本章における具体的事例は、茨城県つくば市北条地区において行なわれた「北条米（マイ）スクリーム」開発プロジェクトである。筆者はこのプロジェクトのコアメンバーとしてプロジェクトのすべての工程に関わり、発言や事業の遂行を行なった。本章における考察は、この関わり方が前提となって進められている。

## つくば市北条地区の概要

### ●北条地区

つくば市は茨城県の南西部に位置し、人口は約二一万六〇〇〇人で県南地域最大の市である（図1）。そのなかで北条地区は、つくば市の中心部、TXつくば駅から北へおよそ一五キロの筑波山のふもとにあり、地区の人口は三三二三人（二〇一一年一一月）である。合併以前の旧市町村区分では筑波町に属し（図1）、地区中央に商店街があり、その周囲には田園が広がる米作がさかんな地域である。ここで獲れた米は「北条米」と呼ばれ、高品質のブランド米として県内の人びとや一部の食通に知られている。また北条地区は、歴史的に平安時代にルーツをもち、江戸時代には筑波山参詣のための門前町として、また明治から昭和にかけては旧筑波町域の中心商業地区、在郷商人の街として栄えた。

しかし北条地区は、かつての中心地域でありながら、市街地を避けて建設された研究学園都市の区域外であったために開発の恩恵を受けることはほとんどなかった（図2）。そして研究学園都市の開発が進むと、購買力の流出といった衰退も著しく進行した。商店街の衰退が指摘され始めるのは、一九八〇年前後からである。さらに二〇〇〇年代に入ると、商店主の高齢化とそれにともなう後継者不足の問題から店をたたむ商店が増えている。北条商店街の実質的運営組織である北条商店会の加盟数は、昭和四〇年代にはおよそ一二〇店舗であったが現在は五〇店舗程度となり、最盛期の四〇パーセント以下となっている。

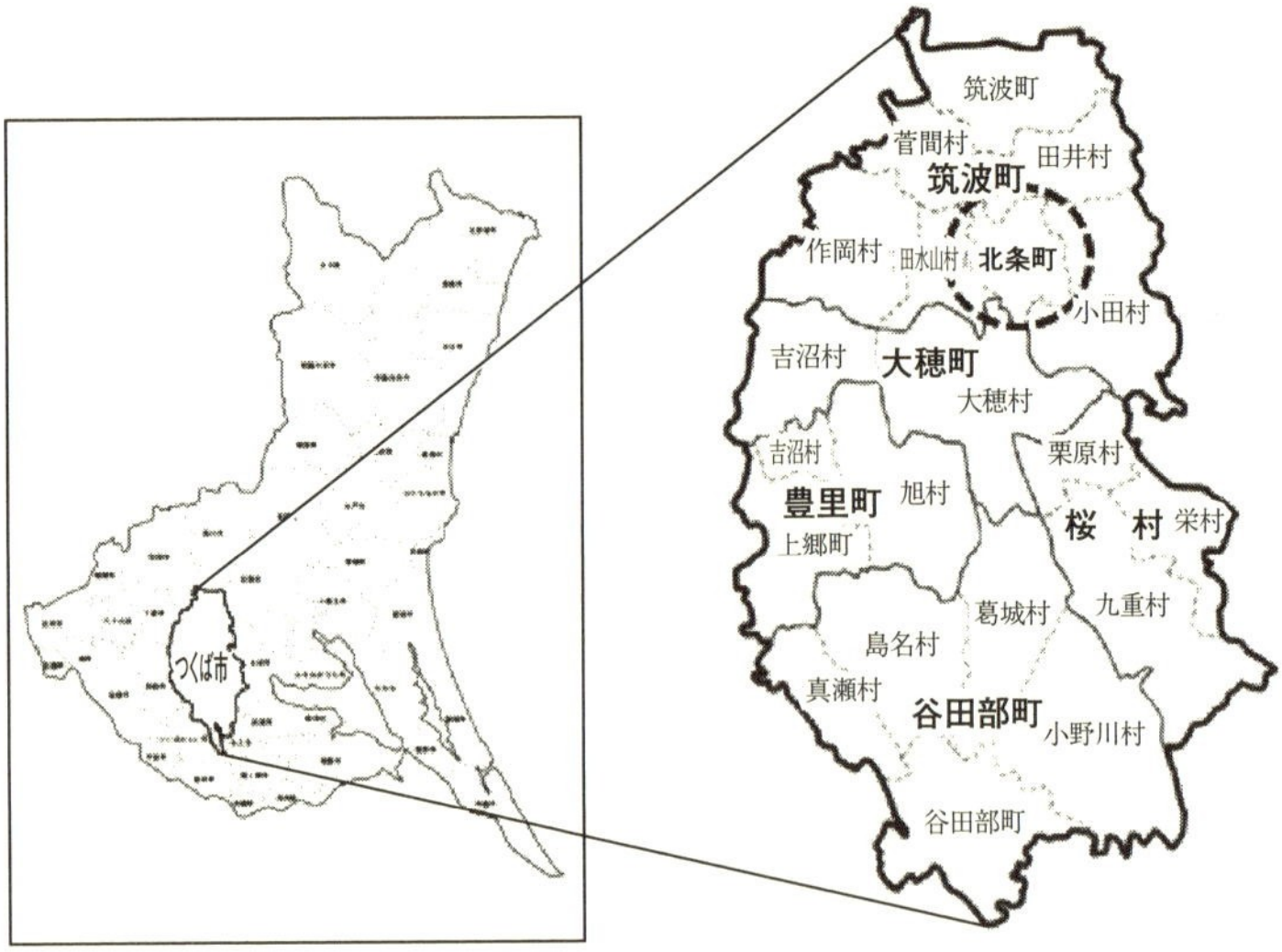


**図1**　茨城県とつくば市（旧市町村区分）と北条地区

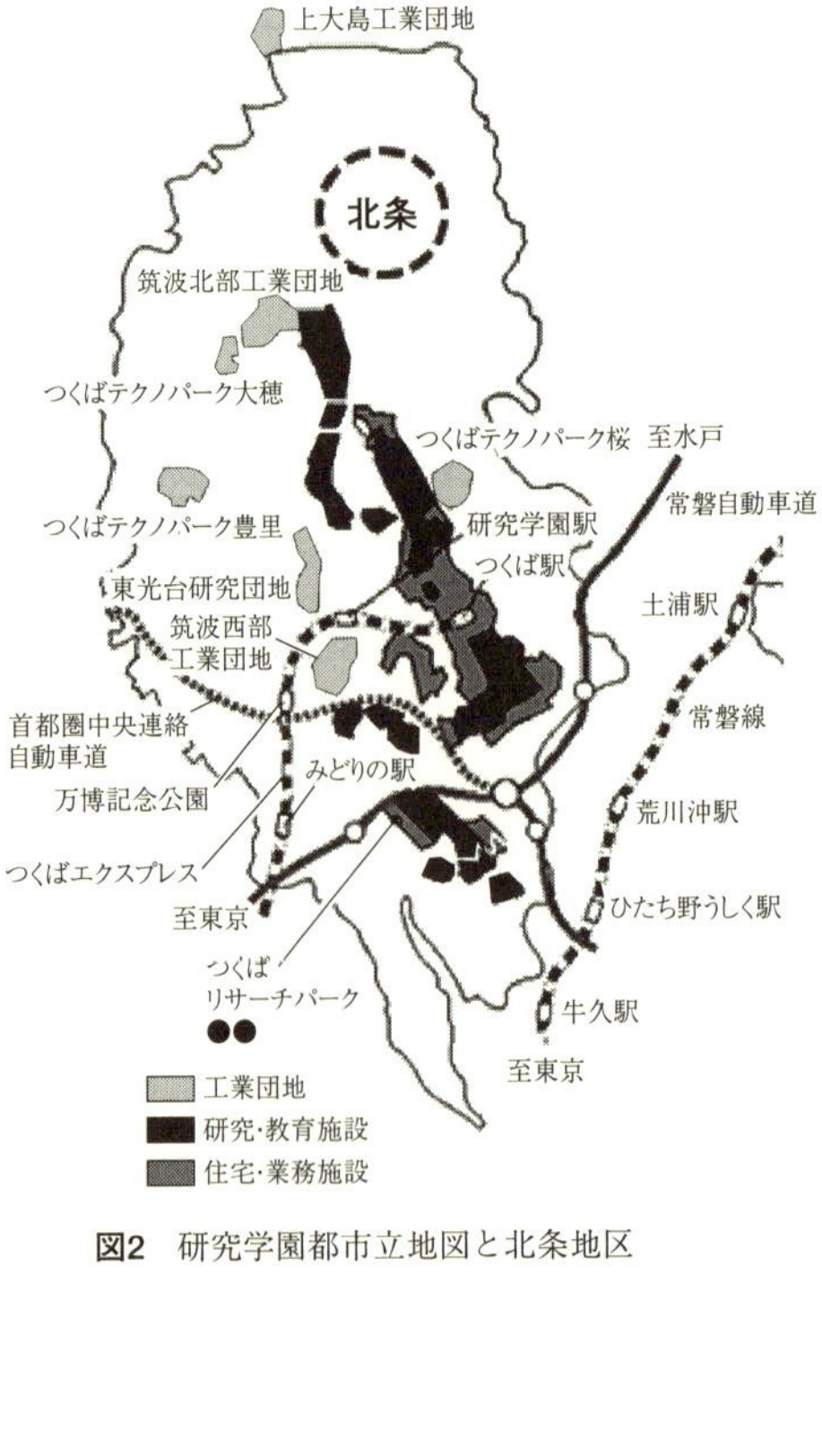


**図2**　研究学園都市立地図と北条地区

●北条地区における「まちづくり」活動の開始

このような状況を問題視し、北条地区では二〇〇四年頃から「まちづくり」活動が展開されている。これは、「中心市街地活性化」という課題を背景に行政や商工会の後援を得て進められたもので、商店主を中心に一般の地域住民も加わって地域の活性化を考える「北条郷ワーキンググループ」（以下、北条郷WG）が結成された。北条郷WGは、商店会によるこれまでの企画とは異なり、地域に残存する歴史史跡や商店街の街並みに着目し、それらを地域資源としたウォーキング・イベントなどの事業を開始した。

北条郷WGは、その後、二〇〇七年に筑波大学芸術専門学群と連携しておもてなし拠点「北条ふれあい館岩崎屋」（以下、岩崎屋）の整備事業を行なった。加えて、かつて地域で行なわれていた定期市を再開し、ウォーキング以外のイベント事業も恒常的に行なうようになった。また、北条郷WGを母体として新たな組織「北条街づくり振興会」（以下、振興会）を立ち上げ、活動の組織的基盤を整えた。

こうした取組みを通じて、振興会の二年目の事業として二〇〇八年に取り組まれたのが「北条米（マイ）スクリーム」開発プロジェクトである。

**図3**　1970年（上）と2007年（下）の北条商店街中央通りの様子

## プロジェクト・プロセス①

●レシピと「味」の製造工程

北条米スクリームは、岩崎屋で喫茶運営を

**図4**　北条ふれあい館岩崎屋外観（上）と北条市（下）の様子

担当していた学生団体「チームごじゃっぺ」のマツモトの「思いつき」が発端となったアイス（アイスクリーム）である。マツモトは、地元で有名な北条米を用いて何か作れないかと考え、インターネットでコメを使ったアイスのレシピを見つけてアイスを試作した。このアイスが意外な好評を博したため、前述のプロジェクトが一段落した二〇〇八年五月より本格的な商品開発プロジェクトとして進められたのである。

北条米スクリーム(4)の開発は、つくば市外にある加工品製造業者のNG食品公社（以下、NG社）とともに進められた。NG社は、主にヨーグルトやアイスなどの乳製品を製造しており、県内において地域産品を用いた加工品開発をいくつか請け負っていた。

このプロジェクトのなかで、マツモトら学生と振興会側が北条米スクリームを特徴づける「味」としてNG社に求めたのは、「お米本来の甘み」と表現される「甘さ」と、北条米スクリームがもつ独特の「粘り気」の二点であった。「甘さ」は、「北条米というブランド米」を使ったアイスであるという特徴をふまえ、「砂糖ではない甘み」が味わえることを重視した。また「粘り気」についても、このアイスの重要な要素とみなされた。「粘り気」は、「モチモチ（モッタリ・モッチリ）感」などと表現され、そして、この「味」の合格基準は、彼女らのレシピをもとにして「手作りの味」が再現されていることであった。

試作は合計で五回行なわれた。以下では、それぞれの試作会で何が問題とされ、それにどのように対応したのかについて詳しくみていく。

**第一回試作**　最初の打合わせから一ヶ月後の二〇〇八年七月、試作品第一号が岩崎屋に届けられた。届いたのはプレーン味八八個であった。「使用原料データ表」には、北条米（炊飯）、生乳、生クリーム、脱脂粉乳、グラニュー糖、トレハロース（糖類の一種）、バニラ香料、溶解水、ソルベックスと記されていた。[5] しかしそれは、「手作りの味」とは程遠かった。「お米の味はしないし、モチモチもしていない。美味しいけど、これじゃ普通のアイスだよね」と「手作りの味」を知る女性住民の一人が感想を述べた。試食の感想をNG社製造担当のカワカミに伝えると、カワカミからは、改善に関して「グレード」、「味の仕立て」、「米粒の粒度」、「その他」の四項目について質問があった。この四項目は、NG社がアイスを製造する際に指標とする基準であった。「グレード」は、製品に占める乳脂肪分と乳固形分の割合の合計で示される。そして、この合計の高い順から「アイスクリーム」、「アイスミルク」、「ラクトアイス」の三つに分けられ、[6] 一般に「アイスクリーム」が「高級」であるとみなされる。「味の仕立て」は、バニラ味のようにアイスの乳成分を強く意識するかどうかを意味する。「米粒の粒度」は「シリアル感」とも呼ばれ、アイスの内に米が粒状で残っているか完全に練り込まれているかを示す基準である。「その他」は、アイスの組織（組成）、甘さの程度、色である。この質問に対して振興会側は、グレードは「アイスクリーム」に、シリアル感としての「お米感」は出す、粒感はなく舌触りは滑らかに、と回答した。

**第二回試作**　試作品の第二号は、八月中旬に出来上がった。その数は、プレーン味九四個、抹茶味四九個であった。今回の大きな改良点は、乳脂肪分の割合を高め、グレードを「アイスクリーム」にしたことだった。この試作においても、元の北条米スクリームを知っている者からは「手作りとはやっぱり違う」、そして知らない者からは「アイス自体は美味しいが、オリジナリティに欠ける」などの意見が出された。また、抹茶味は「お米の味が消える」という意見から今後開発を行なわないことになった。
この調査を参考にした打合わせでは、「オリジナリティ」として再度「お米本来の甘み」と「粘り気」という触感の二つが確認された。「お米本来の甘み」は「お米が前面に出た味」や「お米感」とも表現され、さらにそれを阻害する要因として牛乳のもつ（動物性）乳脂肪分が指摘された。乳脂肪分による甘みは「ミルキーさ」と表現され、改善案は「ミルキーさを減らして、お米感を強くする」というように使われた。またそれは、市販の商品である「雪見だいふく」の皮（求肥）と中身が混ざったような味であると説明されることもあった。一方、「粘り気」は、「餅のような」、あるいは「トルコアイスのような」と表現された。

**第三回試作**　三回目の試作となるアイスは、八月下旬に二種類届けられた。それは、生クリームとホイップを使用したものがそれぞれ三〇個ずつであった。三回目の試作ではアンケート調査は行なわれず、チームごじゃっぺの学生や開発に関わる女性住民、そして振興会の役員（全員が男性）らが試食し、議論が行なわれた。
そして、試作品第三号のどちらも、「手作りの味」には至らなかった。とりわけ、北条米スクリームのオリジナリティとして強調される「粘り気」が足りないことが全員から指摘された。そのことをNG社のカワカミに伝えると、彼は、オリジナルのレシピにもとづいて作っているのに「粘り気」がどうしても出ない、正直どうすれば「粘り気」が出るのかわからないとわたしたちに告げた。カワカミの発言は、既存のアイス製造工程で「粘り気」は調整できない、そもそも「粘り気」という評価基準はそもそも存在しないことを意味していた。

**第四回試作**　既存の製造方法では改良の仕方がわからないと言われた学生たちは、マツモトを中心に製造工程を直接見たいと主張した。そして第四回の試作は、マツモトを含む三人がNG社を訪れ、その工程を対面で確認することにした。そこで明らかになったことは、「レシピどおりに作っている」と説明したカワカミであるが、実際には「レシピどおりに作っていない」ことであった。学生たちが見たアイスの製造工程には、レシピにはない材料が足されていた。それは「水」であった。先に提供したレシピには水は記載されていなかった。ところが、材料に水を加えようとするカワカミに学生たちがそのことを質問すると、彼は「アイス製造の際に水を加えるのは常識である」と述べた。

この「アイスに水を加える」という「常識」は、試作毎に提出された「使用原料データ表」にも「溶解水」という項目で、その分量と成分比率が記載されていた。しかし、渡された「使用原料データ表示」はあくまで参考とみなしていたチームごじゃっぺおよび振興会側は、それにもとづいて味を検討するという作業は行なっていなかった。このすれ違いは、彼ら／彼女らが専門的な知識のない「素人」であり、改良方法は「専門家」のNG社に一任するという先に決められた役割分担に由来していた。そこでは、「素人」と「専門家」という関係が存在しており、チームごじゃっぺ・振興会とNG社のどちらとも提供された資料（レシピや原材料データ）を「そのとおり」に受け取らず、お互いの勝手な解釈の下で判断しながら試作を進めていたのである。こうして、水を入れずに作られた試作品第四号は、「手作りの味」に大分近い「粘り気」が再現されていた。

**第五回試作**　第五回試作においては、マツモトとわたしが製造工程に参加した。この試作では、「粘り気」を高めるために米の分量を増やすことや、「お米本来の甘み」を邪魔する「ミルキーさ」を減らすために乳脂肪分の調整を行なった。

乳脂肪分を減らすとアイスの「ミルキーさ」を抑えることができるが、その分脂肪分も減少してしまうため「あっさり」した味わいになり、アイスとしての味わいに物足りなさが生まれる（この物足りなさをNG社の工場長であるササキはアイスの「ボディ感」と表現した）。したがって、理想とする「手作りの味」に近づけるためには、アイスの「ボディ感」を維持しつつ、「ミルキーさ」を減らすことが求められた。そのためには、脂肪分は維持しつつ乳成分を減らさなければならなかった。

そこでササキが提案したのが、ホイップを併用する案であった。生クリームは動物性脂肪分（乳＋脂肪分）、ホイップは植物性脂肪分（脂肪分のみ）にそれぞれ由来する。生クリームの代わりにホイップを用いることで、乳脂肪分を高めることなく脂肪分を加えることができる。この仮定より作られたアイスは、「手作りの味」に近づけることができた。味わいに関して残された課題は、「甘さ」や「粘り気」の微調整と量産の問題だけとなった。チームごじゃっぺの学生たちは、あらためてアンケート調査から適正な「味」の域値を導こうと考え、つくば市内で開催された二つの大きな祭事において振興会の人びとともに不特定多数の人びとに向けて調査を実施した。そして、それをもとにして、最終的な「甘さ」や「粘り気」の調整を行なった。

**●ネーミング、ラベルデザイン、広告コンセプト**

「味」の開発と並行して、プロジェクトでは、商品のネーミング、ラベルデザイン、ならびにチラシ、ポスターなどの製作が進められた。

**ネーミング**　アイスは、すでに二〇〇七年の手作りの頃より「北条マイ（米）スクリーム」と呼ばれていたが、商品のネーミングではこの「マイ」を「米」と表記するか否かで意見が分かれた。「米」の字を使った方が「北条米」をアピールできるし意味が通りやすい、という意見があったが、商標登録のために弁理士に相談した事務局のタケノブが、弁理士からカタカナの方が「売れる画数」のジンクスに合っていると言われたと説明すると、意見が揺れた。また、決めた名前は商標登録される必要もあり、両方併記というわけにはいかなかった。売れるかどうかわからない商品だからゲンを担いだ方がいいんじゃないか、と主張するメンバーもいた。どう決めればいいかは誰もわからず、最終的には多数決となり、「米」が多数で正式名称は「北条米スクリーム」に決定した。

**ラベルデザイン**　ラベルデザインはマツモトが主導となって行なった。ある日の会議で、マツモトはテーマカラーを振興会に聞いた。参加者の一人が「北条の色はセピア色だな」と発言し、その発言を受けて会議に爆笑が起こった。また、ラベルに使用するフォントの話になると、「和風っぽく筆字調の方がいいかな」という意見が上がった。また筆字調に関連して、「北条米スクリーム」のイメージは「和菓子」じゃないかという意見もあった。

後日、チームごじゃっぺ内の打ち合わせでは、ラベルデザインに反映させる、地域を象徴するアイコンの検討が行なわれた。そこでは、たとえば稲穂、米粒、北条を意味する「北」の文字(7)、筑波山、筑波山神社、参詣道のつくば道とその道標などが挙げられた。そしてそれらは、家紋系、風景系、盛り付け系に分類された。案に対する決定打が出ないなか、わたしは「このアイスは北条のものだけど、筑波山麓地域とは切り離して考えられないものだと思う」と発言した。チームごじゃっぺの学生が、北条地区に限定した活動を行なうなかで、北条地区を地域の一体性から構想すべきという考えがわたしに内在していたためであった。この意見を受けて、ラベルは風景系で進めることに決まった。そして、ラベルデザインの意匠に使われるモチーフは、筑波山と稲穂に決まった。

**図5**　家紋系，風景系，盛り付け系のラベルデザイン案（一部）

振興会の役員会で笑い話となったラベルの色は、北条米を表わす「白」と、「高級感がある色」ということで「藍」が選ばれた。さらに、藍のなかでも「筑波山が「紫峰」と呼ばれるのだから、紫がかった藍が良い」という意見が出たため「藍（紫藍）」をテーマ・カラーとすることになった。

**広告コンセプトと広報媒体づくり**　北条米スクリームの売り方として、「高級感」を押し出すことはチームごじゃっぺや振興会のなかでは暗黙の了解事項であった。それは、ブランド米としての北条米のイメージや、「ここにしかないアイス」として「プレミア（貴重）感」を出したい、という方向性による共通のイメージだった。ただしその背景には、商品原価もある程度見通しが立ち、利益を考えれば市販のアイスよりも高額にならざるをえないという事情も含まれていた。一方で、「地元住民に好きになってもらいたい」という意見から、広告コンセプトには「高級感がありながらも庶民的な感じもあったほうが良い」という意見も聞かれた。「高級感」と「庶民的」という一見相反する二つのコンセプトを盛り込むことは不可能ではないか、と会議でも議論になった。そこで、学生のヒゴは次のように語った。

北条は落ち着くし庶民的なところももちろんあるけど、結構気品を感じますよね。たとえば、奥様がたとか。田舎っぽくなくて上品だし。イベントの時に出される漬物も、柚子が挟んであったり上品な工夫がされていて、「漬物」じゃなくて「御漬物」って感じで。だから、庶民的な落ち着く感じと、気品があって高級ってのも両方あっていいと思う。

彼女は、北条を「庶民的」と「高級感」が同居する場所であると主張した。それは、街は落ち着いた雰囲気だが田舎っぽくなく、（とくに女性に）上品な人が多いという、活動の経験から得た印象を反映している。また学生のワタベは、「庶民的」を「あったかさ」と言い換えた。彼が抱く地域イメージは、「都会にはない、人のつながりがある場所」であった。彼はそのことを、地元住民と一緒に歩いた時の「柿泥棒」のエピソードを引用して語った。あるとき、彼が振興会のタカギと街を歩いていると、通りすがりの家の柿が塀を越えて生《な》っていた。それを見たタカギが、すぐさま柿をもいでワタベに渡した。そのことに彼が驚くと、タカギは北条なら大丈夫だと説明した。ワタベはこのエピソードをよく覚えていて、これが「人のつながり」であり北条の持つ「あったかさ」であると述べたのである。

ワタベの話を受けてマツモトは、「庶民的」ではなく「あったかさ」ならデザインに反映できると言った。つまり、ラベルを手書き調にすることで、「手作りのあったかさ」を取り込めるのではないか、というアイデアだった。その案は採用となり、北条米スクリームの広告コンセプトは「プレミア＋あったかさ」に決定した。また、キャッチコピーは「おこめ、だけどアイス」とし、ラベルデザインは図6のように確定した。キャッチコピーが決まった後、マツモトが率先してチラシおよびポスター製作を行なった。チラシの文言は振興会会長のサカシタが考えた。また

**図6**　北条米スクリーム完成パッケージ，広告チラシ，ポスター

ポスターは全部で四案だった。そのうちの一つは、和盆に敷かれたクマザサの上にアイスが盛り付けられたもので、手作りの頃の提供方法を再現したものであった。

## プロジェクト・プロセス②

### ●販売場所の選定

二〇〇八年一一月から岩崎屋と地区内の一部商店で販売を開始した北条米スクリームは、当初の予想をはるかに超える人気であった。それは新聞やラジオ、地域情報誌にとりあげられ、同時期に開催された国民文化祭と相まって地域の新しい特産品として消費者の関心を惹きつけた。岩崎屋では、「北条米スクリームは、北条でしか買えないアイス。お米本来の甘さを味わってもらうために、甘さは控えめ。お米で作ったアイスならではのモッチリ感を味わって」と製品を積極的に売り込む声が続いた。北条米スクリームを購入した女性に感想を聞くと、彼女は「お米の味がして美味しい」、「ネバネバした不思議な触感がある」と答えた。わたしが、「トルコアイスってよく言われます」と応答すると、「そう、まさにその感じ。お米のアイスだからこうなるの?」とさらに返答があった。その問いに対して、「はい。増粘剤も何も入っていません」と説明すると、彼女は「やっぱりいいお米は違うのね」と納得したようだった。一一月の間に、北条マイスクリームの販売数はおよそ二〇〇〇個であった。それは、年間予定販売数の四五〇〇個を大きく上回るペースの売行きであった。

一躍「人気商品」となった北条米スクリームには、大小さまざまな問合わせが届いた。そのいくつかが地元の大手スーパーやショッピングセンターからの販売依頼であった。この時点で、北条米スクリームの管理は、学生であるわたしとマツモトが中心的に行なっていた。マツモトは数十ページにわたる販売マニュアルを作成し、一方わたしは応対専用の携帯電話を契約し、問合わせや苦情に応じていた。また工場からアイスの輸送も、責任の所在を明確にするという理由から、サカシタらの振興会メンバーが自分の車で行なっていた。それらの業務はすべて無償のボランティアであった。

量販店からの販売依頼に応じれば北条米スクリームの売上げ増は大きく見込まれるため、その依頼は自主財源に乏しい振興会にとっては願ってもない話であった。ただし、そうした量販店に北条米スクリームを供給するには商品のまとまった数が安定的に生産される必要があり、これ以上の管理の煩雑さをボランティア・ベースの組織が引き受けるのには無理があった。また、大量生産にともなう北条米スクリームの品質低下の問題もあった（後述）。そのため、振興会内での話し合いの結果、当面は岩崎屋と北条地区内の小売店でのみ販売することに決定した。そのことを、発案者のマツモトは後のシンポジウムで次のように振り返っている。

> 今の状況を考えたら、ただ北条米スクリームを買って食べてもらうんじゃなくて、北条に来てほしいという想いがあったからです。北条米スクリームが北条の街に来てもらうためのきっかけ、コミュニケーション・ツールになればいいなと、そう考えて北条限定の販売にしていますし、今もその考えは変わりません。[8]

彼女は、北条米スクリームを単なる商品ではなく「コミュニケーション・ツール」と説明した。それは、「まちづくり」活動を経済的な効果とは別の側面から評価しようとする意識の表れを指し示すものであった。

### ●北条米スクリームの「味」の本質とは

販売開始から三ヶ月目の二〇〇九年一月、北条米スクリームの製造をめぐって一つの事件が起こった。それは、製品のなかに粘り気の少ない「不良品」が混ざるようになってしまったのである。「粘り気」は北条米スクリームの特徴であり、それは高級米としての北条米の特性から生まれるものだと理解されていた。しかし、工場の設備の問題で手作りの時と同じ調理工程をたどれず、生産量が増えていくなかで粘り気の再現ができなくなってしまっていたのである。このことが明らかになると、振興会とNG社、そしてわたしとマツモトが参加して緊急会議が開かれた。NG社は前記の製造工程を理由に、改善案として製造方法の変更を提案した。それは、従来の原材料に「トレハロース」という保湿性をもつ砂糖（糖類）を余分に加えるというものだった。NG社の提案に、振興会のメンバーもそれで粘り気が戻るのであればかまわないと述べ、わたしもそれで仕様がないと思った。しかし、マツモトはそれに賛成しなかった。彼女は、トレハロースによって再現される粘り気は、お米由来の粘り気ではないので、それでは意味がないと主張した。その上、北条米スクリームは「お米本来の甘み」が特徴であるにもかかわらず、糖類をさらに加えることはそれを消してしまうことになるとも述べた。マツモトは、会議後のわたしとの会話で、「いくらそれで元の粘り気が出たとしても、それは本当の北条米スクリームじゃない。そんなものを人前に出したくない」と嘆いた。後日、学生内での話し合いでも、彼女の意見を尊重する者が大半を占めた。わたしはどうしたら彼女が納得できる結論を出せるのか考えたが、妙案は思いつかなかった。マツモトに感情的に同意はできるものの、これ以上「不良品」を出さないためには製造方法を変えるしかないように思われた。結局、北条街づくり振興会の「販売開始してしまったものを今さら止めるわけにはいかない」という意見に押し切られる形で、トレハロースは使われなかったものの、従来の製造方法は変更された。

## 3　考察

### 感覚の再帰性

北条米スクリームの「味」の開発において、チームごじゃっぺ・振興会側が要求する「お米本来の甘み」と「粘り気」を実現するためにNG社が参照した知識の枠組みは、既存のアイスクリーム製造の工程であった。その工程において、アイスの「味」は糖分と（乳）脂肪分と水分量から工学的に導かれる。したがって、チームごじゃっぺ・振興会側が求めた二つの特徴は、製造工程において前記の三つの成分要素（糖分・脂肪分・水分量）に分解される。しかし、「お米本来の甘み」も「粘り気」も、この三つの要素に還元されえない性質をもつ。とりわけ、「粘り気」は既存の製造工程においてそれらに還元することは不可能であった。

ところが、こうした両者のすれ違いは、第四回試作において解消する。両者が相対し、実際の現場を観察することですれ違いの原因となる行動が発見された。NG社側によるレシピを解釈し「味」を成分要素に還元し、そこから再構成するという既存の仕方に対し、学生たちは手作りの手法を提示して、問題を結果的に解決した。学生たちは、「クライアント」という領分を飛び越えて開発に関与し、そこで既存の参照枠に別の仕方を持ち込むことで解決の糸口を摑んだといえる。さらに学生や振興会の人びとは、試作の過程を通じて、三つの要素の存在や、「ボディ感」、「ミルキーさ」などの専門家が用いる味覚を表現する語や「グレード」や「粒度」といったアイスの知識の枠組みに遭遇することで、オノマトペ的な表現に頼っていた自身の感覚を相対化していった。そして「舌触りは滑らかに、ボディ感を維持してミルキーさは減らす」のように、試作のプロセスを通じて、枠組みの異なる言葉をすり寄せたモノの表現が可能になったのである。

製造の際に「専門家」としてのNG社が参照する枠組みは、分化の原理にもとづいた科学的な「近代化された五感」である。一方、「素人」として開発に携わる人びとは、オノマトペという文脈限定的な感覚表現、すなわち分化以前の原理に依拠して特産品をつくり出そうとする。しかし、その思考の枠組みにおいては、何が正しいかを一義的に定められない。ところがその五感は、近代化された五感との接触を通じて、分化のカテゴリーを参照しつつ、そこに潜在するものへ言葉を中心に働きかけてそのカテゴリーを変容させる。こうして新たに創られた思考の枠組みはどちらでもない新しい共通の枠組みとなり、完成品づくりに向けた議論可能な枠組みが形成されたのである。

## 「まちづくり」的感性を支える「非-ビジネス」の論理

北条米スクリームの事例において、再帰の螺旋に組み込まれるのは感覚だけでない。ラベルデザインやキャッチコピー作成の作業を通じて、北条米スクリームは人びとのもつ地域のイメージや地域との関係性を構築していく。それは、単に米から作られたアイスではなく、地域のブランド米を使用したという高級感や、個々のエピソードから掘り起こされる北条の「あったかさ」というイメージが、商品づくりの過程を通じて反省的に参照される。異なる要素を集めて構築されたイメージはラベルデザインや広告媒体として具現化し、かつそれは参照枠組みとなって人びとに利用される。北条米スクリームがかたちづくった価値は、「ここ（北条）にしかないもの」として人びとに語られることで、他者とコミュニケーションを可能にし、共感を生み出す土台となる。つまり、北条米スクリームは、新しい「商品」であると同時に、「親しみやすい上品さをもつ北条」という「地域を象徴するモノ」でもあるのである。

中西は、再帰的近代化における商品化の積極的な意義としてエコロジー商品や地域ブランドを挙げる（中西 2007:58）。それは「近代化された五感」とは異なり、市場を通じて各個人の五感の変化に対して開かれた「市場再帰的五感」にもとづくものであるという。商品化（＝市場化）という過程を通じて、地域が有するとされる「あったかさ」や「豊かさ」は出来事を通じて客体化され、北条米スクリームとして具現化される。つまり、市場という「近代」の上にあるからこそ、それは「地域ブランド商品」として商品とは別の価値も練り込まれたモノになりえたのである。またそれは、市場があるからこそ外部との関係をもつことができる。たとえば、前節における筆者と来訪者のやりとりは、北条米スクリームを通じて、お互いがその価値を確認しあう過程であった。言い換えれば、それは、市場を前提とした交換の場において、市場的であるのとは別の価値を互いに確認し、更新する瞬間を示しているといえる。

この市場とは「別の価値」に関して、先述のマツモトの発言はそれを端的に示したものである。彼女は、北条米スクリームの生産や管理における制約を製品のデメリットとしては説明しなかった。むしろ、それを「北条に来てもらうためのコミュニケーション・ツール」と表現し、販売の制約を限定による効用づけへとすり替えて説明していた。すなわち、それは「大量生産が難しい」から地域外で販売できないのではなく、それを買いに北条に来てもらうための「コミュニケーション・ツール」だから地域外で販売しないのである。それは、北条米スクリームが北条において特別なモノとして認められるからこそ成立する論理である。商品でありながら経済的利益を優先せず、ときに「コミュニケーション・ツール」となる両義性をもつこの論理を、「非－ビジネス」の論理と呼ぶことにする。北条米スクリームをめぐる実践は、地域ブランド商品の開発の際につきまとう市場経済というビジネスの論理の領域のなかに「非－ビジネス」の論理の領域があることを示している。不完全な「商品」であるがゆえに北条米スクリームは地域ブランド商品となるのであり、それを地域ブランド商品として操作していくための論理が「非－ビジネス」の論理なのである。

　しかし、この「非－ビジネス」の論理は、安定した自立性を有しているわけではない。それを示すのが、製造方法の変更における衝突であった。この頃には、北条米スクリームは目覚ましい利益を上げており、それは振興会の予算において無視できない規模となっていた。その最中に販売を中止することなどできるはずもなかった。話し合いのなかで、振興会のメンバーは「今さら止めるわけにはいかない」理由として、販売を始めた「責任」を挙げた。彼らは一度流通した以上、「味」が再現される限りにおいてそれを供給し続けることを重要視したのである。その意味において、北条米スクリームは「コミュニケーション・ツール」ではなく、ほぼ「商品」としての性質を強く帯びるようになったのだといえる。

## 4　結語――二つの経済の汽水域で

ラッシュは、ポスト近代（再帰的近代）における脱・分化の過程は、混乱や皮相化、不安定性を招くと述べた。たしかに、それはモダニティという現象の大きな動態を言い当てている。しかしながら、枠組みの異なる二つの思考が接触する場面においては、互いの枠組みを相互に参照し合いながら、変化させ相互理解の可能な場を構築する様子も観察された。つまり、再帰的近代においては、実践を通じて人びとの感覚は再帰的に変容し、混乱や不安定よりむしろ、それ以前とは別のかたちの秩序や安定が再構築される様子も確認されるのである。しかし一方で、「まちづくり」の場で構成される「非－ビジネスの論理」は、それが商品である以上、市場的なビジネスの論理に圧倒的に引きずられることになる。「非－ビジネスの論理」はたしかに「まちづくり」のなかに存在し、活動においてしばしば強調される。けれどもその論理に担保される人びとの「まちづくり」実践は、「ビジネスの論理」を侵食しない、限られた領域を確保するに留まるのである。このことは、各地において展開されるローカルで小さい経済を再埋め込みしようとする実践を検討する上で示唆的であるといえる。

「まちづくり」は由来を別にする思考の枠組みが入り混じり、かつ市場経済と贈与経済の汽水域ともいえるフィールドである。そこで人びとは、「地域らしさ」を構築しようとする実践を通じて、自身の感覚や知識だけでなく他者と共感可能な土台となる感性をも変容させていく。そこには可能性と限界が同時に存在し、それは実践する人びとともにフィールドに居合わせることでしか見えてこない。フィールドワークは世界認識の手段でありかつ実践そのものである。ワグナーが述べるように（Wagner 1975: 35）、現場にいる誰もがフィールドワーカーであるならば、昨今学的関心が集まる人類学的実践の仕方を構想するために、フィールドワークを方法論とする人類学者が彼らのふるまいを鏡として得られるもの、そして貢献できることは大きい。

## 注

（1）「まちづくり」という用語は、国内においては一九五二年の雑誌『都市問題』に初めて登場したといわれる（内海 2008: 256）。

（2）プロジェクトとは、小林と青山によれば「ある特定の目的を達成するために注意深く計画された事業」（小林・青山 2010: 3）のことを指す。

（3）このロングのアクターとエージェンシーに関する議論は、ギデンズの構造化理論を下敷きにしている。ギデンズは、「再帰的近代」を提示する以前から、再帰性の概念を用いて行為主体と構造の間、また行為主体間の相互作用を論じている（Giddens 1979, 1984）。

（4）このアイスクリームは、当時「北条マイスクリーム」と表記されていたが、商品開発後に「北条米スクリーム」へと変更された。以下本章では、「北条米スクリーム」と表記する。

（5）洗浄剤と思われる。

（6）アイスクリームのグレードは、乳脂肪分と乳固形分の割合で分けられる。アイスクリームは乳脂肪分一五パーセント以上かつ乳固形分八パーセント以上、アイスミルクは一二パーセント以上かつ乳固形分五パーセント以上、ラクトアイスは乳脂肪分一〇パーセント以上かつ三パーセントという基準で分類される。

（7）これは、北条米がかつて「マルキタ米」と呼ばれ、東京に出荷されていたことにちなんでいる。

（8）二〇一〇年一月に行なわれた経済産業省主催「街元気セミナー　若者との連携が生み出すまちづくり」における発言にもとづく。

# Ⅳ部　展開──「情報」としての文化へ

# 8章　民俗儀礼の示標性と文化変容——白鳥地区古式祭礼をめぐって

松田俊介

## 1　文化変容研究における情報的視点

文化研究において、とくに事例の変容相をとりあげることの重要性が年々高まっている。近年とみにトランスカルチュラルな現象が政治・経済の現場において数多く見られるが、その一因としては、情報・メディアの革新的な変化が、多文化のボーダレス化に拍車をかけていることがあげられるだろう。

文化研究には「自文化／多文化をどう認識するべきか」、「自文化の立場からどう意思決定をしていくべきか」という問いについて指針を提示する役割がある。だがそのさい、今日においては、情報革新によって人々がさまざまなメディアを活用し、世界中の情報をたやすく参照・編集して、よりアグレッシヴに多文化と関わっていることを前提としなければならない。文化変容への考え方は、これまで「そもそもの古型・本質がどのようなものであったか」に重い関心が向けられたり、「近代化に対する抵抗」、「近代に同化させながらの維持」などの〝近代化〟解釈に終始したりしてきたが、今後は急激な情報化現象をふまえ、(構築主義的議論を乗り越えた)より動態的な議論が発展することが望まれている(小田 1999: 113-123)。

実際、〝儀礼〟というオーセンティック(真正／正統)な文化とされてきた慣行でも、その都度の実行においては、さまざまな情報的な影響を受け、生成的に行なわれているのが実態である。これは先にあげたような本質論でも、近代化からの支配・同化・抵抗といった視点でもとらえられず、慣行自体が孕んでいる動態的な情報網を対象としてとらえるべき問題である。しかし、文化の変容相に対する研究の重要性が唱え続けられているにもかかわらず、文化人類学ないし社会学・民俗学分野において、文化の情報としてのありようを対象化した実際的な議論はいまだ十分になされているとはいい難い（福田 1990: 131）。

蔵持不三也は、民俗行事などをめぐる文化事象が、情報の広範な連なりをもって自己表現を行なうありようを、「示標性」という概念で提言した（蔵持 2007: 9-12）。そして、あらゆる事物には無数の情報が内蔵されていることを前提とし、調査対象からどこまで情報を抽出ないし解読できるかをフィールドワークの重要な課題とした。

ネイティヴ／非ネイティヴなど固定化された主体ではなく、文化事象そのものを「自己表現系」としてとらえるこの視点は、メディア情報学においても発展をみている。たとえば、人類学的立場からの科学技術開発過程に対する研究指針を提示してきたものとして、ラビノウの技術開発現場に対する民族誌的な試みがあげられる（ラビノウ 1998）。ラビノウは、開発技術自体を深く洞察しつつ、開発関係者らの言説を収集し、技術的生産が道具であることを越え、さまざまな既存の概念を脱構築し、科学者の社会的様態までもを脱構築・再構築していくという過程を描いた。いずれにも、文化が形づくられる過程において、対象を容易に画定してしまう視点では、文化実践の脱構築的なありようを正確にとらえることはできないと示唆されているといえるだろう。

本章において研究事例としたのは、栃木県小山《おやま》市白鳥《しらとり》地区で行なわれる「白鳥地区古式祭礼」という頭屋《とうや》行事（主宰が特殊な当番制で移り替わる行事）である。この祭礼は、伝承によると一五三四年以来の歴史をもち、「若水汲み」（頭屋が聖地とされる川から神気を帯びた水を汲む儀礼）・「鬼面射弓」（巨大な鬼面を的に弓を射る儀礼）など、独特な儀礼を擁する。長い歴史をもち、経済的・社会的・職能的な規範によって厳しく律される中心的祭祀執行者・頭屋をはじめ、さまざまな祭祀集団に弁別された住民らによって維持されてきた。しかし、分析を進めていくと、水災・戦争・近隣の工業都市化・土地改良など、同地区をめぐる数々の出来事を受け、行事の実際や意義内容は幾度もの情報の書き換えを施されていたことがわかる。

本章においては、これまで行なってきた「白鳥地区古式祭礼」の民俗調査について、とくに儀礼の情報的変容に着目し、その場における多様なアクターのあり方について考察し、文化変容の過程を把握する方法論模索を試みたい。(1)

## 2 調査地概況――栃木県小山市白鳥地区

調査対象地とした栃木県小山市白鳥は、小山市の南西に位置する大字で、近辺に巴波川《うずまがわ》と与良川《よらがわ》が接して流れる低地・輪中地帯にある。平成二〇年(二〇〇八)二月一日時点における白鳥地区の人口は男性一四六人、女性一六四人の計三一〇人、世帯数は七九戸となっており、昭和六〇年(一九八五)以降、人口・世帯数ともに減少し続けている。

巴波川は、元来、白鳥地区をはじめとした輪中地帯の村々にとって、重要な交通手段、農業用水、漁場として大いに活用されてきたが(2)、その反面、洪水の多発に悩まされ続けてもきた(3)。明治期の(現白鳥地区が属する)生《なま》井《い》地区は、平均三年に一回ほどの割合で洪水災禍が発生していたとされ、明治四三年(一九一〇)の渡良瀬遊水池の完成以後も度重なる治水事業が行なわれ続ける(小山市史編さん委員会 1987: 497-498)。最後に大規模な洪水が起きたのは昭和二二年(一九四七)、キャサリン台風来襲によって、生井地区が一面の湖水と化すほどの甚大な被害を受けたときのことである(同: 887)。現在でも、同地区には水塚《みつか》とよばれる小高く土盛した土台の上に家屋を建てる形式の住居(図1)や、水防倉庫などが数多くみられる。

昭和三〇年代前半の高度経済成長より、小山市域においても産業構造は激変し、工業都市化が進んだ(同: 975)。昭和四七年(一九七二)からは、小山市域における第二次農業構造改善事業の一環として、生井地区で大規模な土地改良が行なわれ、地区の居住区域外の大部分が水田地帯となった。これにともない、巴波川は沼沢化が進む（同：996）。現在では多くの流域が泥沼となっているが、いずれにせよ白鳥の歴史はこの巴波川とともにあり、村のコスモロジックな境界をなすここが、聖地として組み込まれていたのである。

## 3　祭礼の起源伝承と村方騒動記録

白鳥地区古式祭礼には、以下のような起源伝承が受け継がれている。天文三年（一五三四）旧暦一月一一日、酒酔いした者が御神体を巴波川に流してしまうが、ホカイ（食物などを持ち運ぶ木製容器）に入って流れ着いたこの御神体を、現在の祭礼鍵番の先祖が拾い上げ、以来、特定の住民で輪番に保管し、祀ったという。拾い上げた場所はアゲップチとよばれ、若水汲みが行なわれる場ともなっている。この慣習が現行の本祭礼において、頭屋制祭祀を成立させた要因ということである。

**図1**　小山市の水塚（小山市教育委員会提供の資料より）

頭屋制成立のもうひとつの要因として考えられる事象には、近世の白鳥村の村落秩序があげられる。村方文書「乍恐以書付長右衛門親類一同奉申上候」によると、元禄期、白鳥村の祭礼に関して村方騒動があったという（小山市史編さん委員会 1982: 247）。結城晴朝家臣の新左衛門は、白鳥村に新田を開発し、晴朝から所領として与えられた。以後、新左衛門家系が特権を把持していたが、承応四年（一六五五）の検地などにより、耕地が百姓に分割され、その特権を大幅に削られることとなった。それが起因したのか、元禄八年（一六九五）、それまで八幡祭礼において、新左衛門の子孫長右衛門一族のみが開発百姓として上座についていたことを不服とし、小百姓たち一二名が八幡社祭礼に上座につくことを要求したという（小山市史編さん委員会 1987: 173-176）。小川聖はこの資料により、特定家筋がもっていた独占的祭祀権が、農民の台頭により解体し、祭礼における上座が解放され、頭屋制へ移行したのではないかと推定している（小川 1989: 3-4）。いずれにしろ、当時の村落秩序の動態を知ることができる資料であると同時に、当時の白鳥の人々が、祭礼に対してなみなみならぬ執心を懐いていたこと、祭礼を威信の所在としていたことがうかがえる文書といえるだろう。

本祭礼は、以上のような歴史をもち、独特の頭屋輪番制方式をもつこと、若水汲み・鬼面射弓といった特殊な儀礼を行なうことから、昭和四〇年（一九六五）八月に小山市無形民俗文化財に指定されている。

## 4　古式祭礼の現在 ── 白鳥地区における頭屋制

現在の古式祭礼は、先述した起源伝承にある、毎年旧暦一月一一日（調査年度は新暦二月一七日）に頭屋制祭祀として実施される。頭屋制については、「神社の祭や神事、講などの行事に際して、一定の任期、当番制・交替制でその主宰をしたり、準備や世話をする中心的な人、またその家」と理解されているが（福田 2000: 193）、その類型は多様である（堀田 1987: 26-27; 44-46）。また、戦後の村落社会の変容にあって、多くの頭屋祭が衰退しているとされる（同：序文）。

調査年度における白鳥地区の祭り組は、それぞれ七～一三軒の世帯で構成される六組があり、白鳥地区のほぼすべての世帯がいずれかの組に所属している。組の家は地理的に密集しているわけではなく、むしろ、地区の全域に散在しているといえる（図2）（調査年度の頭屋・祭り組は五組）。小川は、この祭り組と、「草分け」と呼ばれる六家系の分布から、元来は「草分け」による編成であった可能性について言及した（小川 1989: 10）。

頭屋と祭り組は一年交代であり、翌年は次の祭り組が当番組を引き受け、そのなかの一軒が頭屋を務める。輪

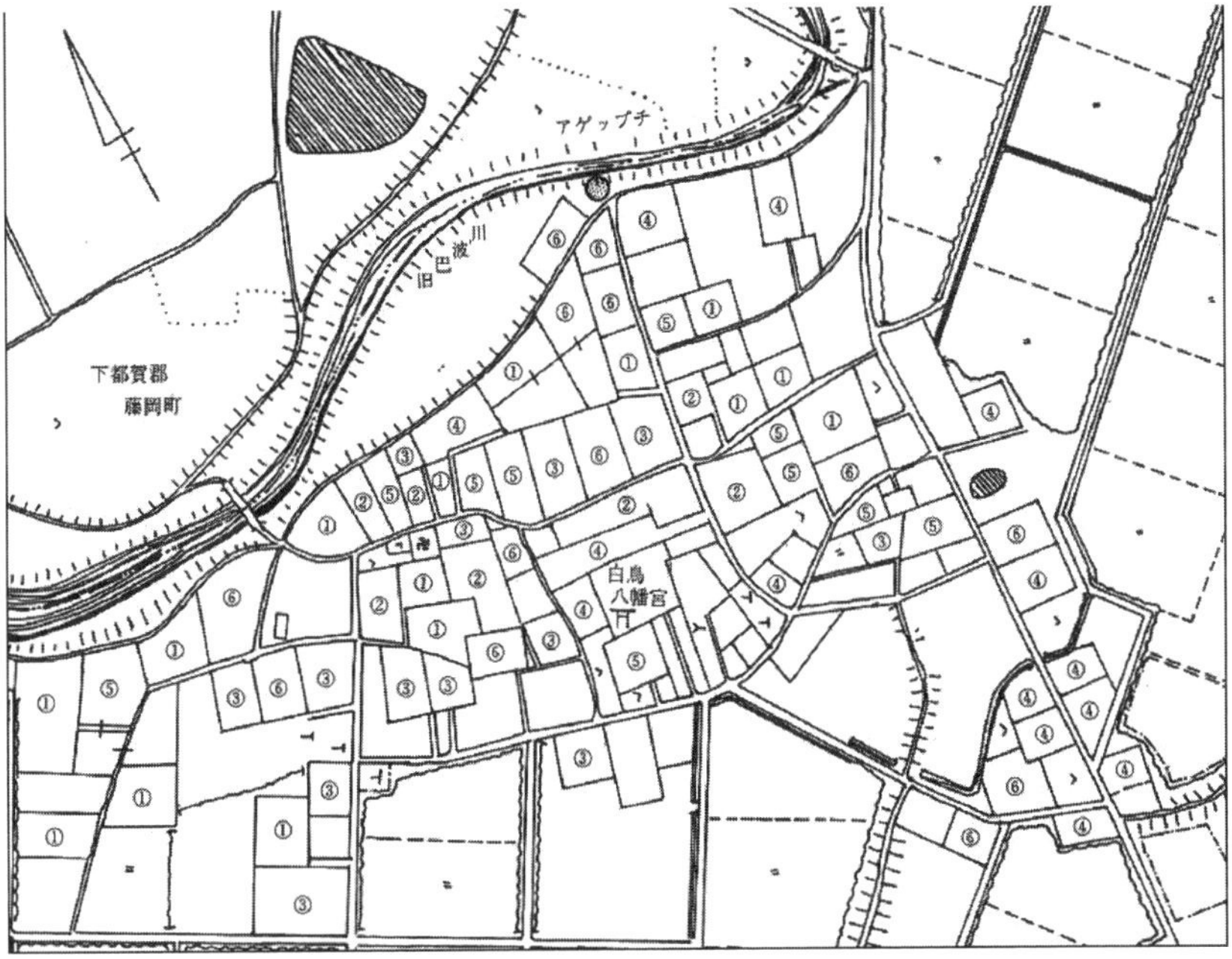


**図2**　祭り組分布図（便宜上, 六組の祭り組に属す所帯を①～⑥として表わす。「白鳥八幡宮の祭礼について」〔小川 1989: 10〕より編集）

番が二重の入れ子構造となっているという点で、特徴的な頭屋制である。また、御神体を拾い上げた人物の家系は、代々鍵番となり、行事の継続を守る重要な役目を引き受ける。頭屋となるには、いくつかの資格が必要となる。その資格とは、①既婚男性であること、②大勢を饗応できる経済力・屋敷をもつこと（かつては祭礼前後一週間、祭り組と次代祭り組を頭屋負担で饗応しなければならず、頭屋になる何年も前から貯蓄し、改築する頭屋さえいたという）、③任期中、親族に不幸が起こらないこと、である。③は、頭屋だけでなく、二の膳、三の膳担当者（該当する神饌の膳を供する者としての称号。以下「二の膳」、「三の膳」と表記）にも課せられ、実際、本調査においても本来の二の膳の親族に不幸があり、三の膳が二の膳を、次の席次の者が三の膳を代行していた。

　頭屋祭の多くの事例について変容著しいとされるが、本祭礼も平成一五年（二〇〇三）

**表**　式次第・準備スケジュール

| 2月17日 | |
|---|---|
| 6:40 | 国旗・祭旗掲揚 |
| 7:15 | ブク払い（天津祝詞） |
| 7:30 | **若水汲み** |
| 7:45 | 直会料理・甘酒の準備 |
| 9:30 | 集落センターで三々九度。日の出行列準備 |
| 9:35 | 日の出行列 開始（9:50 本殿到着） |
| 10:00 | **大祭の儀** |
| 10:30 | **鬼面射弓** |
| 10:50 | 祭旗撤収 |
| 11:00 | 鍵番本家に鍵と膳を返却 |
| 11:15 | 国旗・太鼓・祭器など撤収 |
| 13:40 | **受け取り渡しの儀** |
| 15:35 | 終了 |

一一月、祭礼進行についての協議が開かれ、行事の簡素化を主とした大幅な改変が施された。当番ヤド（頭屋の家宅を祭礼・饗応の重要拠点とする制度、その場）の廃止をはじめとしたこの改正は、頭屋制による祭礼のありようを大きく変貌させた。小山市教育委員会の識者は、改変の原因として、「ほとんどが兼業農家になってしまった現在、祭のために一週間近く休暇をとることが困難になった」、「準備費用の負担が重い」などの理由をあげている。

　また、調査年度における本祭礼は、一〇軒程度の祭り組が一月に二回、二月に三回、準備・打合わせを設けていた。祭礼前日の二月一六日に大規模な準備を行なうが、そのスケジュールについては紙幅の都合により省略し、祭礼当日の二月一七日について大まかな流れを示しておく（表）。太字で示した主要な儀礼については、次節で詳述する。

## 5　儀礼情報の様態——儀礼の示標性

　儀礼の情報的側面について注目し、その文化変容の過程を把握することが本章の目的であるが、以下で詳述していくように、白鳥地区古式祭礼はその規模とは裏腹にじつに多量の民俗情報を内包している。調査において収集・作成した祭礼の変容相にかかわるデータベースは膨大なもので、列挙していくと、伝承（起源伝承・開拓資料・紛争資料など）、祝詞・祈願詞・祝歌、祭礼食（神饌・直会《なおらい》料理・饗応料理・饗応の方式・禁忌）、生業（農業・漁業・運輸・祭田運営・土地台帳など）、扁額・奉納品／奉納板（絵柄・号・年代・奉納者・奉納対象・奉納意図・祈願内容）などがある。しかも、その都度の実施において、これらの要素は互いに絡まり合っているといえる。このような文化の様態について、いかに解釈すべきか。

### 儀礼人類学における本研究の位置づけ

ここで、本章の儀礼論としての位置づけを明確にするために、これまでの儀礼に関する人類学的研究をあげつつ、本研究の方向性についてふれておく。そもそも儀礼研究においては、その社会的機能や意義を強調するのみでなく、儀礼が人間社会の本質であるとし、儀礼の実施自体の意味を象徴分析していくことも必須とされている（エヴァンズ＝プリチャード 1957；青木 1984）。こうした志向は、ファン・ヘネップやターナーらが通過儀礼の事例を通してあきらかにしてきたことでもあるが、本章で扱う事例においても、頭屋という特定の立場にいる者が日常の埒外に置かれ、儀礼過程が白鳥地区の実社会の構造に直接的な影響を与えている。とくに注意すべき点は、頭屋と祭り組をめぐる権威構造の問題である。儀礼による社会秩序の成立を、構造機能主義ではときに好んで「結束」とするが、ブロック（Bloch 1974）らは、下位の者への支配を強化する統制機能ともなりえる、と批判した。たしかに儀礼における手順の不変的性質には、民衆からの安易な介入を排除し、伝統的権威を強化する側面がある（青木 1984）。本事例では、祝詞などがこれにあたるだろう。

しかし、これについても、「儀礼には権力の乱用をチェックする機能がある」、「反体制的機能がある」といった、バタイユなどによる対論もある（バタイユ 1973）。本事例においては、かつて不変的性質をもっていた儀礼が変容する過程を主題としているが、いずれにせよ、儀礼の構図は単一の政治的立場でとらえられるものではなく、人びとを多様なかたちで社会的存在にするものとしてある、といえるだろう。それだけに、儀礼論には、急速に情報化する社会の実情をふまえた、さらなる事例研究が必要なのである。オジェ（2002）は、儀礼が他性と同一性に緊張と分節をもたらすとの考えを述べつつ、過剰に情報があふれる社会に生きる人々が儀礼性を失い、他者との関係性を平準化してしまう現状に警句を発した。福田アジオ（1990）もまた、情報社会を迎えつつも、情報を扱う民俗研究がほとんどされていないことについて苦言を呈した。

以上の研究動向をふまえ、本章は、①表象の意味内容、②アクターの関係・権威の構造、③儀礼・日常にまつわる多様な情報、④改変状況、を取り上げ、従来の研究を補完しつつ、それらがどのように白鳥の儀礼概念を形づくっているかを、現代的／情報的な視座から解析してみたい。

## 儀礼の表象

さて、冒頭で言及した文化事象そのものを自己表現系として主体化させるという視座は、文化をその動態的な情報網に着目して把握することへとつながる。本節ではそうした視点をふまえ、各主要儀礼を構成する情報をコード化してゆく（フリック 2002：219-244）。調査において得られた、儀礼をめぐる主要な情報は、「儀礼の表象」、「儀礼によって構築される人々の関係性」、「儀礼の環境的背景」、「儀礼への操作・変化」に関するものであり、それぞれを①表象、②象徴交換、③環境情報、④改変（起因与件）として属性化した。設定項目の詳細は以下のとおりである。

①表象

これは儀礼において、言語・非言語的に表現される、伝承、身体所作、儀式、行為などである。祭礼をときに華々しくさせる情報ではあるが、おのおのは、位置、声調、立ち居振舞いなど、ときに微細な身体性にいたるまで厳しく当事者を律する。本章では、とくにこの規制的側面に着目しつつ表象情報を列挙していく。

②象徴交換

これは儀礼を通して実行された、概念・モノの授受内容である。儀礼表象の多くには、具体的なモノのやりとりがあるが、それに付帯する象徴の授受にこそ注意を向けなければならない。また、クワキウトル族などの蕩尽慣行で、財破壊の応酬が象徴的な交換行為をなすように、モノの授受を媒介せずとも、コミュニケーションによって暗示的な交換が(当事者でさえ知り得ぬ領域で)成立する事例もある。これらをふまえ、とくに本章における主題である情報授受の様態についてふれ、いかに祭礼と当事者に象徴がかかわるかを、考察する。(4)

③環境情報

儀礼についての情報には、生業状況、経済状況、個人的/社会的事件、自然条件など、さまざまな側面から、実施された時代における白鳥地区の状況が垣間見えるものがある。これを、インフォーマントからの聞取りや、その文脈、祭礼の場に残された数々の遺物などから読みとっていく。

④改変(起因与件)

歴代の各儀礼は、さまざまな環境情報によって、ときに儀礼にさまざまな改変が施され、ありようを大きく様変わりさせてさえいる。当事者たちは、儀礼情報へどのように働きかけ、どのように改変を施してきたか。原因となった与件を付して示していく。

## 各儀礼の情報的諸相

### 1　若水汲み

①表象:引き上げ伝承、汲み上げ儀式、饗応料理(赤飯・甘酒)

②象徴交換:巴波川→祭り組→住民への神気授受

③環境情報:巴波川、水利・災害の歴史

④改変(起因与件):汲み上げ所作のみ(巴波川沼沢化)、汲み手・時間変更(禁制軽減)

祭礼期日の早朝七時三〇分、若水汲みの儀礼が行なわれる。提灯を提げた先導のもと、白装束と烏帽子を身につけ、手桶・柄杓を持った汲み手が、アゲップチと呼ばれる旧巴波川の定められた場所まで赴く。かつては、川の水を汲み、神饌の赤飯の炊飯や甘酒の造酒に用いていたが、川は現在、沼沢地となっており、調理用に適さないので、汲む所作のみが行なわれ、実際には汲まれない。

若水とは、その年最初に汲み手（年男、長男、跡取りなど）が汲んだ清浄な水という意味であり、元旦早朝に井戸や川、泉で汲まれた水を指す。ネフスキーの『月と不死』には、この若水に深く関連する、沖縄県宮古島の「（若水の前型とされる）シヂミズを浴びた蛇が、脱皮する力を得て長寿となる」という伝説が収録されている（ネフスキー 1971: 8-13）。これを受けて折口信夫は、若水により一定の休止を経て復活し、外来威力を得る者を「神霊に憑依されて人格を変え霊感を発揮しうる者」とした（折口 1955: 126-130）。そして、彼らの代替わりは先代の死による交代ではなく、同一人格が休止・禁遏状態を経て新生することとされている、と結論づけた。人々もその新生の力にあやかろうと、一掬いの常世の水を得ようと努力してきたのだという。すなわち、若水信仰は、独特の不死概念を基底としており、神事を執り行なう者の継承概念を孕んでいるのである。

本祭礼における若水汲みも、若水を体内に取り入れることに重きがおかれていた。祭り組は聖地・アゲップチから神気を帯びた若水を拝受し、住民へ赤飯・甘酒として授けるという象徴的授受を行ない、五穀豊穣、子孫繁栄を祈るという。

若水汲みはまた、白鳥の人々に象徴的加護を授ける役割を頭屋に与えるという意味も帯びている。竹沢尚一郎は、権威と象徴との関係について、次のように述べている。

> 権威をもつとは、他者に象徴を与える能力を意味する。そして他者に象徴を与えることができるようになるためには、まず自分がしかるべき象徴を受けとっていなくてはならないということである（竹沢 1987: 293）。

すでに先代との引き継ぎによって権威をもった頭屋が、若水を授けるからこそ、住民は神気を得た者として象徴づけられる。頭屋制という、祭祀執行者を次々と継承させていく制度においては、権威がつねに頭屋のもとに収斂しなければならない。そのために、頭屋には各儀礼について重い責任が課されるが、若水の授受は、頭屋を「すでに得た神気を住民に授ける者」とし、住民に再認識させる操作なのである。

調査過程で若水汲みについて聞取りをしたさい、よく出た話題は、巴波川に関する歴史であった。「洪水被害にあい、頭屋を引き受けられなかった家もあった」、「土地改良で洪水はなくなったが、巴波川は沼になってしまっている」といった白鳥地区と本祭礼の沿革についての情報も聞くことができた。巴波川が沼沢化したのちでも、若水汲みという儀礼は、生業や経済、交通など、住民が体験したさまざまな生活情報を集積しており、地区の歴史を再現前化させるものとしてである。だが、現在の儀礼では、汲み上げの所作だけとなっただけでなく、負担軽減のため、汲み手も頭屋ではなくなり、行事時間も深夜から早朝に変更された（図3、4）。しかし、それでも白鳥地区の人々が儀礼のかたちを再現するのは、巴波川の記録を媒体するものとしての価値をそこに見いだしているからだろう。

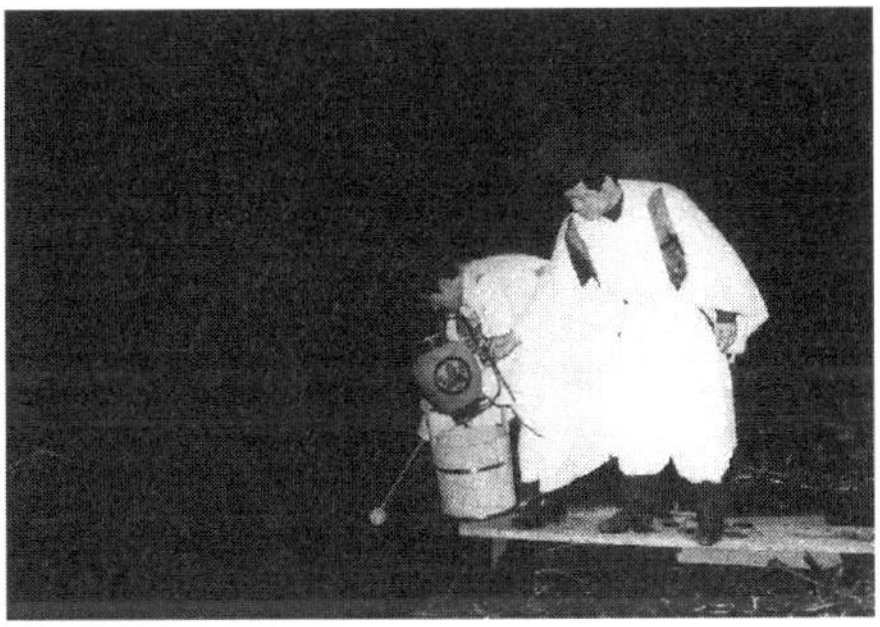

**図3**　1992年以前の若水汲み（深夜行事。汲み上げも実行されていた。「白鳥八幡宮の祭礼について」〔小川1989: 17〕より）

**図4**　2008年（調査年）時点における若水汲み（朝に実行。沼沢化が深刻になり，汲み上げは所作のみ）

### 2　大祭の儀

①表象：日の出行列、神饌料理、献饌・撤饌（奏上祝詞・組長祈

願詞）、饗応料理（赤飯・甘酒・カタ菓子）
②象徴交換：献饌・撤饌の神人交流、住民への饗応
③環境情報：食文化、巴波川
④改変（起因与件）：神饌調達法（巴波川沼沢化）、礼服化（負担軽減・合理化）

大祭の儀に先立って行なわれる日の出行列（図5）は、祭礼ではじめて祭り組が参拝者の前に表立つ儀礼であり、朝九時半ごろ、祭具・供物を持つ人々二二名が行列をなし、ふれ太鼓の音に合わせて行進するという、派手やかな行事である。この行列では、宮司や氏子らが参加し、さらに膳や鬼面、若水桶といった物的情報が参列者の持ち物として登場している。それは、いわば祭礼体系の視覚化としての意味も帯びているのである。

**図5**　日の出行列

**図6**　神饌（一の膳, 二の膳）

大祭の儀は、白鳥八幡宮に祀られる八幡神との交歓の儀礼であり、それだけに、儀礼過程に多くの規範が存在する。拝殿に宮司、氏子総代、各膳担当者が決められた座順で並んだところで、大祭の儀が始まる。宮司が本殿の扉を開け、続けて鍵、本幣、三幣が奉納される。祝詞を詠んだあと、当年の一の膳担当者が組長祈願詞を詠む。そして神饌を奉納する献饌の儀、回収する撤饌の儀が行なわれ、儀は終わる。

神饌（図6）は、過去の祭礼を写したVTRなどを担当者が互いに参照し、あれこれ議論しながら、古型をまねてつくられる。赤飯・木綿豆腐・人参・生鮒二匹（左向き・鮒の目に半紙を貼る）、甘酒・清酒と、地域色の

強い食材が決められており、輪中地帯独自の食文化がうかがえる。しかし、「以前はそこかしこでとれた」とされる鮒も、現在では巴波川の沼沢化の影響で獲ることはできない。遠方から調達したものを用いているという。ここでも若水汲みと同様に、地区の環境変化にもかかわらず、儀礼のコードが確固として存立し続けているという構図がある。神饌もまた、白鳥地区における記憶を集積する媒体としての価値を見いだされているのである。このような人々の生活史の象徴ともいえる神饌が、八幡神に献じられるということは、神との強い精神的紐帯を創り出すことであるとともに、人々が懐く神に対する想像をも白鳥地区における生活情報の所在とする操作でもあるのだろう。

神饌が取り下げられたあとは祭り組が、赤飯、甘酒、カタ菓子によって、参拝者を饗応する。いうまでもなく赤飯・甘酒の振舞いは、祭り組と参拝者とが若水の神気、すなわち神との紐帯の象徴を授受することを意味し、両者を関係づける。神人共食を介して、象徴交換がされるわけである。

**図7**　鬼面射弓（2008年）

### 3　鬼面射弓

①表象：祭り組による射弓、参拝者による射弓
②象徴交換：射当てた者へ弓矢の授与（的射共有）、祓禍・豊作予祝祈願
③環境情報：戦争、白鳥地区の動勢、祭礼の動勢
④改変（起因与件）：鬼面構成（毎年更新）、戦勝祈願（戦時）

大祭の儀の直後、鬼面射弓が開始される（図7）。まず、頭屋、二の膳、三の膳が、拝殿入り口に鬼面を吊るし、拝殿から外へ向かって矢を放つ。この三者による射弓は必ず外すものとされている。インフォーマントによると、「すでに三者は宮司によって清められているため、当てる必要もない」とい

うことである。拝殿内での射弓が終わると、鬼面を鳥居の国旗用のポールに吊るしておく。その後は一般参加者による鬼面射弓が実施され、子供たち・地区の大人たちも弓を射る。鬼面の目を見事に射抜けば、魔除けに弓矢を持ち帰ることができるという。

射弓をともなう民俗行事は、ビシャ（歩射）などとして全国にみられるが、一般的に年初めの除魔厄除けと吉凶を占う予祝として行なわれるものとされる。本祭礼での特徴である、頭屋らの「外し」がもともと何を意味していたかは不明だが、的に当てることによって、白鳥地区全体の安寧を呪術的に祈願するということよりも、参拝者おのおのが利益に与るべく、射倖的・遊興的な悦びを共有するということに、意味があると考えられる。

この鬼面射弓は、祭礼においてもっともスペクタクル性の高い儀礼といえる。白鳥の人々は、「ほかに娯楽があまりなかった村の人々にとって冬の一番の楽しみだった」、「昔の祭はいまの祭よりもずっとにぎわっていた」、「この祭は奇祭である」などと語っていた。過去の儀礼に威信を感じていること、儀礼の伝統にかかわってきた矜恃をもっていることがうかがえる。

また、戦時中に「戦勝と生還を祈願して射弓した」といわれるように、鬼面射弓は、武神としての八幡神にあやかる行事ともされてきた。八幡神は、中世に武神として各地へと勧請されていたが、宮地直一は、武士が姿を消した集落の八幡宮は、武神としての性格を失っていく傾向があるとしている（宮地 1946）。しかし、白鳥八幡宮拝殿に掲げられた多数の扁額が示すように、戦時の白鳥地区の人々は八幡宮と古式祭礼を、武運長久の願いを託す対象としてみてきたことがわかる。宮地は次のようにも述べている。

> これを要するに、八幡神は時代の最も有力なる原動力と結び、常に時勢に應じてその信仰を変更するを怠らざりし結果、その発達最も活発にして、随ってその信仰最も多方面に亙り、神社として最も華々しき閲歴を有せる神たるに至れり。（同：280）

白鳥八幡宮は、八幡信仰の閲歴をそのまま表わすように、ときに信仰・祈願内容が読み換えられるという、祭礼の意義を大きく変貌させるまでの余地を残して、受け容れられていたといえるだろう。

### 4　受け取り渡しの儀

①表象：神像・神号掛け軸と文書引き渡し、共食儀礼
②象徴交換：主宰継承、次年度祭り組への饗応
③環境情報：祭祀組織の秩序構成、地位階梯
④改変（起因与件）：場を当番ヤドから拝殿に変更、料理外注・厳選、公開（禁制軽減）

受け取り渡しの儀では、当年と次年度との祭り組が、主宰の引き継ぎを執り行なう。頭屋と次年度頭屋とが主体となり、祭礼執行にかかわる品目を三度互いに引き寄せあったうえで受け渡す。品目は、神像掛け軸、神号掛け軸という、引き上げ伝承を象徴するものと、典礼情報が凝縮された目録類一式である。これら祭礼を再生産するための情報は、こうした演劇的な所作と象徴物をともなって伝達・継承されるが、むろんそれは祭礼や祭具自体のみならず、それに直接与る頭屋と祭り組の特権や聖性を表象する仕掛けともいえる。

白鳥古式祭礼における頭屋は、資格（①既婚男性、②饗応する屋敷と経済力、③親族に不幸がない）を満たすことで役目を請け負うことができる。しかも、頭屋の順番は前もって決められており、調査年度の平成二〇年（二〇〇八）の段階で、平成三一年（二〇一九）までの、頭屋候補の所帯があらかじめリスト化され、氏子たちに頭屋を引き受けるための準備と覚悟を強いる。つまり、このリストによって予示される白鳥の頭屋制とは、たんなる祭祀運営の手法としてのみあるのではなく、氏子たちに、①親族的、②経済（職能）的、③呪術的な規制を課すものであり、白鳥地区の村落秩序として機能するものでもあるのだ。

しかし、こうした頭屋制祭祀の重要儀礼である受け取り渡しの儀は、平成一一年（一九九九）を境に大きく変わった。受け取り渡しのあとで行なわれる直会の料理品目が略儀化され、これにともない、平成一五年には儀礼の場が当番ヤドから神社の集落センターに移ったのである。理由は当年と翌年の祭り組を、直会として饗応しなければならない家人の労力と経済的負担だったという。改訂以前は「料理がすごくて、見たこともないお吸い物やらなにやらたくさん出てきた」といわれるほど、非常に多品目で過剰な饗応であった（小山市史編さん委員会 1978：597-598）。

また、饗応の席では前年より盛大にと気負い、会衆を残らず酔い潰そうとしていたという。まさに頭屋の面目や賞讃と引き換えの、対抗的・競覇的贈答慣行の典型であった。現在は、そうした蕩尽性は抑えられており、料理も「えび大根、きんぴら、煮豆」のみが選ばれ、目録文書に定式化されている。調査時の饗応も拝殿内で行なわれることで、和やかながら、厳かな雰囲気を醸していた。

以上のように、白鳥地区古式祭礼における主要儀礼をコード化し記述してきたが、実にさまざまな情報を示標するものであり、その祭礼に対する人々の遵奉・改変の様式も、きわめて多様なものであった。さまざまな環境変化が生じたとしても、頑なに維持される要素があり、ときに枠組みが大きく改変されても、微細な儀礼要素については残される場合さえある。以下では、この祭礼における儀礼の変容相を、動態的な情報の生成過程としてまとめる。

### 編集される儀礼情報

まず、個々の儀礼をみていくと、巴波川を中心とした特定のモチーフを、自分たちに関連づけられる情報の在り処としていく構図をみることができる。これは、若水汲みや神饌に、巴波川の環境情報が盛り込まれていることに見受けられるが、とくに近年の住民たちによる饗応料理の新たな定式化は、彼らの食文化の伝統を「白鳥地区の代表的直会料理」として特徴づけ、自分たちの祭礼へ収斂させる操作であったといえる。

巴波川は、古式祭礼において儀礼の中心的主題に用いられており、継続の過程で、その都度、白鳥地区の人々のもつ情知、価値観が付託されていた。それは、苛酷な水害と肥沃な土壌を同時にもたらす、畏敬すべき対象への表象・解釈行為であり、（祓禊儀礼などで）対処できる対象とする象徴的転換でもあったのだろう。白鳥地区の人々にとって、体験的・特定的・地域的な事象は、祭礼を性格づけるものとして儀礼要素へと昇華させられたのである。こうした営為は、一連の情報を伝達や活用のために、一定の体系にもとづいて変換する操作、すなわち、「エンコード」（符号化 encode）と表わすべきもので、祭礼が歴史的体系をなすための記号的操作といえるだろう。

白鳥地区をめぐる民俗情報は、若水汲み・神饌・饗応料理などの儀礼へとエンコードされ、このとき、象徴的価値が付加されたうえで整然と儀礼に盛り込まれ、以後、祭礼の実行は、静態的な儀礼に則って、実践を重ね、反復されるものとなる。そしてこれは、巴波川が沼沢化という、聖性の根拠の喪失といえるような状況に陥っても、住民に若水汲みの敢行や、神饌における鮒料理など、「虚礼化した」ともいえる要素を堅守させるまでに強力に律するものとなりえている。

また、儀礼に対する操作は、定式化・歴史化を企図するものだけではなく、すでに組織だった儀礼の構成を見直そうとするものもある。たとえば、戦時期の白鳥地区では、本来の豊作予祝・祓禊を祈願する本祭礼が、戦勝・生還祈願へと読み換えられた。また、近年施された祭礼改変では、祭り組の労力負担を軽減させる措置によって、祭礼の外貌が大きく変えられた。住民の生活形態の変化によって、家宅における長期間の祭礼準備などの、旧態の遂行形式は維持が困難になったためである。当番ヤドが集落センターに代替され、オクリ行事などのいくつかの過程が〝略儀化され〟、規定の礼装・日程なども大きく変更された。構築されてきた儀礼の定式は、現代の住民にとって合理的なものに転換すべく、切り崩されたのである。このような営為は、すでにエンコードされ、体系づけられた情報を生《き》の情報へと戻す操作、すなわち、「デコード」（復号 decode）として表わすことができる。すでに定立した儀礼の体系を読み換え、再度人々の更新された価値観、情知を取り入れることで、ふたたび動態的にとらえなおされる。多くの民俗研究者が、民俗における頭屋制祭祀の衰退を唱えるように、白鳥地区における祭礼変容も、衰退の一事例といえるかもしれない。しかし、この変容は、たんに儀礼表象を自分たちをとりまく環境与件とつきあわせて縮小させるのではなく、エンコードされた祭礼情報を読み返し、古型の意義を尊重しつつ、非本来的な改変を施す、「文化の再解釈・再編集」の営為なのである。変化した要素は、運営法・構造にかかわるものであり、巴波川などの祭礼の主題自体にかかわる文脈や象徴授受にかかわる部分は、できるかぎり残そうとされている。この再解釈・再編集と儀礼要素の精選を経て、現代の白鳥地区におけるエスノポール（民俗的立脚点）が確認できるのである。

この祭礼は、頭屋制によって厳粛に相伝されるのみではなく、戦争や天災、土地改良などの大規模政策、経済産業の構造変化などにあって、さまざまな「異質性」・「雑種性」を包含するかたちで再生産されたものとして存続している。それだけに多様な価値観が介在し、そこに（仮想的な）「正統性」がどれほど担保されているかは論じ得ない。しかし、白鳥の人々は、エンコード／デコードによる操作を儀礼に施し、そのエスノポールをたえず自問して確立することで、その都度、あるべき祭礼のあり方を模索し、構築してきた。白鳥地区の頭屋制が、祭祀主宰の特権を村人で勝ち取り、共有したものであったという歴史的経緯を再度なぞるかのように、白鳥の人々は儀礼概念を操作しつつ、この地の民俗情報を共有し、自文化の特質をたしかめているのである。

## 儀礼における文化の規制力

そして、祭礼にかかわるすべての人々自身もまた、このように情報を編集された儀礼をもとに整序・分化されつつ、意味づけられてきた。高い示標性をもつ文化事象は、それ自体が自己表現系であることは先述したが、本章の事例においては儀礼自体が規制力をもち、人々を強く律していたといえる。とくに、執行者らが少なからぬ労力・経済力負担を負うにもかかわらず、またさまざまな本来的な意義を喪失しつつあるにもかかわらず、祭礼を存続させていることは意義深い。また、儀礼内容においても、「日の出行列や組座順のような明示的な整序」、「儀礼に幾通りも仕組まれた厳粛な象徴交換による社会的差異化」、「頭屋輪番を示したリストによる成員連帯の示唆」などで住民を執拗に規制していた。なぜなら、いまやこの祭礼が、近親者たちや村人同士の結合、経済的・社会的活性効果、メディアや地方自治体による価値づけ、若者の通過儀礼、集団的帰属意識など、村を支え、活性化する文化装置としての役割を担っているからにほかならない。この祭礼は、「白鳥地区古式祭礼」と銘打たれていたことが示すように、伝統的古型が客体化され構築されていたが（前川 1997：617-622）、その都度さまざまな社会的価値が見込まれて自律性が保持されていたものなのである。

## 6　文化変容への生成的解釈

本章は、あくまでひとつのケーススタディにおける方法論を提示したものであるが、「頭屋制祭祀」という変容著しい行事の実際を通して、ひとつの民俗事例がいかに当該地域の動態的情報を表わすものであるか——「示標」するものであるか——を示し、文化変容の情報的側面からの解釈を試みてきた。

それぞれの儀礼には、かつての白鳥地区の人々の記憶が、巴波川を象徴として多分に盛り込まれ、祭礼を意味づけており、とくに、モチーフである祭具・場・食などは、社会的実情から変容を求められても、祭礼体系や聖性維持に優先して堅守されてきた。文化変容についての記述において、一口に「民俗行事の変化や連続」、「維持や変更」などとして扱われる問題の水面下には、つねに当該地域にまつわる民俗情報が複雑に交錯していることをとらえなければならない。この祭礼においても、祭具・場・食といった情報が集団的操作にさらされ、各年における儀礼執行は、必ずしも計画的に構築されるわけではなく、あくまで〝一回性〟のものとして生成的に行なわれていた。一見、例年と同じ儀礼手順であっても、その文脈はその年の環境によって敏感に摂動しており、次代の再生産のためには、多様なアクターからのたえまない情報の再表象と再解釈を要する。伝統行事とは、その一側面を維持すべく、他の多くの生活環境にかかわる要件について人々が葛藤・対処していく実践そのものであり、非常に動的な営為としてとらえなおすこともできる。

社会に定着した文化は、だれしもそれを疑い得ないような実体性を獲得し、しばしばブラックボックス化する（上野・土橋 2006）。だが、そこには臨機応変性に満ちた交渉過程を内包しているはずであり、その可視化こそが文化変容を対象化した人類学研究の要諦といえるだろう。

**注**

（1）本章で取り上げる事例の詳細については、松田俊介「祭礼をめぐる情報の表象と解釈」（『生活学論叢』第一四巻）においてまとめている。本章はこの事例について、情報をめぐる文化変容の視座から再検討したものである。

（2）船運の開始時期は、慶長・元和期（一五九六―一六二三）とされ、一七世紀なかばには巴波川が商業発達の要路となる。同時期の農民と漁師、船問屋による水利をめぐる対立の紛争資料も残っている（小山市史編さん委員会 1982: 399, 1986: 310）。

（3）慶応元年（一八六五）の「村差出明細帳」によると、「川付地窪村にて水損場ニ御座候」とあるように、著しく水害の危険にさらされている地域であったことがうかがえる（小山市史編さん委員会 1987: 182）。

（4）多くの儀礼事例にある、具体的なモノのやりとりに付帯した情報授受慣行（モース 1974）や、蕩尽慣行事例にある、モノを媒介せずともコミュニケーション（財破壊の応酬など）によって暗示的交換を成立させる授受慣行（ボードリヤール 1979）などの研究に倣うこととする。

# 9章　薬剤と顕微鏡――ガーナ南部における疾病概念とモノの布置

浜田明範

人類学をはじめとする人文・社会科学において、サブサハラ・アフリカ（アフリカ大陸のサハラ砂漠以南の地域）における生物医療はその「外部性」によって特徴づけられてきた。なかでも、科学性や新奇性と結び付けられやすい抗生物質やビタミン剤などの薬剤は、外部から当該地域に持ち込まれたものとして常に扱われてきた（ドイアル 1990; Bierlich 1999）。例えば、サブサハラ・アフリカにおける薬剤は、文化と生物医療のハイブリッドとして繰り返し言及されてきている。[1] すなわち、薬剤はもともと文化の外部にあったが今やその内部にある、あるいは、薬剤は本来的に生物医療に属しているが、その意味は文化に属しているというのである（Bledsoe and Goubaud 1988: 264-265; Senah 1994: 91-92）。

このような形で薬剤のハイブリッド性を強調することは、薬剤が本来的に現地社会の外部からやってきたこと、薬剤が生物医学と分かち難く結びついていることを強調することと同義である。しかし、サブサハラ・アフリカに薬剤が普及してから三十年余りの時が経過した現在においても、「薬草＝伝統医療＝内部 :: 薬剤＝生物医療＝外部」という図式を維持しうるのだろうか。まだ維持できるとするならば、それはいつまで可能なのだろうか。私たちは、非西洋社会における薬剤を位置づけるための新しい分析枠組みを必要としているのではないだろうか。

この問いは、フィールドワークという調査方法に根差したものでもある。二〇〇五年からガーナ南部の農村地帯の医療状況について調査してきた筆者は、薬剤の存在しない「純粋な」現地社会を想定することの困難さに、比較的早い段階で気づいていた。ケミカルセラーと呼ばれるガーナ特有の薬屋では、日々、一八歳以上の人口の八パーセントが薬剤を購入しており（浜田 2008）、薬剤の存在なしには人々の生活はまったく異なるものになるように思えたのである。

サブサハラ・アフリカにおける薬剤や生物医療をその外部性によって特徴づけることができないのだとすれば、私たちはそれをどのように捉えればいいのだろうか。本章ではこの問いに応えるために、アンマリー・モルの「実践誌」（praxiography）アプローチを援用しながら、「フラエ」（*hurae*）という病気が取り扱われる複数の様式を並置していく。この作業により、外部から持ち込まれた攪乱要因として扱われてきた薬剤によってこそ、人々の生活や単語の意味が構築されていることを明らかにし、ハイブリッドを描くための新しい方法を提示することが本章の目的である。

## 1　モルの実践誌アプローチとその意味論への応用可能性

アクター・ネットワーク・セオリーの主要な論者の一人であるモルは、オランダの大学病院におけるアテローム性動脈硬化の複数性についての主著のなかで、彼女が「実践誌」と呼ぶ方法を用いている（Mol 2002）。モルのアプローチの要点は〈存在〉を〈行為〉と不可分のものと捉える点にある。私たちは、アテローム性動脈硬化がどのようなものかを知るために医学書を紐解くこともできる。だが、モルはそうしない。アテローム性動脈硬化の存在の同定がどのような行為やモノによって可能になっているのかを丹念に追っていく。この作業を通じて、一つの大学病院のなかに複数のアテローム性動脈硬化が異なる様式で存在している様子を描くことがモルの目的であり、そのために行為とモノの連なりを記述していくことがモルの言うところの実践誌アプローチである。

具体的にはどういうことか。診察室では、アテローム性動脈硬化の存在は、歩行時の痛みの有無や歩行可能距離、拍動の異常によって確かめられる。ここでは、動脈内部にどの程度カルシウムが付着しているのか、それによってどの程度血圧が減退しているのかは確かめようがなく、結果として問題にされない。問題になるのは、もっぱら歩行に関する患者自身の訴えや歩行可能距離である。他方で、検査室では、アテローム性動脈硬化は腕と足首の血圧の差によって確かめられる。ここでは、動脈硬化は患者の歩行によって確認されるわけではない。それは、もっぱら血流の速度によって特定されている。つまり、それぞれの場所には、別々の方法で確認され、別々の特徴（痛みの存在や血流速度の低下）をもつ動脈硬化が存在しているのである（Mol 2002: 53-85）[2]。このようにして、一つの病院のなかに複数の動脈硬化が存在していることを明らかにした上で、それぞれの動脈硬化の間の関係がどのように調整されているのかを記述することがモルの企図である[3]。

本章ではこのモルのアプローチを意味論に援用することで、ガーナ南部における「フフエ」という概念を翻訳しようと試みる。このことは、奇異な印象を与えるかもしれない。モルが〈存在〉の複数性を明らかにしようとしていたのに対し、ここでは単語の〈意味〉の複数性を明らかにしようとしているからである。モルの最も重要な論点の一つが疾病と病いの二分法を乗り越えることであったことに鑑みれば、〈存在〉について取り扱わずに言葉の〈意味〉にのみ焦点を当てる筆者のアプローチはモルが仮想敵とするやり方そのものともいえる。しかしモルが、動脈硬化という単語が複数の存在を一つにまとめ上げる効果を持つことに言及するとき（Mol 2002: 117）、彼女の議論の対象が結局のところ〈知識を含みこんだ存在〉なのか、〈存在を含みこんだ知識〉なのかは再び曖昧化されているようにみえる。ならば、前者を検討する立場から後者のみを取り扱うことを批判するモルの正当性を再検討する余地もあるだろう。

それでは、このような差異があるにもかかわらず、実践誌アプローチを採用する意義はどこにあるのだろうか。それは、従来の知識偏重アプローチ、つまり行為と結び付いていない知識を想定したアプローチの抱える問題を乗り越えるためである。

ハイブリッド化が進んでいる西アフリカの医療について、知識偏重アプローチの困難を古くから指摘していたのがマリー・ラストである。ナイジェリア北部の中規模都市、マルンファシの医療状況について調査したラストは、当該地域において医療に関する知識が共有されていないことを指摘し、その背景に病者や治療者の「知ろうとしない」態度があることを明らかにしている（Last 2007）。

ラストによると、マルンファシには異なる時期に導入された三つの医療がある。ハウサの伝統的な医療とイスラムの医療、生物医療の三つである。その上で、すぐさまラストは伝統的な医療をシステムと考えることを否定する。伝統的な医療には、（一）治療に関する一貫した理論を共有している集団がなく、（二）治療を利用する人々も治療者に集合的な一貫性を求めておらず、（三）治療者の間にすら一貫した用語が存在しない、という三つの理由から、首尾一貫した医療理論の構築が事実上不可能だからである（Last 2007: 5-8）。

このような状況が維持される背景にあるのが、秘密と疑念の二つだとラストはいう。治療者は商売上の秘密を守るために自分のやり方について多くを語らない。同時に、病者も親しい親族を除いては病気について言及しない。病気について話すことは自分の弱点を晒すことであり、妖術師に付け入る隙を与えることになるからだ。同時に、憑依や治療に対する疑念――いかさまなのではないかという疑念――がマルンファシでは一般的になっている。そのため、病者は治療者に処方された薬を飲まなかったり、次々と治療者を変えたりする。治療者を疑いながらも治ることを求める病者が、評判のいい万能薬や新しいタイプの治療のやり方に飛びつくことで、治療の流行り廃りが繰り返される。治療者にしても、商売上の秘密によって守られているために、さほど熟練していない新しいタイプの治療にいつでも鞍替えすることができる。このような状況では、誰もが医療に関する断片的な知識しか持っておらず、病気についての理解は常に暫定的なものとなる（Last 2007: 8-11）。

ここでは、治療者の秘密主義、妖術への恐怖、都市化にともなう個人化、治療者への疑念、多様なバックボーンをもつ治療の存在が相互に絡まり合うことによって、一つの医療行為や医療用語についての複数の見解が共存する状況が作り出されている。ならば、個々の医療用語の意味を互いに首尾一貫するように確定していくことは、困難なだけでなく単純に無意味なようにもみえる。

だが、私たちは、複数の意味をもった医療用語の存在様式を探求することをあきらめる必要まではないだろう。一つの医療用語が複数の意味をもちうるならば、そこにはどのような偏差があり、その偏差は何に由来しているのか。当該地域に存在する医療に関する知識のあり様を丹念に追っていくことは、人々の生活を理解するための作業として無駄ではないはずである。その際にヒントとなるのがモルの実践誌アプローチ、つまり「フラエ」と名指される対象がそれぞれの場面でどのように取り扱われ、どのような行為を誘発しているのかを追っていくやり方である。以下、ガーナ南部の田舎町であるプランカシの事例をもとにこの試みを実践していこう。

## 2　「フラエ」の語られ方

まずは、「フラエ」がどのように語られるのかをいくつかの会話文を用いて示すことで、フラエの意味を確定する作業の困難さを確認しておこう。

**会話1**（アコスヤ　四〇代女性、農業と商業と針子）

アキ　フラエって何？

アコスヤ　フラエは病気、ひどい病気だ。もしフラエになったら口の中が苦くなり、だるくなり、関節が痛くなる。おしっこをすると黄色くなる。それはひどい病気だ。それは人を動けなくしうるし、あなたはとてもだるくなるし、ご飯はまずくなる。ときには、吐くこともあるほどだるくなる。あなたとそれ（フラエ）が病院に行ったら、薬をもらうことができる。

フラエの原因は蚊とブッシュ（薮）だ。もし蚊がマラリアを持っている人を噛んだならば、他の人を噛んだらその人もそれになる。また、ブッシュは蚊を増やす。だから、蚊が中にいる缶を拾って、草を刈らなければいけない。また、よどんだ水も噛まれたらマラリアになる蚊を増やす。

ここでは、フラエは何かという私（アキ）の質問に対し、アコスヤは「フラエ＝マラリア」という図式にもとづいて話をしている。このことは、アコスヤが途中から「フラエ」ではなく、「マラリア」という単語を用いて説明を継続していることからもわかる。前記のような説明を聞き、看護師もマラリアに対応するチュイ語としてフラエを使用していたことから、当初、私はフラエとはマラリアのことだと思っていた。しかし、事態がより複雑であることは、他の人と同様の会話を続けることで次第に明らかになっていった。

**会話2**（アジョワ　四〇代女性、中学校教師）
アキ　フラエって何？
アジョワ　フラエは風邪（fever）だが、私たちはチュイ語でそれを「エブンがそれを捕えている（*ebun akyi no*）」と呼ぶ。
アキ　フラエとエブンは同じ？
アジョワ　うん。同じ。
アキ　フラエになったらどうするの？
アジョワ　病院に行く。それか、クロロキンやパラセタモールといった薬を買うこともできる。

**会話3**（アマ　五〇代女性、農業）

アキ　フラエって何？
アマ　フラエはエブン。いま私たちが話しているのをエブンと呼ぶ。
アキ　フラエとエブンは同じ？
アマ　同じ。それにフラエニンは黄疸（jaundice）。エブンは英語ではなくチュイ語で、風邪（fever）が英語。
アキ　フラエになったら、どうするの？
アマ　薬を飲んだり、病院に行ってもいいいし、薬草を摘みに行ってもいい。
アキ　どんな薬を飲むの？
アマ　エブンならば病院に行く。それが大きくなければ、薬屋で薬を買う。カファジン（解熱鎮痛剤の配合薬）を買う。それか、注射を打ちにいく。

**会話4**（エクヤ　四〇代女性、商業）
アキ　マラリアはエブンだって言った？
エクヤ　違う。マラリアはあなたの眼を黄色にすることがある。黄疸がエブンだ。
アキ　フラエニンは何？
エクヤ　フラエニンはひどい熱（high fever）だ。フラエニンの「ニン」は「ひどい」という意味なので、フラエニンはひどい熱だ。

これらの会話からは、フラエが単純にマラリアのことを指すのではなく風邪とも英訳されうること、また、エブンやフラエニンといったチュイ語の他の単語と関連するものとして使われていることがわかる。会話2では、フラエとエブンは同じだとされる。会話3でも、フラエとエブンは同じだとされるが、それらとは微妙に異なる意味を持つフラエニンという単語の存在が告げられる。しかし、ここではフラエとエブンが風邪とマラリアのどちらに近い意味を持つのかを読みとることは困難である。また、会話4ではフラエニンではなくエブンが黄疸だと説明され、会話3におけるフラエニンとエブンの説明が必ずしも共有されていないことを示している。

無理を承知で人々の語りを首尾一貫するように編集するならば、後にインフォーマントの一人であるアジョワと整理することによって得られた次のような説明が可能かもしれない。すなわち、「フラエとは風邪のことであり、フラエニンはひどい風邪であり、エブンは白目に黄疸が出た状態のことである。それらは必ずしもマラリアとは限らない」。しかし、三つの単語をこのような形で明確に区別して使用している者はどこにもいない。つまり、このような整理を正当なものとして採用すると、すべての人がフラエやエブンという言葉を誤用していることになってしまう。アジョワ自身が、過去にはそれとは異なる見解を示している（会話2）。

以上の考察から明らかになるのは、それぞれの単語が厳密な意味領域をもって使用されていると想定し、個々の単語の統一的な意味を確定しようとする試みの空虚さである。つまり、当該地域で誰かが「フラエ」という言葉を発した時に、その意味を辞書的な定義を用いて理解することはできない。むしろ、英語のマラリアや風邪や黄疸、チュイ語のエブンやフラエニンと曖昧さを孕みながら関係づけられつづけているチュイ語の単語として、フラエを理解する方がより現実を反映しているのである。

## 3 「フラエ」の扱われ方

それでは、「フラエ」という単語の意味の複数性はどのように形成され、維持されているのだろうか。フラエに関する説明のなかで、マラリアや風邪、黄疸といった疾病名が出てくることから、人びとのフラエについての理解に生物医療が無関係ではないことがわかる。同時に、これから明らかにしていくように、看護師は、フラエ＝マラリアという図式を繰り返し提示する一方で、診断の場面においては必ずしもフラエはマラリアと同一視されているわけではない。そのため、フラエの意味の複数性は、チュイ語のフラエと英語のマラリアが混じり合った結果として存在しているとは単純には言えない。フラエとマラリアのそれぞれが、そもそも複数の意味をもっているならば、意味の複数性は必ずしも両者の混ざり合いに起因するわけではないからである。以下、人々がフラエという単語とともに何をしているのかに注目しながら、この点を明らかにしていこう。

## 公衆衛生の対象としてのフラエ

高校卒業後、専門学校に三年間通った後になることができるコミュニティ・ヘルス・ナース（ＣＨＮ）は、主として村落部における公衆衛生や母子保健を担当している。彼女たちの仕事は多岐にわたるが、そのなかの一つに学校や教会、広場で行なわれる公衆衛生教育がある。ＣＨＮは、英語で書かれた教科書や専門雑誌のコピーを手元に置きながらチュイ語で話をする。つまり、公衆衛生教育においてＣＨＮは、標準化された生物医学をその場でチュイ語に翻訳する翻訳者としての役割を担っている。

この医療教育で最も頻繁に取り上げられるトピックの一つがフラエである。フラエの場合、ＣＨＮの手元にあるのはマラリアに関する情報である。そのため、フラエは蚊に刺されることによって感染する病気として説明され、蚊を培養しないように水の管理を徹底するよう促されることになる。

注目すべきは、ここで、フラエ＝マラリアという図式は行為と乖離した知識として流通しているわけではないということである。とりわけ、子供たちは蚊を培養するような缶や瓶を拾い集めることで蚊の発生を抑えようと試みたり、「あなたのコミュニティの現状を郡庁に伝えて援助を頼む手紙を書きなさい」という英語のテスト問題で、「水の管理ができていないためにマラリアが流行している」という現状について書いたりする。また、ＣＨＮの活動のかいもあって、近年、蚊帳《かや》の普及が進んでいるが、ここでもフラエは蚊を防ぐことによって感染を予防できるものとして扱われている。つまり、人々はフラエ＝マラリアという図式にもとづいて、フラエを予防するための行為をしたり、モノを配置したりしているのである。

## 風邪薬によって治るフラエ

ケミカルセラーと呼ばれるガーナ特有の薬剤商人は、高校卒業以上の学歴を有する者が専門教育を受けることなく取得できる資格で、抗生物質や注射などを除いた、解熱剤や鎮痛剤、鉄剤などの薬剤を販売することが認められている。とはいえ、実質的にはほとんどすべてのケミカルセラーが抗生物質や注射を販売しており、ケミカルセラーはお手軽に薬剤を入手できる場として多くの顧客を集めている（浜田 2008）。

ここで注目したいのは、ケミカルセラーで販売されている薬剤の種類についてである。二〇〇六年に収集した全一五九九件の取引を分析した結果、ケミカルセラーでは販売されていた薬剤の実に四七・六パーセントが風邪薬と鎮痛剤だったのに対し、抗マラリア薬を含む取引は全体の一・〇パーセントに留まっていた。

フラエは、当該地域において最も頻繁に体調不良の原因として挙げられる病気である。また、先に引用した会話2や会話3で示されていたとおり、フラエに罹った場合、人々はケミカルセラーで薬剤を買うという。そうであるならば、ケミカルセラーにおいて、フラエは、もっぱら鎮痛剤や風邪薬が効果を及ぼすような病気として扱われており、抗マラリア薬が効くような病気として扱われていることは稀だといえよう。つまり、ケミカルセラーにおけるフラエは、公衆衛生の対象としてのフラエとは異なる特徴をもつものとして取り扱われているのである。

## 処方の対象としてのフラエ

プランカシにあるヘルスセンター（プランカシＨＣ）においても、公衆衛生教育と同様に、看護師と患者のやりとりは基本的にチュイ語で行なわれている。そのため、患者に「あなたの病気はフラエです」と告げながら、カルテにマラリアという診断名が書きこまれることは頻繁に見られる。一見すると、ここでもフラエ＝マラリアという図式は維持されているように見える。しかし、ヘルスセンターにおけるフラエは教科書的なマラリアとは異なる取扱いを受けている。

まず、当該地域のヘルスセンターの診断には、「マラリア／気道感染」(malaria/RTI) という診断名が頻繁に登場する。気道感染 (respiratory tract infection) とは、風邪やインフルエンザのことである。例えば、二〇〇七年九月に診察を受けた全患者の八七・三パーセントがマラリアと診断され、二五・八パーセントが「マラリア／気道感染」と診断されている（表1）。

**表1**　マラリア/RTI 診断率（2007）

| | Sep-07 |
|---|---|
| 初診患者数 | 411 |
| マラリア患者数 | 359（87.3%） |
| マラリア/RTI 患者数 | 106（25.8%） |
| 非マラリア RTI 患者数 | 3（0.7%） |

**表2**　プランカシ HC 処方状況（2004-2006）

| | Jan-04 | Jan-05 | Jan-06 |
|---|---|---|---|
| 抗生物質処方率 | 77% | 80% | 90% |
| 抗マラリア薬処方率 | 83% | 77% | 69% |
| 抗生物質／抗マラリア薬同時処方率 | 63% | 57% | 58% |
| 同時処方数／抗マラリア薬処方数 | 75.9% | 74.0% | 84.1% |

この「マラリア／気道感染」という診断名は、カルテの他の記入の仕方、たとえば「マラリア／リューマチ」という表記からもわかるように、「マラリアと気道感染」に罹っているということを意味している。しかし、チュイ語にはマラリアと気道感染を選り分けるのに適した単語は存在しておらず、「マラリア」の患者も「マラリア／気道感染」の患者も、自分の病気をフラエだと認識している。このことから、プランカシＨＣにおけるフラエは、公衆衛生においてマラリアと同一視されているフラエとも、ケミカルセラーにおいて風邪薬で治療されるフラエとも違う「何か」、いうなれば両者を含みこみ得るような単語として使用されていることがわかる。

ここでもフラエは単なる言葉として存在している訳ではない。フラエが病気である以上、治療行為を伴うことになる。それでは、プランカシＨＣにおいて、フラエはどのように対処されているのだろうか。二〇〇四年からの三年間のそれぞれの一月を比較してみるとわかるように、多少の差異はあるものの、抗マラリア薬を処方された患者の七五パーセント近くが同時に抗生物質も処方されていることがわかる（表2）。このデータからは、必ずしもマラリアやフラエに対して抗マラリア薬や抗生物質が処方されたのかはわからない。だが、プランカシHCではマラリアと診断される患者の割合が極めて高い（表1では八七・三パーセント）ことから、抗マラリア薬を投与されている患者の多くがマラリアと診断されていると推測してもかまわないだろう。プランカシHCはフラエに感染していると認識している患者に対し、抗マラリア薬と抗生物質が同時に処方される確率が高いという特徴をもっている。つまり、プランカシHCでは、フラエは抗マラリア薬と抗生物質によって対処できる病気として扱われているといえよう。

ここで注意を喚起しておきたいのは、ガーナ政府の報告書（GOG 2002）が行なっているように、プランカシHCにおける処方状況を「非合理的」と批判する意図は筆者にはないということである。このような診断状況・処方状況が必ずしも理想的でないことは、他ならぬ職員たちがよく理解していたからである。われわれにとって、より重要なことは、ヘルスセンターの診察室におけるフラエが、マラリアとも気道感染とも翻訳され、抗マラリア薬も抗生物質も投与されるという状況がどのように作り出されているのかを明らかにすることである。このことは、ガーナの田舎町におけるフラエの複数性の探求を、より限定された領域で行なうことでもある。まずは、プランカシHCの診察室での典型的な二つのやり取りをみてみよう。

## プランカシHCの診断プロセス

**診断1**（性別：男、年齢：五ヶ月、診断名：マラリア／気道感染、処方：抗マラリア薬／抗生物質／鎮痛消炎剤／ビタミン剤、診察時間：6: 06）

N　どこからきたの？
M　チュムスからです。
N　チュムスのどの辺？
M　オコダです。
N　オコダはチュムスの辺りにあるの？
M　ええ。
N　子供は何歳？
M　四ヶ月と三週間です。
（何歳かを三度聞く）
（沈黙）
N　問題は？
M　熱が高くて、咳をしてるの。
N　今、その病気流行ってるんだよね。
吐いた？
M　いいえ。
N　吐いてない、咳をする、熱がある。いつから？
M　昨日から。
N　何か薬を飲ませた？
M　パラ（パラセタモール）を飲ませたわ。
N　注射も打った？

M　ええ。
（沈黙）
N　なんで、保険持ってないの？
M　登録したんだけど、まだ来てないの。
（沈黙）
N　咳してる？
M　いいえ。
N　薬の方に行って、受け取って。

**診断2**（性別：男、年齢：二五歳、診断：マラリア／気道感染、処方：抗マラリア薬／抗生物質／鎮痛消炎剤／鉄剤、診察時間：5: 23）

N　問題は何？
P　腰が痛い。それと、とても寒いんだ。
N　咳は？
P　してないです。
（沈黙）
N　いつから？
P　一週間くらい前から。
（沈黙）
N　咳してるって言ったっけ？

P　いいえ。僕の病気はマラリアだと思う。

（沈黙）

N　よく眠れる？

P　少し眠れる。

（沈黙）

N　腰ね？

P　うん。

（沈黙）

N　よく眠れる？

P　うん。

（沈黙）

N　薬を受け取りに行って。薬いっぱい書いておいたから。

この二つの診断プロセスに典型的に表われているように、プランカシHCにおける診断は、（一）患者のプロフィールの確認、（二）短時間での診断、（三）カルテに書きこむ情報の収集、（四）症状と結びついた薬剤の処方、という四つのパートから構成されている。

まず、「どこから来たの？」、「何歳なの？」という患者のプロフィールに関する質問がなされる。これは、カルテと患者が同一であるかを確認する意味もあるが、より重要なのは、診断室にあるノートに「より正確な」記録をとることにある。本人の申告する年齢と患者の見た目が明らかに異なっている場合、看護師は家族の年齢を聞きながら患者の年齢を推定し、必要に応じて、HC内のすべての書類における年齢を訂正させる（一）。

つづけて、看護師は「どこが悪いの?」と質問をし、患者やその家族から訴えを聞き取る。これに対する回答を聞きながら、看護師は患者の疾病名を診断し、カルテに書き込む(二)。診断1では、「今その病気流行ってるんだよね」と診断が行なわれたことが示唆された後に、「吐いた?」という症状に関する質問がなされ、「いつから?」という質問がなされている。このことから、これらの質問はカルテに書くために必要な情報であって、病因を判断し、治療戦略を決定するために必要な情報ではないことがわかる(三)。

最後に、看護師から患者にいくつかの定型的な質問がなされる。それは、「眠れるか」、「咳が出るか」、「駆虫剤を飲んだのはいつか」という質問である。これら三つの質問は、処方する薬剤を決定する/追加するための質問である。眠れない場合は睡眠薬が、咳が出る場合は抗アレルギー剤が、駆虫剤を飲んでから三ヶ月以上経っている場合は駆虫剤が、それぞれ追加される(四)。

これまでの議論から、プランカシHCでは、規範としての生物医学の重要性が低下しており、同時に、治療に占める薬剤の役割が増大していることがわかる。特定病因論にもとづく生物医学では、症状から原因を明確にした上で、その原因を取り除く、という方法で病気に対処するのが理想的であるとされる。それに対して、プランカシHCでは、診断が極めて短時間で行なわれており、病気の原因を特定することがそれほど重要視されていないように見える。同時に、プランカシHCでは、症状と薬剤が原因を経由することなしに結びつけられている。特定病因論にもとづけば、症状は原因を経由することによって治療手段である薬剤と結び付けられる。それに対して、プランカシHCの診断プロセスの最後のパートでは、症状と薬剤が直接的に結び付けられている。ただし、プランカシHCの診療は、少なくとも短期的な治療の成否という観点からはそれほど非合理的ではない。顕微鏡がないためにマラリアの確定診断が下せない状況のなかで、治療の成功確率を最大化しようとする試みともいえるからである。

むしろ注目すべきなのは、原因や診断をさほど重要視しないにもかかわらず、診断名がつけられつづけられているという点である。これは、記録をできる限り正確につけなければならないという要請と関連している。ヘルスセンターでは、患者や病気についての情報は月毎に整理され、国家レベルでまとめられる。そのため、ヘルスセンターの仕事は、職員が認めるように、書き仕事（*tworo adwuma*）という表現が違和感なく妥当する。先の診断プロセスを一瞥しただけでも、記録をつけることへの執着の強さを感じ取ることができよう。

つまり、プランカシHCには、〈原因に対するこだわりの薄さ〉と〈にもかかわらず診断名を付けなければならない〉という二つの特徴が存在しており、これらの態度は、病気と身体と薬剤の関係性や、顕微鏡の不在や記録をつけることを要求する各種の書類といったモノの布置によって方向づけられている。プランカシHCで、フラエがマラリアの教科書的な意味とは異なる扱いを受けている背景には、これがあったのである。

## 顕微鏡検査の対象としてのフラエ

二〇〇九年五月、プランカシHCは借入れを行なうことによって検査機器を買いそろえ、検査室を整備した。これにより、プランカシHCでも、マラリアの疑いのある患者に対し、顕微鏡を用いた血液検査が行なわれるようになった。

この状況を受けて、人々の単語の使用にも微妙な変化が訪れている。ある日、会話1に登場したアコスヤが私に、「病気だ」と言ってきた。「どこが悪いの？」と尋ねた私に、アコスヤは「フラエ」と口にしかけた後に、逡巡し、「クリニックに行ったが、マラリアは無かった」と答えた。顕微鏡が導入されていなければ、アコスヤの病気は「フラエ」と一言いえば皆に了解可能なものであった。しかし、顕微鏡を用いた検査の結果、アコスヤの病気がマラリアでないことははっきりと告げられていた。しかし、マラリアではないとされたその病気について適切に表現する語彙を、この時アコスヤは持っていなかったのである。

## 4　単語の意味の複数性とモノの布置

以上、公衆衛生教育、ケミカルセラー、ヘルスセンターというそれぞれの場所で、フラエがどのような特徴をもつものとして扱われているのかを追ってきた。フラエは、公衆衛生ではマラリアの訳語として扱われ、ケミカルセラーでは風邪薬で治すものとされ、ヘルスセンターではマラリアや気道感染を包含する用語であり、抗マラリア薬や抗生物質で治るものとされていた。このような複数の特徴を持つものとして複数の場面で人々の行為を誘発し続けていることが、「フラエとは何か」という質問に対する回答の多様性を生み出していたのである。

また、ヘルスセンターの診断プロセスを追うことで明らかにしたように、それぞれの場所で、それぞれに異なる様式でフラエが取り扱われる背景には、個々の場面に特有のモノの布置がある。公衆衛生教育において、フラエ＝マラリアという図式が維持されるためには、教科書や専門書のコピーが必要であり、その図式が具体的な行為を誘発するためには対象としての空き缶や水、蚊帳が必要だった。ケミカルセラーにおけるフラエの取り扱われ方と関連しているのは風邪薬のみであるが、ケミカルセラーそのものはさまざまなモノと制度によって支えられている（浜田 2008）。

このモノの布置を構成する要素は、顕微鏡の事例から明らかなように、直ちに布置の内部に位置づけ直され、新たな様式でフラエの意味を方向づけていた。薬剤との関連で取り扱われていたフラエは、顕微鏡という新しく導入されたモノによって別様のものとして扱われるようになり、当該地域におけるフラエの意味は重層化していく。そういった、モノや言葉や制度の布置のなかで現実化する病気の複数性を丹念に追うことで、ハイブリッドと一括されてきた対象の間の微細な差異を描き出すことが可能になるであろう。

## 注

（1）人類学では、生物学の概念を援用する形で、「異質な要素によって構成されているが、一つであるもの」のことを「ハイブリッド」と呼ぶ（Kapchan and Strong 1999; 大杉 1999: 115-170; Strathern 1999: 117-135）。

（2）「何かが存在している」ことは常にその確認方法と不可分である。確認する方法がなければ、「何かが存在している」ことは誰にもわからない。同時に、ある存在の性質も、確認方法に先立ってわかっているのではなく、確認方法に依存している（確認方法がなければ、そこに存在することすらわからないものの性質について、どうして理解できよう）。存在は、常にそれがないときとの差異（痛みの有無や血流の速度）によって確認される。そのため、特定の確認方法によって明らかになるのは、「歩行中に痛みをもたらす何か」や「血流の低下をもたらす何か」であり、原理的には、複数の方法によって確認された存在が一つの何かであるという保証はない。別々の原因によって別々の現象が引き起こされているかもしれないからである。

（3）このように書くと、医師は種々の検査や問診の結果から総合的に動脈硬化という診断を行なっているのではないかという疑問を持たれる方もあるかもしれない。詳細は割愛するが、モルは複数の確認方法が齟齬をきたす事例を集めることによって、まさに総合的な判断がどのようになされるのかを問題にする。つまり、モルの重要な貢献は、「一つの動脈硬化がどのように複数の手段によって確かめられるのか」という常識的な問題設定が現実を反映しえないことを指摘し、「複数の方法によって確かめられる複数の動脈硬化がどのように一つに総合されるのか」を問うた点にある。

# 10章　食肉産業にみる商品の感覚価値——沖縄における豚肉の均質化と差異化

比嘉理麻

## 1　商品の感覚価値

本章の目的は、沖縄の食肉産業における商品の均質化と差異化の論理を、感覚の次元に掘り下げて理解することである。(1) 食がまずもって感覚に関わる事象であるならば、産業社会における食物の生産・流通・消費は感覚に着目して分析される必要がある。そこで、本章では食品の「感覚価値」に注目し、産業化以降の沖縄におけるブタ／肉の商品化のプロセスを記述・分析する。ここでいう「感覚価値」とは、人の五感に訴える商品の価値を指す。本章では主にブタと肉製品の視覚的・味覚的な価値を取り上げる。

沖縄における豚肉の大量消費は、沖縄料理の全国的な流行とともに広く知られた現象であろう。消費量の多さもさることながら、可食部位の多さ、詳細な分類知識に裏打ちされた各部位に及ぶ嗜好とこだわり、各部位に対応した調理法の発達は、人類学や民俗学をはじめ、農学、獣医学、栄養学など、幅広いジャンルの研究で主題化されてきた（金城 1987; 萩原 1995, 2009; 渡嘉敷 1988, 1996; 吉田 1999; 小松 2002a, 2002b; 比嘉 2008, 2011b）。だが見落としてはならないのは、現在の沖縄に固有な消費の慣習が、産業化の歴史と不可分であるという事実である。

近年の食を対象とする人類学的研究では、マクロな次元での生産・流通構造の再編と、ミクロな次元での消費パターンの変化を関連づけて論じている。この分野を開拓したジャック・グディは、一八世紀イギリスに始まる産業革命に遡り、工業製食品の大量生産と大量流通を可能にした技術発展（保存法、機械化、輸送技術、小売業の発展）に注目した（Goody 1982）。グディによれば、工業製食品が大量に流通するようになった結果、食物消費は均質化したとされる（ibid.: 170）。

一方、グディの巨視的な視野からの分析に対して、人びとの経験に即して食の産業化と消費の関係を論じる研究が蓄積されている（eg. Seremetakis 1994; Counihan 1999; Sutton 2001）。なかでもセレメタキスは、グディの指摘した消費の均質化を、人びとの感覚に注目して分析した点でとりわけ興味深い。セレメタキスによれば、農業の産業化にともなって農産物の画一化が進み、農産物の芳香や風味は薄弱になったとされる。その結果、消費者の感覚経験は稀薄になっていったのである（Seremetakis 1994: 3）。

感覚経験の稀薄化を論じたセレメタキスとは対照的に、感覚の過剰性に着目したのは、ハウズである（Classen et al. 1994; Howes 2005）。ハウズは食品に添加される人工香料などの例を挙げ、消費者の感覚を刺激する商品開発の戦略を分析した。そこでは、商品の価値を高めるために、食品は多様な感覚的特性を加えられ、芳香や風味の薄弱な大量生産品から差異化される。

これらの研究からは、産業化による食品の均質化と差異化の過程を、感覚価値という視点から捉えることの有効性が読み取れる。しかし、前記の研究の問題点は、特定地域の民族誌に即して、産業社会の食と感覚の事例を提示し分析している訳ではない点である。そのため、それぞれの地域固有の消費慣行と感覚に踏み込んだ議論になっておらず、一般論で終わっている感が否めない。必要なのは、詳細な民族誌的事例にもとづいて、社会・文化的な感覚にもとづく商品の均質化と差異化の論理を明らかにすることである。したがって、本章では沖縄の食肉産業に焦点を当て、ブタ／肉製品が均質化する一方で、地域に根ざす感覚価値を付与されることで、均質な製品から差異化される様相を記述・分析する。[2] そのために、まず次節では沖縄における養豚の歴史を概観し、戦後復興から産業化への移行をたどる。

## 2　戦後沖縄における養豚復興から産業化への移行

沖縄における養豚の歴史は古く、一四世紀後半から一五世紀後半にかけて開始されたといわれている（金城 1987: 18; 新城 2010: 26）。ブタは中国からもたらされ、一七世紀初頭のサツマイモ伝来と、一八世紀半ばの養豚奨励政策によって徐々に増加していった（金城 1987: 21; 萩原 2009: 200-201）。その後、沖縄のブタの飼育頭数は、第二次世界大戦前には日本のなかで首位に達したが、戦争によって激減した。戦後、アメリカ（琉球列島米国軍政府）は外来種を輸入し、養豚業の復旧を図ることとなる（琉球政府文教局 1988: 4-8）。

戦後、復旧した養豚は、各家庭での少頭飼育であった。ブタは自家食用とするほか、換金に充てられた（吉田 1983; 島袋 1989）。自家食用のブタは、一年かけて育てられ、旧暦の正月に各世帯か数世帯単位で屠殺された。こうした自家消費の慣行を通して、ブタの屠殺・解体の技術や知識は、成人男性の多くに体得されてきた（萩原 1995, 2009）。

しかし、日本本土復帰を見据えた一九六〇年代半ばから七〇年代にかけて、ブタの飼育・屠殺システムは大きく変化することとなる（比嘉 2011a: 132-133）。各家庭での少頭飼育から、多頭飼育へと移行するなかで、一九七一年には大型の屠殺場が新設され、食肉流通の中枢機能を担うようになっていく。それまでは個々人が自家屠殺を行なうか、各地に乱立する小規模な屠殺場が利用されていたのに対し、大型の屠殺場に機能が集中するようになったのである。さらに、流通の合理化を進めるために、屠殺場で豚肉価格を一律に決定する等級制度が導入された（當山 1979: 181; 吉田 1983: 68-70）。こうして、本土復帰から数年間で現行の分業体制が整い、ブタと肉製品の大量生産が可能になっていった。

さらに、以上の過程は、大量生産に適した外来種のブタを導入し、選抜する過程と重なっていた。まず、一九四八年にハワイの沖縄出身者から、八種類の外来種が合計五三七頭寄贈された（沖縄県農林水産行政史編集委員会 1986; 吉田 2004）。そのうち、とくに人気を博したのは、生産性の高い、脂肪に富んだ白色ブタのチェスター・ホワイトであった（當山 1979: 161-162）。

一九六〇年代になると、新たに外来種ランドレースが導入されて急速に普及した。ランドレースは、デンマーク原産の白色の大型種であり、脂肪が少なく、赤身の多いブタである。くわえて、この種は、繁殖能力の面で秀でているとされる。そのため、豚肉の大量生産にとって最も好ましい品種がランドレースであったといえる。その結果、チェスター・ホワイトは完全に駆逐された（同：161-162）。以上の経緯で、戦後から現在までブタの品種は基本的には在来種から外来種へと移行し、そのなかでも、より生産性の高い外来種のみが広く流通するようになった。

このように、沖縄では豚肉消費は歴史的に持続している一方で、食されるブタ自体は産業化の過程で著しく変容しているのである（比嘉 2011b）。次節では、大量生産体制のもとで、いかに豚肉製品が均質化されていったかを、感覚に焦点を当ててみてゆきたい。

## 3　等級制度によるブタと豚肉の均質化

沖縄では、効率性を重視する観点から、育てるブタ自体も多産で産子数の多い外来種へと変わっていった。この外来種への集中は、屠殺場に等級制度が新設されたことにより、さらに推し進められることとなる。本節では、豚肉を視覚的な価値から判定する等級制度が、外来種ランドレースの大量生産を加速させ、商品の均質化を促したことを論じる。

まず、ここで取り上げる等級制度とは、日本食肉格付協会の単一規格にもとづいて肉質を判定し、五段階に振り分け、価格を決定する検査制度である。(3) このように、日本全国共通の規格を設けることで、流通の合理化を図り、一地域を越えた広域流通が可能になる。沖縄では、本土復帰の一九七二年から数年後に、公式の屠殺場に導入され、実際の検査が始まった。

二〇〇八年現在、沖縄本島には二ヶ所の屠殺場があり、島内で育てられたすべての家畜はそこに運ばれ、屠殺され、市場に出回る。食肉となるブタは屠殺場で格付けされ、肉の価値＝価格が決まる。そのため、等級制度による判定は、養豚農家にとって収入を左右する点で重要だといえる。

具体的に、等級制度がいかなる判定基準をもち合わせているかをみてゆく。端的にいえば、等級制度とは豚肉の外見から肉質を評価する制度のことである。重要なのは、肉質すなわち肉の味覚的な価値が、視覚的な色や均整によって測られる点である。実際の判定においては、以下に詳述するように、主に背脂の厚さと、肉の色合いによって、等級が決まる。

まず、等級制度においては、脂肪が薄いことが重要とされる。そのため、脂が厚すぎると、等級は低くなる。ただし、脂の厚薄はただ漠然と肉全体の印象から決められるのではなく、見るべき位置とポイントがある。最も重要なポイントは背脂である。具体的には、背脂の厚さは最も等級の高い「極上」肉で、厚さ一・五から二・一センチメートルの間に設定されている。この値よりわずか一ミリでも厚いと、肉の等級は格下げになる。つまり、等級制度では、背脂が数ミリ厚いだけで、価格が下がるのである。「極上」と「等外」の価格差は大きく、概算してブタ一頭当たりで一万円の差となる。

次に、色に関しては赤身と脂肪の色合いがそれぞれ判定の対象となる。赤身と脂肪の色については、それぞれ「理想色」が判定基準として定められている。脂肪の場合には、艶のある「白さ」が理想色とされ、そこから外れる「黄ばみ」のある肉は格下げとなる。赤身の場合には、「淡いピンク（ポークカラー・スタンダード No.3）」色が理想色とされ、それより濃い色や薄すぎる色の肉は味が落ちるとされる。ここでは、脂肪の「白さ」と赤身の「淡いピンク」色が、肉の味覚的な価値を判定する基準となっているのである。このように規格を設けることで、効率よく、肉の価格が決定できるようになったといえる。

以上、等級制度では肉質の判定に際して、背脂の厚さに関する数値的な基準と、赤身と脂肪の理想色が設定されている。つまり、等級制度のもとでは、肉の味覚的な価値が規格化された視覚的な基準によって評価される。復帰後の沖縄では、県内で育てられたすべてのブタが前記の等級制度によって格付けされるようになったため、養豚農家はその基準に合致したブタを育てるようになっていった。それが、2節で取り上げた外来種ランドレースであった。

等級制度のもとでは、ランドレースは、他の外来種よりも背脂が薄く、等級が高くなる(4)。ゆえに、等級制度は外来種のなかでも、ランドレースに有利に働いたのである。その結果、七〇年代以後、ランドレースの普及が加速し、豚肉の均質化が進んでいる。

以上のように、産業化以降の沖縄では、肉の味覚的・視覚的な価値が規格化された結果、均質な感覚価値をもった豚肉製品が大量生産されるようになった。しかしながら、等級の高い肉が特定地域の評価の枠組みにおいても価値が高いとは限らず、また人びとの味覚に合うとも限らない。次節でみるように、脂の薄さが高い等級を得る一方で、別の観点から脂の厚さが再評価されている。

## 4 ブタと豚肉の感覚価値と差異化

### 在来種アグーの復興運動

現行の等級制度に有利な外来種がもてはやされるなか、近年では新たに在来種アグーの復興運動が起こっている。在来種は「シマ・ワー」(島ブタ)あるいは「アグー」と呼ばれ、戦後の産業化の過程で効率性の観点から見捨てられたブタである。在来種は小型の黒色ないし黒ぶち模様のブタであり、外来種と比べて、一腹当たりの子数の少なさや成長の遅さが非効率的であるとされる。また、在来種は脂の層が厚いため、通常の等級制度では格付けが低い（小松 2007: 370-377）。このように、生産性と等級制度の観点から在来種は飼われなくなったのである。

しかし、近年、在来種アグーは「沖縄文化」の象徴とされ、観光資源や愛玩動物として高く評価されるようになった[5]。くわえて、その厚い脂のもつ「おいしさ」が強調される。二〇〇九年現在、在来種の出荷頭数は関係者によると、外来種の一割にも満たない六〇〇頭程度だが、観光産業や一部の養豚業者の間では在来種に対する期待が高まっている。

本節では、まず在来種アグーがその復興運動において、均質化された外来種の肉製品からどのように差異化されてきたかを明らかにする。その際、在来種アグーのもつ感覚価値が、沖縄の地域的なアイデンティティにもとづいて再評価された点に注目する。以下に、在来種の復興までの道のりをたどってみたい[6]。

まず、在来種の復興に尽力した人物として、名護博物館長（当時）の島袋正敏と沖縄県北部農林高校の教師である太田朝憲があげられる。博物館長は、一九八一年に沖縄全域で飼育されているアグーの把握に乗り出した。当時確認できたのは三〇頭ほどで、そのうちの一八頭を収集することに成功した。しかし、当時発見されたアグーは、外来種との交配が進み雑種化し、本来の「純粋な在来ブタ」からは程遠い変わり果てた風貌をしていたという。そこで、館長は一八頭のアグーを理解ある養豚農家に預け、アグーを純粋種に近づける策に出た。この取組みは、博物館を超えて広がっていった。二七年かけて、彼らはアグーの純度を高め、原種に近づける努力を重ね、ついに一九九三年にアグーの復元に成功したとされる。この時から、沖縄県を巻き込み、在来種の保存活動と商業利用が活発になってゆく。

こうした状況をふまえ、アグーの復興がもつ現在的な意義を考えてみたい。はじめに、在来種の普及を企図する生産者や運動家は、在来種の良さを指摘する際に、必ず外来種との差異に言及する。復興運動のなかでは、アグーがどれほど外来種と違うかが再三にわたって強調される。つまり、現在の文脈における在来種の意義は、外来種からの差異化によって確立されているといえる。以下では、具体的に在来種アグーがどのような点で外来種から差異化されるかをみてゆく。そこでは、等級制度が支持する外来種の感覚価値に対して、在来種がもつ脂の味覚的な価値や、黒毛の視覚的な価値が対置される。

まず、在来種の味覚的な価値に関して、アグーの復興運動に関わる人びとは、脂の厚薄に注目する点では等級制度と共通するが、対照的な評価を下す。等級制度の評価基準では、アグーは背脂が厚く、全体的に脂に富んでいるため、等級が低い。それに対して、アグーの復興運動においては、そもそも等級制度の設置以前には、沖縄では脂の厚さが好まれていた点を強調する。

アグーはまず、豚肉が稀少であった自家消費時代の「アンダ・ガーキ」（脂を欠いた）の時期に、貴重な脂の多いブタ（アンダ・ワー）であったといわれる。人びとは、たとえ戦後期を実際に経験しなくとも、その味が忘れられないと語る。また、アグーの脂は栄養学的な見地からも見直されている。具体的には、在来種の脂は外来種と比べて「旨み成分」が多く、栄養価が高いことが指摘される(7)。このように、アグーは人びとにとって忘れ難い戦後の経験と、近年の栄養学的知見の双方から、外来種よりも優れた豚肉として表象される。

興味深いのは、こうした味の面における在来種の卓越性が、体毛の色に結びつけられることである。色においても、在来種は外来種から明確に差異化される。一般的に、白い外来種とは異なる「在来種アグー＝黒ブタ」という視覚イメージは広く浸透している。この白黒の対比は、在来種と外来種の肉質の違いに通ずるとされる。つまり、体毛が白く赤身の多い外来種に対して、在来種アグーは黒毛で脂が多い。ここでは、在来種と外来種の違いは、黒ブタと白ブタの対比として理解され、在来種がもつ味の卓越性が体表の黒さに求められる。

ただし、実際には白ぶち模様の在来種もみられる。その際、白ぶちの在来種よりも、真っ黒な在来種のほうが味の面で優れていると考えられている。在来種のなかでも、「真っ黒／白ぶちの黒」の対比が生じる背景として、子数の少なさが関係している。商売上の利益を考えると、養豚農家は在来種の子数が少ないという欠点を補うために、在来種同士ではなく、在来種に多産な外来種を掛け合わせる傾向にある。つまり、純血の真っ黒な在来種よりも、外来種と交配した白ぶちの在来種のほうが利益が上がるといえる。そのため、市場に出回るアグーの多くは、外来種との雑種となっている。こうした流れに抗して、一部の運動家はアグーの黒さを守るべきであると強く主張し、外来種との雑種化を避け、在来種同士を掛け合わせる重要性を唱えている。(8)

しかしながら、ここで注目したいのは、養豚農家の五〇代男性によれば、戦後飼っていた在来種は真っ黒ではなく、まだら模様であったという点である。同様に、「昔のブタはイロ・マンチャー（色が混ざっている）だった」という語りを頻繁に耳にする。これらの語りをふまえるならば、在来種の復興運動は単なる伝統的なブタの再生ではなく、伝統的なブタを黒色化する、新しいブタづくりとして解釈することができる。その背後に、外来種との差異化があることは明らかである。

ただし、その一方で、実際にアグーを食す段階では、当然、在来種の黒さは問題とならない。なぜなら、ブタは屠殺時に脱毛されるため、在来種に限らず、どんな色のブタも毛を剝ぐと、全身真っ白になるからである。つまり、消費者の手にわたる脱毛後の状態では、体表から外来種と在来種の違いを見分けることはできない。それにもかかわらず、運動家や生産者は、真っ黒なブタこそが真の在来種アグーであることを訴え、黒毛のブタが生まれるよう努力している。

こうした運動家の努力には実質的な利点もある。それは在来種が地元のメディアに頻繁に映し出されることと関わる。分業化の進んだ現在の沖縄では、一般の消費者は、新聞などに映し出される写真や映像を介してしか、ブタの姿を目にする機会がない。つまり、消費者はメディアを通してのみ、ブタのイメージをもつのである。沖縄の地元紙を見ていると、真っ黒なアグーの姿を映し出し、白色の外来種と対比する記事を頻繁に目にする。(9) 一例を挙げれば、地元紙『沖縄タイムス』の戦後復興六〇年記念企画として、沖縄の戦後復興を振り返る特集が組まれたが、その際もブタの色の対比が用いられた（沖縄タイムス 2008.7.2）。そこでは、沖縄の戦後復興六〇年間を「黒ブタから白ブタになる」歴史に重ね合わせ、黒ブタが衰退し、白ブタが隆盛する経緯を描いている。そこから在来種を含めた沖縄の伝統を見直す必要性を説く。

このように、外来種と在来種のイメージは、「白／黒」という鮮明な色の対比として現われる。メディアを通して流布される視覚イメージは、産業社会において一定の作用をもっている。産業化以降の沖縄では、実体のブタに接する機会のない消費者が、社会の圧倒的多数を占めている。そのため、生産者は外来種との差異が一瞥しただけで明白な在来ブタづくりに励むことになる。黒い色は、在来種を外来種から差異化する重要な手立てとなっており、誰にとっても明らかな在来性、ひいては「沖縄文化」の象徴となっているのである。

前述したように、現在、沖縄で流通するブタの品種は、外来種ランドレースに特化し、均質化の途をたどってきた。それに対して、近年では在来種アグーの復興運動が起きている。そこでは、等級制度において低く評価される脂の厚さが、むしろ高い味覚的な価値をもつ。さらに色に関しても、在来種を従来より黒色化することにより、白色の外来種との差異を鮮明にする。このような在来種の感覚価値が再評価され、高められる背景には、沖縄の地域的なアイデンティティの興隆がある。言い換えれば、近年の地域的アイデンティティの見直しと一体となって、在来種は外来種から差異化されるといえる。

## 市場における豚肉料理の美的基準

前述した在来種アグーの復興運動のみならず、豚肉流通の末端に位置する市場においても、脂の厚さが再評価されてきている。ここでは、沖縄本島都市部に位置する市場の肉屋の事例から、等級の低い＝脂の厚い肉がどのように高い感覚価値を付与されるようになったかを記述する。[10] なお、沖縄の市場では、肉屋が複数集まった区画と、そのなかの個々の肉屋をともに「シシヤー」と呼ぶ。以下では、シシヤーという語が、肉屋の集まりをさす場合には「豚肉市場」とし、個々の店をさす場合は「肉屋」と表記する。

まず、沖縄の豚肉市場にある程度共通する豚肉売買の特徴について触れておきたい。特筆すべきは、豚肉市場では売り手と買い手が長期的な取引関係を形成する点である。また、商品の扱い方に特徴があり、値札や部位名称（商品名）を記した札がない。だが、豚肉市場の常連客は、商品の表示がなくとも何ら困る様子はない。それどころか、買い手は、手の届くところに積み上げられた肉を次から次へと素手で摘み上げ、気に入る肉塊が見つかるまで、品定めを繰り返す。豚肉市場は、誰でも自由に肉に触れてよいため、肉へのこだわりの強い客を満足させる。

次に、屠殺場で等級を付けられた肉が、豚肉市場で別の価値を付与される点についてみてゆきたい。豚肉市場の売り手にとっては、屠殺場で行なわれる格付けは、肉の仕入れ値を決定し、売上げを左右する点で重要である。そこで、売り手は、屠殺場での価格決定と結びついた評価基準と、それとは異なる買い手の価値づけをつなぐ商売戦略を編み出している。具体的には、まず売り手は、屠殺場では低く見積もられる背脂の厚い肉を選ぶ。なぜなら、常連客が背脂の厚い肉を好むからである。そうすることで、売り手は等級制度では高く評価されないが、豚肉市場の買い手にとって価値の高いものを、安価で仕入れることができる。このように、売り手は買い手の好みと屠殺場の価格体系のズレを利用し、利益を上げているのである。

ここからは、豚肉市場の売れ筋商品であるサンマイニク（腹部の皮付き肉、別名ハラガー）を例に取り、買い手がどのような特徴をもつ肉を良質とみなすかをより詳細にみてゆく。以下にみるように、豚肉市場におけるサンマイニクの価値づけは、屠殺場の格付けとは全く異なる観点からなされる。なお、ここで取り上げるサンマイニクは、日常食としても人気があり、かつ儀礼食としても重要な大変売れ行きのよい部位である。これは、沖縄県外のスーパーマーケットなどでは「バラ」と呼ばれる部位に大まかには相当する。(11)

まず、注目したいのは、サンマイニクの価値づけが視覚的な美しさに関わっている点である。主に、肉の視覚的な美しさが重視されるのは、祖先祭祀の儀礼においてである。新暦四月の清明祭（シーミー）や旧暦七月の盆（シチグヮチ）には、肉の味ではなく、その視覚的な美しさに関心が注がれる。肉の美しさとは、皮・脂肪・赤身のバランスが取れ、それぞれに厚みがあり、かつうねりのないものである。とくに豚肉を重箱（ウジュー）に詰める地域では、美しさの基準が他地域より厳格である（図1）。美しさの基準に、脂肪と赤身の厚さが入るのは、重箱に詰める際に、容器と同じ深さの具材が美しいとされるからである。そのため、サンマイニクも、重箱の深さと同じ約七センチメートルの厚さが必要となる。さらに、肉の断面を見たとき、脂と赤身の層が同程度の比率であることが美しい肉とされる。以上の理由から、儀礼食には脂の厚く、美しい肉が選ばれている。

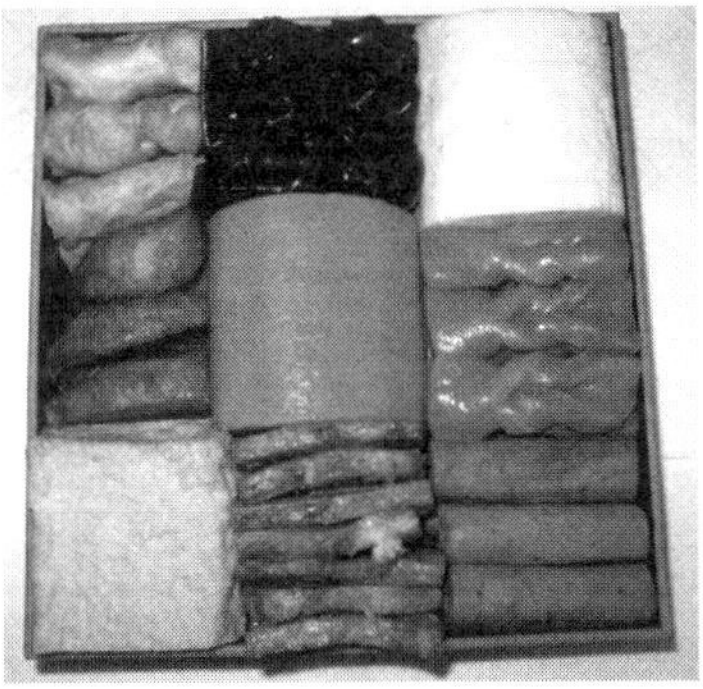

**図1**　重箱料理

　こうした厳しい基準のため、儀礼時には、視覚的に美しくない肉が大量に売れ残ってしまう。そこで、そのままでは売れない肉を、売り手は塩漬け（スーチキ）にする。これが、高齢の客にとって「懐かしい」味の肉になるのである。塩漬けは、冷蔵庫の普及する前の自家消費期に行なわれていた肉の保存法だからである。一九七〇年代頃まで、人びとはいくつかの貯蔵法を用いており、そのひとつがここで使われている塩漬けである。

　ただし、ここで注目したいのは、自家消費時代の塩漬けと現在のそれとの連続性ではなく、むしろ大きく異なる点である。端的にいうと、かつての塩漬けが保存法であったのに対して、現在の塩漬けは保存の機能を担っていない。そのことは、現在の塩漬け肉が冷蔵庫に保存されることから明らかである。

　肉屋の店主である四〇代の女性は、「当時（自家消費時代）、肉といえば、塩漬けした肉のこと」であったと語る。この女性店主によれば、高齢の客たちは店頭で塩漬けした肉を「懐かしい」といって買ってゆくという。自家消費時代の塩漬けは、日持ちのする脂肪が多い部位を中心に選び、多量の塩を揉み込んで貯蔵する方法であった。塩を揉み込んだ肉は、塩漬け用の甕（スーチキ・ガーミ）に入れて保存し、半年ほどかけて少量ずつ食したとされる。旧暦正月に屠られたブタの肉は、旧暦五月の農繁期まで保存できたという。塩漬けにされた肉は、調理時に塩抜きを兼ねて長時間茹でられたようである。それでも暑い沖縄で生肉を長期保存するのであるから、非常に多量の塩を使用していたことが想像できる。そうして塩漬けされた肉は塩で変色し、その味はかなり塩辛いものであったという。

それに対して、現在、肉屋の店頭で、美しくない肉に対してのみ施される塩漬けの方法は、圧倒的に使用する塩の量が少ない。現在の塩漬け肉は、肉に少量の塩をまぶして冷却しながら、一週間から数週間で食べごろになる。つまり、現在の塩漬けは、生肉のままでは客から好まれず、売れ残った肉を工夫して売るための方法であり、またその本来の機能である保存ではなく、単に「塩味を付ける」といった味付けの方法になっている。

このように、売り手は等級制度と儀礼食の双方において価値の劣る肉に対し、塩漬けの風味を付けることで「懐かしい」肉をつくりだす。つまり、現在、等級制度において低く格付けされ、儀礼食にも適さない肉は、自家消費時代を喚起する「塩風味の肉」に変えられることで、肯定的な価値をもつのである。

以上、儀礼食と塩漬け肉の事例では、等級制度のもとで低く格付けされた脂の厚い肉が、むしろ豚肉市場では好まれている点に注目した。儀礼食では、皮・脂肪・赤身のバランスが取れた、厚みのある肉が必要とされる。そのため、等級の低い肉が、等級の高い肉よりも求められている。つまり、豚肉市場では、等級制度とは対照的な評価がなされており、儀礼食の形式に合う肉こそが高い価値をもつのである。

しかし、儀礼食の形式は細部にわたるため、その基準から外れる肉も多い。そうした肉は、現在の豚肉市場の価値づけと、等級制度の規格の双方において、低く評価されてしまう。そこで、売り手はその肉を塩漬けにする。ここで重要なのは、肉に施される塩漬けが単なる味付けではなく、ノスタルジックな過去と結びついている点である。つまり、売り手は等級制度の規格のみならず、儀礼食の形式においても低く評価される肉に対し、過去に埋め込まれた味覚的な価値を引き出すことで、感覚価値を高めることに成功している。

## 5　産業社会の食慣行と感覚価値

本章では、沖縄の食肉産業におけるブタ／肉の商品化について、とくに感覚価値に注目してみてきた。現在、市場に出回る肉はすべて屠殺場の単一規格に即して格付けされるため、消費者の口にする肉は均質化が進んでいる。この均質化は、肉になる手前の生きたブタの段階、すなわち品種の選抜のときからすでに始まっている。脂の薄い外来種に有利な等級制度の影響が大きいために、特定の外来種のみが広く普及することとなった。

しかし、こうした状況下、最後に取り上げた在来種アグーと塩漬け肉の事例からは、運動家や市場の売り手が、全国共通の規格のもとで低く見積もられる肉を、価値の高いものにつくりかえる様相がみえてきた。等級制度において低く評価される脂の厚い在来種や肉製品は、人びとの戦後期の経験や自家消費の記憶と結びついた感覚価値を付与されることで、脂の薄い外来種やその肉製品から差異化される。それによって、等級制度の内部ではもちえない、高い価値を得るのである。こうして、かつての自家消費に根ざす在来種や塩漬け肉は、実際の過去とはズレながらも、現在の文脈において新たな意義を獲得し、人びとに消費される。

従来の研究では、沖縄の豚肉消費の慣行は、その持続性が強調されてきた（比嘉 2008: 66-67）。だが、本章から明らかなように、産業化による変化は単なる背景以上の意味をもっている。生産・流通構造の再編という大規模な社会変化は、感覚価値に至る微細な変容にまで及ぶ。産業化以降の沖縄では、商品の均質化に対して、地域的な感覚価値を付与することで商品の差異化がなされる。以上のように、現代沖縄の「伝統」とされる豚肉消費は、単なる持続の上に成立しているのではなく、均質化された商品からの差異化によってのみ存続している。

## 注

（1）本章は、拙論文"The Sensory Value of Commodity: Homogenization and Differentiation of Pigs and Pork in Okinawa, Japan," *International Journal of Business Anthropology* 3（1）（In Printing）の一部を抜粋・訳出し、加筆・修正したものである。なお、本章のもととなった実地調査は、文部科学省大学院教育改革支援プログラム「新領域開拓のための人社系異分野融合型教育」（二〇〇七－〇八年度）、澁澤民族学振興基金（二〇〇九年度）の支援を受けた。また、本章は日本学術振興会特別研究員PDとしての研究成果である。

（2）本章で提示する事例は、二〇〇三年から二〇〇九年までの間に断続的に行なった沖縄本島の養豚場、屠殺場、市場での実地調査と文献収集にもとづいている。

（3）具体的な検査項目については、「豚枝肉取引規格」（食肉通信社出版局編　2002: 12-21）を参照した。

（4）養豚農家にとって、等級を上げる確実な道は、背脂の薄いブタを選ぶことである。こうした事情から、脂の薄いランドレース種が選ばれている。

（5）在来種アグーは、沖縄県内外の動物園などで展示されるほか、飲食店の看板メニューにもなっている。

（6）在来種復興運動の経緯に関しては、小松（2007）が詳細にまとめており、本章でも参照した。また、本章では在来種復興の運動家であり生産農家でもある五〇代夫妻と、外来種のみを飼育する養豚農家五〇代夫妻へのインタビューにくわえ、沖縄県作成の映像資料（沖縄県農林水産部畜産課　2007）と地元紙を参照した。

（7）概して、栄養学的な評価は在来種のみならず、豚足料理をはじめ、沖縄料理全般に対しても高い。ただし、沖縄の食に対する評価は、一九九〇年代以降の日本における健康ブームのなかで上昇している点を留意すべきである（多田 2008: 166-174）。

（8）アグーの毛色をめぐる論争は、地元紙でも展開されている（琉球新報 2009. 3.6, 2009. 12.15）。

（9）たとえば、『沖縄タイムス』（2008.1.10, 2008.3.27）。

（10）「シシヤー」という語は、単独で豚肉専門の肉屋を指す場合もあるが、接頭辞に「ワー・ヌ」（ブタの）を付ける場合もある。

（11）沖縄のサンマイニクと、日本の他地域のバラとの大きな違いは、皮の有無と、カット方法にある。前者は皮付きで、ブロック状にカットされ、大きな塊のまま販売される点に特徴がある。それに対して、後者のバラは、皮無しのスライス肉である。これら部位名称の違いは、整形方法の違いと結びついている（比嘉 2011b: 16-19）。

# 11章　文化接触の場としての労働空間――在トンガ王国日系企業の事例から

北原卓也

「私、まだ席が課長の隣なんですよ。ほんといい加減にして欲しいんですけど。」

ある日本企業の女性社員は、彼女のデスクが嫌いな上司の隣であることに不満をもっている。しかし、彼女に自分のデスクの場所を選ぶ権限はない。ある程度の希望を述べることはできるが、最終決定権は直属の上司にあたる課長が握っている。課内のデスクの配列は業務遂行の効率や、人材育成のための師弟システムなどを考慮して課のリーダーである課長によって決定される。

彼女の労働空間のデスクは五人から一〇人程度の「課」単位で固められ、さらに二つの課で上位組織である「部」を形成している。部を形成する向かい合わせで並べられたデスクの集合体は「シマ」と呼ばれている。「課長」のデスクは向かい合わせの席のなかに置かれ、平社員とはイスの肘掛けの有無で区別がつけられている。「部長」のデスクは部のメンバーすべてを見渡せるシマの端にある。三つの部から形成される「本部」のリーダーである「本部長」はすべてのシマを見渡せる位置に単独でデスクが置かれる。これらすべてがオープンスペースに置かれ、個人的なスペースを区切るための壁は存在しない。こうしたデスクの配置は日本企業では珍しくない。

一方、住原則也によれば、アメリカの日系企業ではこうした日本的な労働空間の作り方に対して、個人的な空間を重んじる現地社員から不満の声が上がったという。結局、この企業は、個人の空間を作るために簡易のフェンスを設置するなどの対策を講じるに至っている（住原 1996）。
これらの例からもわかるように、各企業の労働空間は構成員の文化的経験を反映している。本章の目的は企業のなかでも多国籍の従業員構成である企業でどのような労働空間が構築され、その労働空間が文化とどのように関係しているかについて考察することである。在トンガ王国の日系企業でのフィールドワークで得たデータを基に、労働空間がどのように使われているかを通じてその特性を明らかにし、文化との連関について述べたい。

## 1　調査の背景と研究地域

### 文化人類学と企業研究

山下晋司は、「現代」は新しい社会経済形態（脱工業化社会、多国籍企業、消費社会、情報化社会）が帰結するもの（グローバリゼーション、ボーダレス化、異種混交化、断片化、脱地域化、商品化）と切り放して考えることはできないと述べ、こうした現代の文化を捉える切り口として、「観光」をトピックとして取り上げている（山下 1996: 5）。グローバル経済のなか、その主要なアクターとして表舞台にたつ「企業」という存在も、観光と同様に有効な切り口となるだろう。

グローバル経済において文化的要素が企業に与える影響を扱った研究は、企業と人の動態を把握する上でその重要性が増し、注目を集めてきている。こうした研究の歴史を紐解くと、アメリカでは一九三〇年代より企業経営者からの要請により、生産性の向上などを目的として企業内でのフィールドワークが行なわれてきた（Baba 1998）。その後、時代の移り変わりのなかで、経営者側または労働者側に偏った立場での研究は批判され、組織全体に目を向けることが重要であるとする立場をとる研究が主流となった。一九九〇年代になると、企業の生産性の向上や効率化を図るためには「知識管理」が重要であるという経営学からの見解が打ち出され、従業員によって行なわれる「現場での知」が注目された（野中 1996）。そして、その「現場での知」を把握するための手法として、文化人類学のフィールドワークが再び注目されるようになっていった。日本では一九九〇年代より中牧弘允らによって企業文化を対象とした共同研究が進められ、近年ではアカデミズムのみに留まらず、企業内でも情報分析ツールとしてのエスノグラフィーといった人類学的手法を経営に活かそうという動きがある（中牧 1997, 2007）。

これまで文化人類学ではあらゆる民族の組織に関する論考を蓄積してきた[1]。企業組織もその研究対象となってきたが、この分野ではこれまで先進国が主なフィールドとして選ばれてきた。いうまでもなく、今日のグローバル経済には先進国だけでなくＢＲＩＣＳをはじめとする新興国や発展途上国の企業もアクターとして関わっており、経済発展に向けて国と企業、人と企業の関わりが強くなっているこうした地域において、その動態を捉えるには企業組織を通した文化分析が有効である、と筆者は認識している。しかし、企業の内部でフィールドワークを行なうことは容易ではない。企業は営利を目的とする組織である以上、利害関係に敏感であるのは当然のことであり、部外者が内部事情に精通することで、無遠慮な批判を受ける可能性を憂慮し、研究者の受け容れに躊躇するのは当然のことである。王向華は民族誌のなかでフィールドに入るまでの苦労を綴っているが、こうした点は企業を対象とした研究者には常につきまとう懸念材料である（王 2004: 41）。また、大企業ではなく中小企業を対象とすることにもひとつの意義がある。日本に限ってみても、中小企業庁が提供している二〇〇六年の統計資料によれば、総数約四二一万社の企業のうち、大企業はわずか約〇・三パーセントの約一・二万社にすぎず、中小企業がその大半を占めている[2]。経済的に大きな影響力を持つ大企業だけでなく、数の上で圧倒的多数を占める中小企業を対象とした事例研究も、複雑な社会状況を理解するための　側面を提供する。

## トンガ王国とTJ社

フィールドワークの舞台となったトンガ王国とそこで操業するTJ社（仮称）についてその概要を説明しておこう[3]。ポリネシアに位置する島嶼国であるトンガ王国の主な産業は農業であり、コプラやバナナ、かぼちゃなどを主要作物として生産している。年間の平均気温が二三度という安定した気候は、作物によっては通年の収穫が可能であり、たとえば、コーヒー豆は年に三回の収穫が可能である。農業が主な産業となっている要因はこうした気候や肥沃な土壌に拠るものだが、他に経済的資源がないことも大きな原因である（Grijp 1993）。ニュージーランド、オーストラリア、アメリカ、日本などと貿易を行なっているものの、輸出品目や規模に限界があり、反対に加工食品、石油製品、機械・機器など多くの分野で輸入に頼らざるを得ないため、大幅な貿易赤字となっている。その貿易赤字は国家レベルでは海外からの援助で、家計のレベルでは海外で職を得ている親族からの送金によって賄われている。海外に職を求めて移住する人口は年間で約一八〇〇人にのぼり（Census of Tonga 2007）、国外在住のトンガ人は国内の約一〇万人をはるかにしのぐ約二五万人にのぼるといわれている。トンガがディアスポラ（離散）社会であるといわれる所以はここにある。

海外移住の直接的な要因は国内に十分な雇用が確保できていないことにある。この失業率の高さは慢性的な社会問題となっており、資本の国内外を問わずトンガ国内の企業に対する雇用拡大の期待が高まっている。しかし、不況による経営不振は、新たな雇用創出を困難にしている。一時的とはいえ多くの雇用が見込める、経済成長の著しい中国資本の大規模なプロジェクトなどでも、多くの労働者が中国本土から呼び寄せられており、大幅なトンガ国内の雇用拡大には至っていないのが現状である。

二〇〇〇年代に入り、これまでの立憲君主制の政治形態に異を唱える民主化を推進しようとするグループの動きが活発になってきた（須藤 2008; 大谷 2002; 又平 2007）。さらに二〇〇八年に戴冠式を迎えて新たな国づくりを進めていた最中のトゥポウ五世が二〇一二年三月に急逝し、首相を務めた経験のある実弟が新国王トゥポウ六世として即位するなど、トンガの政治経済は新たな局面を迎えている。

ＴＪ社は南太平洋地域を対象とした貿易や旅行代理業を事業の柱とする商社である。在日本法人が東京都に事務所を構えている他、グループ会社としてサモアをはじめパプアニューギニア、ニュージーランド、キリバツ、フィジー、トンガといった南太平洋諸国に現地法人を設立している。従業員数は在日本法人に八名、海外法人に出向している日本人従業員が一五名、現地雇用の日本人従業員および現地国籍の従業員は合計約一〇〇名である。資本金は日本のＴＪ社単体で一〇〇〇万円、現地法人を含めた合計では約八五〇〇万円となっている（二〇一〇年一二月現在）。

在トンガのＴＪ社は健康飲料の生産工場として二〇〇三年から運営されている。長年にわたり太平洋諸国で事業展開していたＴＪ社の代表取締役に、トンガ王国の政府関係者から生産工場の誘致があったことから、現地法人の設立が実現した。創業から筆者がフィールドワークに入る（二〇〇八年）までの五年間に日本人工場管理者や技術者は数回の交代を経て、フィールドワークの期間には五代目の日本人工場長（四〇代男性）が運営管理を行なっていた。その他の日本人スタッフとしては、現地採用の技術担当者一名（二〇代女性）、三ヵ月限定の臨時技術管理者一名（五〇代男性）、一時帰国を経て二〇〇八年九月にトンガに再び赴任した日本人管理者一名（三〇代男性）が在籍していた。主に製品の生産、輸送の準備など、肉体労働を担当するトンガ人スタッフは六名（三〇代一名、二〇代五名、すべて男性）在籍していた。

ＴＪ社はトンガタプ島の工業団地に製品生産工場とそれに隣接する倉庫の二つの建物を賃貸借している。正確な面積の情報は得られなかったが、それぞれ規模はともに約一五〇平方メートル程度である。作業場として使用している屋外のスペースも合わせると、敷地面積は約五〇〇平方メートル程度となる。

この工場が立地する工業団地はトンガの経済的発展のために、より多くの投資や雇用創出を期待して、一九八〇年にアジア開発銀行（ＡＤＢ）の援助でトンガ政府により設立された。約二〇エーカー（約八万一〇〇〇平方メートル）の敷地は政府の管理下にあり、敷地内に役人が常駐する管理事務所が設置されていたが、二〇一一年に民営化された。二〇〇八年九月時点の入居企業数は四四社で、その業種は食品関係から機械関係まで幅広く、ＴＪ社以外にも中国などの海外資本企業も含まれている。中本博皓はトンガの経済的発展の困難性について、国外の援助への依存や人材の国外流出などの点から述べているが、世界的な経済危機が訪れる直前であった二〇〇八年三月時点でも、敷地内には使用していない空き工場が目立っていたことからも、トンガ国内でビジネスを成功させることの難しさがうかがえる（中本 1998）。民営化にともない、借地料と家賃の大幅な値上げが敢行され、さらに今後の段階的な値上げがアナウンスされたため、転出を検討する企業が増加している。

## 調査方法とフィールドでの生活

調査は工場の敷地内とトンガ人スタッフ六人のうち五人が居住するＡ村で行ない、調査方法は参与観察とインタビューを採用した。工場内では、スタッフの作業を手伝いながら参与観察と休憩時間のインタビューから情報を得た。基本的に毎日工場へ出勤し、携帯したノートに聞き取れる限りのスタッフの会話内容、スタッフの態度や雰囲気、人間関係や筆者自身の感想などを、時間やその場に誰が同席していたかも含めて書き留めた。Ａ村ではトンガ人スタッフの家庭でのインタビューに加えて、それぞれの家庭に継続して通うことで、トンガ人スタッフの村での生活ぶりを観察した。また、ＴＪ社の日本人スタッフが生活する宿舎におよそ二週間、ＴＪ社のスタッフの家庭ではないが、Ａ村内で一ヶ月間ホームステイ、就業後や祝日も行動をともにすることで、工場外での活動についても知る機会を得ることができた。

調査時の言語は日本人スタッフに対しては日本語を、トンガ人スタッフに対しては主に英語を用い、若干のトンガ語を交ぜてコミュニケーションを図った。フィールドではできる限り誠実で中立の立場であることを心がけた。しかし、工場の管理者と同じ日本人である筆者は、どうしてもトンガ人スタッフからは「日本人＝管理側」という図式で見られてしまいがちであった。そのため、良好な関係が構築されるまで、できる限りトンガ人スタッフと行動をともにするように努めた。

## 2　企業文化と労働空間

企業の内部で共有される企業文化は主にそこに属する社員に影響を与えるが、時にその影響力は企業を取り巻くすべてのステークホルダーにも及ぶ（Tian 2010）。国際的に活動する企業はグローバル化の象徴的な存在であり、時に文化を運ぶ役割をも担っている（北原 2010）。国内の消費者をターゲットとする企業においても、原材料や労働力の調達の面で国外のモノや人との繋がりがあることも多い。ビジネスの舞台は文化接触の場であり、互いの価値観がぶつかりあい、妥協点の模索や説得、時には決裂を通して新たな文化が構築されていく。ある農家のトンガ人男性は輸出用のかぼちゃ生産について、日本市場が求める品質の高さにうんざりしながらも、それに応えていくうちに品質管理のノウハウが作業者に浸透し、ニュージーランドの輸入業者からも好評を得るようになったという。日本の輸入業者による基準の提示が、トンガの農家の品質に対する価値観を変容させ、結果的にニュージーランドでの市場にも影響を及ぼすこととなったのである。タイの日系企業の事例では、勤務する社員が職場での文化を家庭や居住村落にも適用していたことが報告されており、企業はビジネスの場だけでなく地域社会にも影響力を持っている（平井 1996）。もちろん地域社会で生活する社員からなる企業自体も、法律や宗教、慣習といった地域社会の文化に強く影響を受けていることはいうまでもない。

社員がコミュニケーションをとりながら業務を遂行する労働空間は、常に文化接触が行なわれている場でもある。住原によれば、空間は眼に見えない文化的価値を形に表わしたものであり、よって逆に、慣れ親しまない空間に出くわすと、その人物の文化的背景によって、安心から不快までさまざまな反応が起こりうる（住原 1996）。構成員同士のコミュニケーションやそれぞれの文化的経験が反映されて作られる空間は、その企業が立地している国の文化とはまた異なる、各企業独自の企業文化の成果物であるといえよう。西井涼子は、グローバル化が目にみえてすすむ二一世紀にこそ、人々の日常的実践の場からの社会理論への貢献が重要になってくるという（西井 2006: 3）。各企業の労働空間に注目することは、そうしたミクロの視点の有効性を示す一例となる。本章では、文化的構築物である労働空間の特徴について考察することで、それを試みる。

西井は人類学における「空間」をめぐる問題状況について、メルロー＝ポンティの主観主義と客観主義の対立を身体の両義的存在構造を基点にして乗り越えようとする試みを引き合いに出し、空間を主観と客観のどちらかに振り分けるのではなく、「社会空間」としてその両義性において捉えようとしている（西井 2006: 7）。つまり、主観的な個人の経験と客観的なシステムや制度といったもののどちらかで空間を捉えるのではなく、人間が生活実践する場として、その複雑な関係性を捨象することなく、そのままフィールドワーク実践から把握するのである。この社会空間論では個人の行為の外に構造を措定して、個人と構造を考えるといった二項対立的な思考と決別し、「社会空間」を人々が日常的実践の現場において、重層する関係性や行為を生きているアクチュアリティにそって、異質な個人や関係性を共有する場であると定義している。そこでは他者とともに行為する主体が社会空間を生成するプロセスと、また逆に、そこにおいて主体が生成されるという二重のプロセスがみられる（西井 2006: 9-10）。権力関係や地縁、親族関係、国と法律などが複雑に絡みあい、またそこから行為主体としての個人も大きな影響を受ける労働空間もまさにこの社会空間のひとつに位置づけられる。本章では、西井の社会空間論を前提にしながらも、そこでは扱われていない、空間を区切る境界にも焦点を当てる。空間のなかの空間、つまり労働空間の内部の特徴について考察することで、空間内での異質な文化の関係性と、それらがどのように折合いをつけているかの把握を試みる。

## 3　ＴＪ社における労働空間の特徴

本節ではＴＪ社の労働空間について述べ、その特徴を整理したい。ここでいう労働空間とは、トンガ国内で企業の従業員が実際に作業や打合わせといった業務を遂行する場所を指す。

### ＴＪ社の労働空間の全体像

ＴＪ社の労働空間は、まず敷地内と敷地外に分けられ、敷地内は工場、倉庫、工場から倉庫までの通路を、敷地外はそれ以外を指す（図1）。敷地内では日本とのやりとりや製品の生産から出荷準備が行なわれ、敷地外では原料や資材の調達、製品の出荷作業、政府の関連省庁とのやりとりが行なわれる。工場内をさらに細かく区分すると、事務所、品質検査室、生産現場、更衣室に分かれている。事務所は日本人スタッフが常駐しており、各人に用意されたデスクで事務処理を行なっているほか、自社製品を現地向けに販売する店舗も兼ねている。事務所から屋外へ出るための唯一の扉は客の出入口でもあるが、立地する工業団地内のセキュリティの問題から、営業時間内でも常に施錠されており、業務終了時にはさらに金網の扉が閉められ、南京錠で施錠されている[4]。品質検査室は技術管理者が理学検査を実施するための部屋である。品質検査室と事務所はとなり合わせて作られており、ガラス窓で互いの部屋の様了がわかるようになっているが、両室の扉はともに生産現場に面しているため、行き来は生産現場

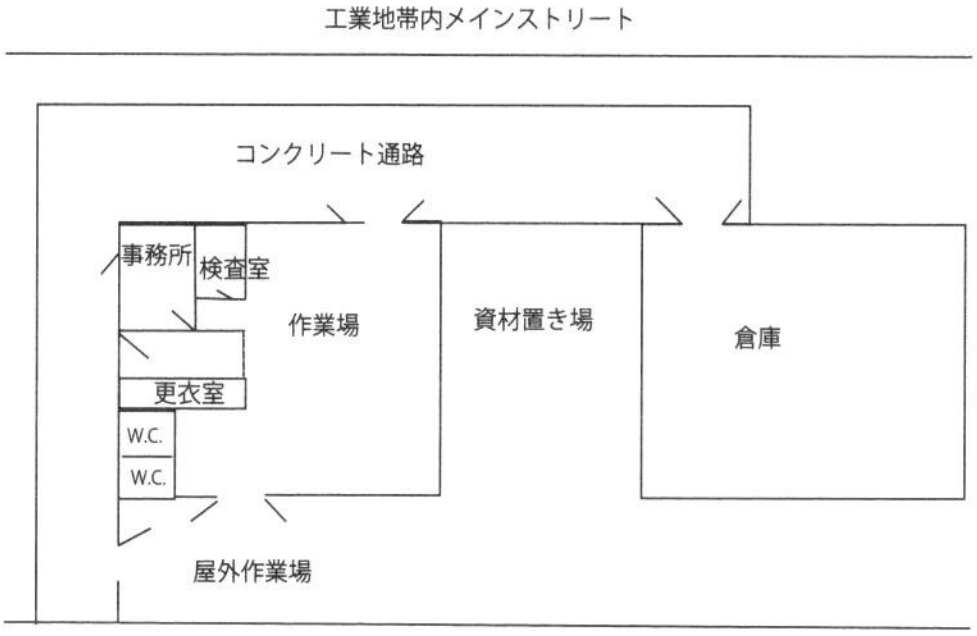


**図1**　ＴＪ社トンガ工場見取り図

を経由する。生産現場には屋内、屋外ともに生産のための機器が設置されている。作業スケジュールは日本人スタッフがたて、実作業のほとんどはトンガ人スタッフによって遂行される。更衣室はトンガ人スタッフ専用であり、作業着が各自のロッカーに保管されている。

## 三つの空間類型

以上の労働空間はその特徴から、①日本式優位、②トンガ式優位、③日本式とトンガ式の混合した空間の三つに大きく分けることができる。これらは空間の特徴からそこに表われる文化的濃淡を示すものであり、日本式優位の空間でトンガの文化的要素が完全に排除されているわけではない。それぞれの空間は以下のように特徴づけられる。

①日本式優位の労働空間

日本式優位の労働空間は、事務所内と品質検査室である。この二つの空間にはトンガ人スタッフは滅多に入ってこない。日本人スタッフとトンガ人スタッフのコミュニケーションには主に英語が用いられているが、この空間に限っては日本の事務所との連絡業務を行なう場でもあり、常駐しているのが日本人スタッフのみであるため、主に日本語が使用されている。日本人スタッフのみが働いている事務所の様子は、筆者の経験と照らし合わせても特に違和感のない、まさに「日本の工場事務所」そのものであった。トンガ人スタッフは決められた休憩時間があるが、日本人スタッフと同時に休憩をとることは稀であり、たいていの場合はこの事務所内で業務を続けている。トンガ人スタッフがここに入室する際は、給与、人事、勤務態度に対する注意などについて話をする場合が多く、雇用を左右する権限をもつ日本人管理者との対話には若干の緊張感をともなっていた。また、複数のトンガ人スタッフが同時に入室することは稀であり、必然的に一対一の対話が多くなる。日本人スタッフからの話を受けて、トンガ人スタッフがなんらかの選択を求められる場合には、トンガ人スタッフはなるべく日本人スタッフの好むような回答をしようと心がけている。英語があまり堪能ではないトンガ人スタッフは、質問の内容を完全には理解していないにもかかわらず、その場ではとりあえず「イェス」と回答し、後から筆者に質問の内容や意図を確認するということもしばしばあった。

この事務所は工具を管理する場所にもなっており、工具は必要に応じて事務所へ取りにくる運用になっている。というのも、当初は後述の日本式＋トンガ式が混合する空間で管理されていたが、トンガ人スタッフの自宅への持ち帰りが頻発するという問題が生じ、日本人スタッフが常駐し、鍵もかかる事務所で管理をするようになった[5]。それ以後、工具や業務から出た木の廃材の持ち帰りには日本人スタッフの許可が必要になったが、一部が割れて業務上は使い物にならなくなったバケツは、依然として許可なく持ち帰りが行なわれていた[6]。トンガでは一般的に「共有（シェア）の精神」が美徳とされており、可能な限り共有することが当然とされている。共有を断わることは了見の狭さを露呈することになり、悪い評判が立ちかねない。そこで、共有したくないものは人目につかないところに保管するという対策がとられる。トンガ人スタッフによる工具などの持ち帰りは、「盗む」という意識ではなく、この共有の精神から「一時的に借りる」程度のものであるが、この工場内では、企業に属するモノと個人に属するモノは明確な区別をつけて管理するという企業方針で運用されている。

②トンガ式優位の労働空間

トンガ式優位の空間は、敷地外全域と敷地内では更衣室、工場から倉庫までの通路、屋外生産現場の一部である。敷地外では、ＴＪ社は「トンガの一企業」として政府や労働関係の法律といった規則に従うのは当然である。また、対トンガ企業とのやりとりでもトンガ式が優位となる。特に予定が「予定どおり」進むか否かという点でそれは顕著である。日常生活でも時間に遅れる、約束をすっぽかすといったことを「トンガ時間だから」「トンガ人だから」とトンガ人自身が冗談めかして説明するが、企業間でもこうしたことが起こるのは珍しくない。

更衣室はトンガ人スタッフ専用で、ロッカーや棚の使い方もトンガ人スタッフの自主性に任されている。屈強なトンガ人スタッフが中でやっとすれ違うことができる程度の幅で、奥行き二メートルほどの室内は、衣服が紐に吊るされていたり、部屋の奥には壊れた電化製品が置かれていたりする。

工場から倉庫までのコンクリートの通路は工業団地内の大通りに並行して作られている。輸出用の木箱を作るための作業場も兼ねているが、トンガ人スタッフは休憩時間にはここに敷物や椅子を置いて、手製の盤でチェスのようなゲーム「ベイマウ」(veimau)や雑談を楽しんでいる。日本人スタッフは事務所にいることが多いため、こうした場には滅多に参加しない。しかし、休憩終了時には工場長がやってきて仕事に戻らせる。これは、トンガ人スタッフの多くが休憩に入るときは時間どおりだが、作業へ戻る時間は守らないためである。

屋外生産現場の一部は、トンガ人スタッフが就業後に体を洗う空間となっている。終業後は工場の生産過程で不要になったお湯をバケツに貯めておき、体を洗ってから更衣室で着替えて帰宅するという一連の流れが出来上がっている。トンガ人スタッフの居住村落であるA村はトンガタプ島では珍しく上水道の供給が安定していない地域であり、飲料水を含めて生活用水を雨水に頼っているため、水自体が貴重であると同時に、多くの家庭において水シャワーで体を洗っている。(7)

③日本式とトンガ式の混合した労働空間

日本式とトンガ式が混合されている空間は、屋内外の生産現場と倉庫である。トンガ人スタッフと日本人スタッフがコミュニケーションをとる場であり、それはもっとも文化的経験に起因する衝突が起きやすい場であることを意味している。

生産技術の指導や品質管理はビジネスの根幹に関わることであり、完全に日本の基準が採用されている。象徴的なのは、トンガでは一般的でない朝礼を実施している点であり、これは出勤確認、日本人スタッフからの当日の作業スケジュールの説明、トンガ人スタッフからの報告や相談を受けることを目的としている。しかし、トンガ人スタッフから自主的な発言や質問があることは少なく、リーダーから作業に関する質問が稀にある程度である。その原因としては、英語が得意ではないトンガ人スタッフがいることに加え、日本の企業では業務遂行の基本として新入社員研修などで教えこまれる「報連相（報告・連絡・相談）」が根づいていないことが挙げられるだろう。朝礼の最後には、始業にあたって気合を入れようという意図から、トンガ人リーダーの発声でスポーツの試合前のような掛け声をかける。こちらもトンガ人スタッフには馴染みがないのか、声が小さく、日本人スタッフが何度かやり直させることがしばしばあった。

他方、労働時間はトンガ式にもとづいている。勤務時間の多くをここで過ごすトンガ人スタッフの労働時間は法律に則り、八時半から一六時半までの八時間である。間に一〇時と一五時に一五分ずつ、一二時から一時間の休み時間が入る。残業や土曜日の休日出勤に関しても法律によって基本の時給に対する上乗せの割合が定められている。[8] 日本人スタッフについてはこの限りではなく、業務の多寡によって就業時間後や休日に自主的に働くこともあるが、それは主に日本式が優先される事務所内や検査室での業務であり、生産現場における労働時間の基準は主にトンガ式である。給与はトンガ人スタッフに対しては二週間ごとに時給換算で支払われ、日本人スタッフへは月給制で支払われている。また、生産方法は日本人技術スタッフの指導にもとづくが、実作業を行なうトンガ人スタッフの細かい作業の仕方にはトンガ式が見え隠れする。たとえば、トンガではよく見かける物を投げて渡す場面は、工場内でも確認することができた。日本人スタッフはそれが原因で工具や備品が壊れやすいと認識しており、道具を大切に扱うように指導している。

また、この空間におけるトンガ人リーダーは日本式とトンガ式が混同した状況を象徴している。このリーダーは勤続年数、勤務態度、英会話能力などを考慮して、日本人スタッフによって任命された。日本人スタッフは彼に強いリーダーシップを期待しているが、実際に製品の生産状況の把握などの面では期待に応えているものの、トンガ人スタッフをまとめ上げるまでには至っていない。というのも、日本人とトンガ人の間に入ることが多く、双方の言い分を理解できる彼は、強く意見を主張することが苦手な彼自身の性格も手伝って、双方の不平不満や意見をうまく整理して伝達することができずに板挟みにあうのである。トンガで重要視される親族関係や年齢、キリスト教会での役割といった社外での関係性が労働空間に持ち込まれ、トンガ人スタッフの言動に影響を与えていることも状況を複雑にしている。社会空間論における異質な関係性や志向の変容過程という視点から見ると、日本人スタッフとトンガ人スタッフは常々互いの考え方や言動に対する不満や違和感をもっているが、それらが運営上の見過ごすことのできない問題に発展すると新たな規則の制定という形で互いの意見のすり合わせが行なわれる。規則の制定は工場長が決定権を握っているが、敷地内の事柄については管理側である日本人スタッフの意見が通りやすく、敷地外の事柄についてはトンガ人スタッフの意見が通りやすい。

**空間と境界**

日本式とトンガ式の混ざり合いの濃淡が異なる三つの空間の境界は、壁や扉による物理的な境界と合致している。つまり、仕切られた空間はある程度安定してその特徴が保たれており、大きな変動は起きない。しかし、これは混ざり合いの度合いが固定され、全く変わらないということではなく、日々のコミュニケーションのなかからそれまでその空間では見られなかった新たな考え方や運営方法が採用されることもある。こうした改訂は先に挙げた道具の管理の例のように、運営上の問題発生や業務効率の向上への試みを契機としているが、それらは劇的な変化ではなく、その空間を特徴づける要素の一部の修正であり、大きな枠組みとしては前述の三つのカテゴリーが維持されている。

こうした物理的に区切られた空間は、日本人スタッフ、トンガ人スタッフそれぞれが一日の労働時間のなかで費やす時間の長さとも関連性を見ることができる。日本人スタッフが労働時間の大半を費やす①の空間は日本人スタッフの領域であり、日本人スタッフはその場所での圧倒的優勢の立場を保持している。そのためトンガ人スタッフにとって事務所のドアを開けて入室することは劣位の領域への境界をまたぐことにほかならず、そのため一種の緊張感をともなうものと解釈できる。反対にトンガ人スタッフが労働時間の大半を費やす②と③の空間はトンガ人スタッフが優勢な空間であり、冗談を言うなどのリラックスした言動もみられる。③の空間での日本人スタッフは、品質管理、作業進度の確認、勤務態度のチェックといった日本式の運営の濃度を維持するための言動が主であり、トンガ人スタッフへの強い口調での指示や指導が必要となってくる。そのため、最高責任者である工場長はある程度の厳格さを保つため、緊張感を意識的に保持している。

また、その空間での使用言語も領域の特徴と関連している。日本とのやり取りや日本人同士の打合せが行なわれる①の空間では日本語が、トンガ人同士のコミュニケーションが多い②の空間ではトンガ語が、双方が頻繁にコミュニケーションをとる③の空間では英語が主な使用言語となる。②の空間でトンガ人スタッフの優位度が増していることを示す例は、敷地外で行なわれる材料の買い付けでみられた。トンガ人スタッフはトンガ語から英語への通訳を兼ねており、それはその場の情報を掌握するということを意味している。そうした状況では、トンガ語で日本人スタッフに対してからかう言葉を発し、村人の笑いを誘うといった行動も起きている。

ここまでみてきたTJ社の労働空間を俯瞰すると、製品の品質や生産技術といったビジネスに直結する事項に関しては、日本式が強調されるが、法律はもちろんのこと、個人の言動や業務運営方法にはトンガ式も企業内に持ち込まれていると整理できる。基本的には日本人スタッフによって日本式のやり方が全面的に採用され、維持する努力がなされているが、日々の運営状況やトンガ人スタッフの勤務状況などから制度の改変が行なわれ、トンガ人スタッフの言動や人間関係などにもとづくトンガ式が一部で取り入れられ、日本とトンガの混じり合った空間が構築されている。

企業文化の面からこうした空間をみると、この工場において良いとされる価値判断基準は日本式の働き方に合致していることとなるが、すべての構成員にその基準が手放しに採用され、浸透しているわけではなく、特にトンガ人スタッフの文化的経験からくる言動はそこから逸脱することがしばしばある。こうした点が運営上の問題点として認識され、状況に応じた方法の取捨選択が行なわれることで日本とトンガの方式が混ざり合った独自の価値基準が作り上げられている。そうした企業文化は固定されるものではなく、関係者のコミュニケーションのなかで修正を繰り返しながら、常に変容し続けている。労働空間に表われる特徴はその企業文化から影響を受けており、反対にその労働空間も企業文化の形成に影響力を持っており、相互に連関している。社会空間論に照らし合わせてみると、まさにこの労働空間は「差異をもった個人や関係を異質なままに捉えるべき空間」といえるであろう（西井 2006: 2）。

## 企業文化と企業内の文化

この企業では部分的にトンガ式を取り入れながらも、社員全員に日本の「あたりまえ」に準じさせる努力がなされている。技術管理者の男性はトンガ人スタッフを指導するにあたり、「トンガ人も日本人も同じ。日本でのやり方と変えていない。ここは日本の工場だ」と述べており、あくまで日本式の工場として運営されていることがわかる。時間遵守の指導や朝礼終了時に行なわれる掛け声といった制度は日本の工場でもよく見られる光景であり、トンガの工場においては日本式の空間を構築し、それを維持する機能を果たしている。「トンガの工場ではあり得ないくらいきれいだ」という工場への来訪客の言葉は、作業場内や工場周辺の清掃を徹底させる日本式の賜物といえるだろう。つまり、この工場はトンガのなかの小さな日本であり、日本文化が「あたりまえ」とされる組織なのである。ケネス・リトルの調査は、アフリカの伝統的な社会組織が西欧的な近代化の状況に応じて機能や役割を変えながら、「トラディショナル」から「トラディショナル - モダナイズ」さらに「モダン」という三種類の新たな組織を生みだしていくことを示している（Little 1988: 211-230）。ＴＪ社内では「日本式優位」、「トンガ式優位」、「日本式とトンガ式の混合」という三つの労働空間が構築されているが、解雇されたり自ら退職していったトンガ人スタッフがいるなかで、長期的に在籍しているトンガ人スタッフは日本的なやり方を日本式とトンガ式の混合した空間で学習し適応してきた人材であるといえる。労働空間からみえてくる当該企業の企業文化は、日本式の働き方からくる価値基準をベースにしつつ、日本人運営者による経験の蓄積から、状況に応じてトンガ式を取り入れて作り上げられたものである。

本章では、企業の労働空間には、関係するアクターの文化的経験が単独で強い影響力を持つ領域とそれらが混在、または混ざり合っている領域があることを明らかにした。これらの領域の形成は「そこで誰がイニシアティヴをとっているか」によるところが大きい。単独の文化的経験が強い影響力を持つ領域は、同じ文化的経験を共有する社員が多くの時間を費やす労働空間である。また、文化が混ざり合う領域は異なる文化的経験を持つ社員同士のコミュニケーションのなかで、文化的衝突が発生し、企業が何らかの調整を行なった労働空間である。ただし、すべてが混ざりあうわけではなく、混在の形をとる文化的要素もある。どこで誰がどれだけの時間を過ごし、そこに企業としての規定がどれだけ盛り込まれているかが労働空間の特徴として現われてくる。言い換えると、労働空間は多様な文化的経験をもつ個人の言動によって特徴づけられるが、その労働空間のなかでコミュニケーションを発端に生成された企業文化に行為主体である個人が影響を受けるという形で常に変容を繰り返している。また、こうした労働空間を区切る境界は明確に存在しているものの、その境界は越えられない絶対的なものではない。たとえるならば、海岸では海水があるところとないところという明確な線引きができるが、潮の満ち干きはもちろんのこと、波の大きさによってもその線の位置は一定ではない。企業という社会空間では、境界の両側を行き来する行為主体である個人が文化を運ぶ役目を担い、その個人同士の相互作用が空間の状況を複雑にしながらも、新しい文化を形成している。

このように、該当企業の企業文化と企業内の文化をフィールドワークにもとづいて個々の日々の実践から示すことは、現在抱えている運営上の問題の解決へ向けて対策を検討するための一要素を提供し得る。たとえば、トンガ人スタッフが日本人管理者とのコミュニケーション不足にストレスを感じていたとしても、これを解消するためにそれぞれが主導権を握る領域の境界をすぐに取り払うということは良策ではないと考えられる。というのも、自身の文化的経験が優位である領域内では心理的安定が保たれており、他方の領域では通常以上の緊張感が生じているからである。この緊張感は雇用する側とされる側という権力関係によるところが大きいが、被雇用側だけでなく雇用側にとっても「安心できる空間」がなくなることはよりストレスフルな労働環境となるだろう。こうした状況を考慮すると、現段階での問題へのアプローチとしては、コミュニケーションの「空間」を作り変えるよりも「機会」を設けることが有効な手段として説得力をもつ。

今後の課題としては、企業におけるトンガ文化と企業内で形成される企業文化を可視/不可視にわたってより鮮明に描き出すために、長期的な調査にもとづき、トンガ人経営者による純国内企業や、日本以外の資本による企業との比較検討をすることが必要であると考える。

注

（1）本章で扱うトンガに関しても親族、宗教などの組織が取り上げられ、論じられてきた（青柳 1991; Grijp 1993）。

（2）中小企業の定義は以下のとおりであり、そこから外れる企業を大企業とする。製造業：資本金三億円以下または従業員数三〇〇人以下。卸売業：資本金一億円以下または従業員数一〇〇人以下。小売業：資本金五千万円以下または従業員数五〇人以下。サービス業：資本金五千万円以下または従業員数一〇〇人以下。
http://www.chusho.meti.go.jp/koukai/chousa/chu_placement/index.htm（二〇一一年三月五日アクセス）

（3）本章の分析のもととなるデータは、主に二〇〇八年三月と同八月から九月の計三ヶ月間に実施した在トンガ日系企業（仮称TJ社とし、以下この仮称を使用）でのフィールドワークから得ている。二〇一〇年七月、二〇一一年九月に再訪問し状況の変化を把握した。限られた期間での調査であったため、調査を優先させる形での変則的な勤務であったが、アルバイトという立場で企業活動に参与することができた。短期間ながら実際に同じ職場で勤務する機会を得たことは、本章の切り口である「空間と文化」を体感することができたため大変有意義であった。また、筆者自身の二〇〇二年から二〇〇七年までの日本での就業経験も考察の役に立った。

（4）工業団地の入口には警備員用のブースが設置されているが、警備員は工業団地内にはいるものそこに詰めていることは稀である。一方で、近隣の企業同士は顔見知りが多く、システム化されたセキュリティは機能していないが、「人の目」という人的なセキュリティは機能している。

（5）道具の持ち帰りについて、日本人スタッフの質問に対してトンガ人スタッフは知らないと回答していたが、トンガ人スタッフが通勤に使用する社用車のトランクからその道具を見つけたことからその事実が明らかになった。

（6）実際に訪問したトンガ人スタッフの家庭では、工場から持ち帰った廃材や壊れたバケツが柵の材料や畑仕事の道具として有効利用されていた。

（7）湯沸し器を備えた家も存在するが、自身のビジネスが成功したり、海外在住の親族から多額の送金があるなどの家庭に限られている。ちなみに、TJ社の日本人スタッフが居住する社宅には湯沸し器が設置されている。また、二〇一〇年には日本の支援によりA村の水道供給は安定した。

（8）トンガはキリスト教国であるため、法律で日曜日は安息日とされており、ホテルなど一部を除いてあらゆる労働やスポーツが禁止されている。

## おわりに

自省することは人類学者の重要な能力の一つであるが、オリエンタリズム批判以降の人類学の一部は、問いを民族誌における表象の問題に矮小化してきた。その結果が、民族誌の書き方という特定化した問題になってしまった。「ライティング・カルチャー・ショック」というものは、あくまで民族誌の表象という限定された範囲における根本的な見直しではあるが、それはフィールドから理論に至るまでの人類学の実践の一部にすぎない。（メタレベルからの批評としてではなく、）フィールドワークの実践においてこそ、われわれは自省しなければならないのではないか。

人類学者が一般的に嫌うのは、超越的な視点である。なぜなら、権威や権力がその背景に付随してくるからである。超越的な立場からの批評ではなく、葛藤を含む現実のインターフェースの絡み合いのなかで、超越論的な取り組みによって、つまり同時に内と外に位置するところから、同時に他者構築と自己構築を行なってゆくことこそが、人類学者の原実践である。

＊

人類学の成果は百花繚乱という様相を呈している。まさにポスト・モダンといわれる知の状況に呼応して、人類学は多様になってきている。人類学がなんでもありの学問になってゆくのか、人類学のスピリットとでもいうべきものを維持し、そのなかから発展的に対象を拡げ、対象を深め、時代状況に応じた展開を目指してゆくのか、まさにその岐路に立っていると編者には思われる。本書の各章で展開された諸論は、いずれも現代の人類学の主要なテーマを取り扱っており、今後のアプローチの方向を示すものである。

*

この本を編集するきっかけとなったセミナーの開催を編者に勧め、香港大学においてその企画を立ててくださったのは、日本でも『友情と私利――香港一日系スーパーの人類学的研究』や日本のサブカルチャーについての編著で著名な香港大学の現代言語・文化学部（School of Modern Languages and Cultures）の長であった王向華《おうこうか》（Wong Heung-uah）博士である。日本の人類学の方向性がわかる若手研究者の新たな研究の成果を提示し、議論してほしいという趣旨であった。日本を離れ、香港というCultural Traffic and Interfaceの場で、参加者全員が中身の濃い三日間を過ごし、建設的でフレンドリーな時間を共有することができた。王氏と、香港大学の客員であった社会学者の中村則弘氏、台湾国立交通大学の藩英海《はんえいかい》（Pan Ing Hai）氏には適宜、明瞭で、また時に迫力のあるコメントをいただき、参加者の知的刺激になったことは疑いない。このような理想的な研究発表の機会を与えていただいた王氏および香港大学のスタッフのみなさんに、この場を借りて感謝の意を表したい。また、日程の都合でセミナーに参加できなかった石森大知氏には、セミナーの議論の内容をお伝えし、寄稿していただいた。Ⅲ部でとくに取り上げているが、開発の理論と実践に新たな方向性を示す論考をすでに提示されている真崎克彦氏には、「はじめに」を読んでいただいて寄稿をお願いしたところ、快諾していただけた。

前川啓治

二〇一二年七月二〇日

Tippett, Alan R. 1967 *Solomon Islands Christianity: A Study in Growth and Obstruction*, Lutterworth Press.
Tsing, Anna 1993 *In the Realm of the Diamond Queen*, Princeton University Press.
Tuza, Esau 1977 "Silas Eto of New Georgia," G. Trompf (ed.) *Prophets of Melanesia*, University of the South Pacific, 65-87.
Wagner, Roy 1975 *The Invention of Culture*, Prentice Hall: Englewood Cliffs, New Jersy.
——— 1981 *The Invention of Culture*, Chicago: University of Chicago Press.

新聞記事：
『沖縄タイムス』2008年1月10日付, 同年3月27日付, 同年7月2日付。
『琉球新報』2009年3月6日付, 同年12月15日付。

ホームページ：
松岡正剛「千夜千冊」

映像資料：
沖縄県農林水産部畜産課　2007『琉球在来豚アグー物語 ― おきなわブランド豚作出への道』(2007年1月制作, 同年3月29日放送。)

Enga Province. National Statistical Office.
Pillai-Vetschera, Traude 1994 *The Mahars: A Study of their Culture, Religion and Socio-Economic Life*, Intercultural Publications.
Quarles van Ufford, Philip, Ananta Kumari Giri and David Mosse 2003 "Interventions in Development: Towards a New Moral Understanding of Our Experiences and an Agenda for the Future," P. Q. van Ufford, A. K. Giri and D. Mosse (eds.) *A Moral Critique of Development: In Search of Global Responsibilities*, Routledge.
Robbins, Joel 1998 "On Reading 'World News': Apocalyptic Narrative, Negativ Nationalism, and Transformational Christianity in a Papua New Guinea Society," *Social Analysis* 42 (2): 103-130.
———— 2004 *Becoming Sinner: Christianity and Moral Torment in a Papua New Guinea Society*, Berkeley: University of California Press.
Robertson, Alexander 1938 *The Mahar Folk*, Kaushalya Prakashan.
Rumsey, Alan 1999 "The White Man as Cannibal in the New Guinea Highlands," Laurence R. Goldman (ed.) *The Anthropology of Cannibalism*, London: Bergin and Garvey, 105-121.
Sahlins, Marshall 1981 "Historical Metaphors and Mythical Realities: Structure in the Early History of the Sandwich Islands Kingdom" (Asao Special Publications, No. 1), University of Michigan Press.
Senah, Kodjo Amedjorteh 1994 "Blofo Tshofa: Local perception of medicines in a Ghanaian Coastal Community", Nina L. Etkin and Michaell L. Tan (eds), *Medicines: Meanings and Contexts*, Health Action Information Network, 83-102.
Seremetakis, Nadia 1994 "The Memory of the Senses, Part1: Marks of the Transitory," C. Nadia Seremetakis (ed.), *The Senses Still: Perception and Memory as Material Culture in Modernity*, Chicago: The University of Chicago Press, 1 18.
Sivaramakrishnan, K. and Arjun Agrawal 2003 "Regional Modernities in Stories and Practices of Development," K. Sivaramakrishnan and A. Agrawal (eds.) *Regional Modernities: The Cultural Politics of Development in India*, Stanford University Press.
Steedly, Mary M. 1993 *Hanging without a Rope*. Princeton University Press.
Stoller, Paul 1995 *Embodying Colonial Memories : Spirit Possession, Power, and the Hauka in West Africa*, Routledge.
Strathern, Marilyn 1999 *Property, Substance and Effect: Anthropological Essays on Persons and Things*, The Athlone Press.
Sutton, David 2001 *Remembrance of Repasts: An Anthropology of Food and Memory*, Oxford: Berg.
Taussig, Michael 1993 *Mimesis and Alterity : A Particular History of the Senses*, Routledge.
Tian, Robert G., Michael P. Lillis and Alfons H. Van Marrewijk 2010 *General business anthropology*, North American Business Press, Inc.

Last, Murray 2007 [1981] "The Importance of Knowing about not Knowing," in Roland Littlewood (ed.) *On Knowing and not Knowing in the Anthropology of Medicine*, Left Coast Press. 1-17. (= "The Importance of Knowing about not Knowing in Causality and Classification in African Medicine and Health," *Social Science and Medicine* 15B (3): 387-392.)

Latour, Bruno 2005 *Reassembling the Social*, Oxford: Oxford University Press.

Latttas, Andrew 1992 "Skin, Personhood and Redemption: The Double Self in West New Britain Cargo Cults," *Oceania* 63(1): 27-54.

Leavitt, Stephen 2000 "The Apotheosis of White Men?: A Reexamination of Beliefs about Europeans as Ancestral Spitrits," *Oceania* 70(4): 304-323.

Lewis, David 2009 "International Development and the 'Perpetual Present': Anthropological Approaches to the Re-historicization of Policy," *European Journal of Development Research* 21: 32-46.

Li, Tania M. 2000 "Articulating Indigenous Identity in Indonesia: Resource Politics and the Tribal Slot," *Comparative Studies in Society and History* 42(1): 149-179.

Little, Kenneth 1988 "The role of voluntary associations in west african urbanization," *Anthropology for the nineties - introductory readings*, Cole Johnnetta B. (eds.) The Free Press.

Long, Norman 2001 *Development Sociology actor perspective*, London: Routledge.

Meggitt, Mervyn 1977 *Blood is Their Argument: Warfare among the Mae Enga Tribesman of the New Guinea Highlands*, Palo Alto, California: Mayfield Publishing.

Mol, Annemarie 2002 *The Body Multiple: Ontology in Medical Practice*, Durham and London: Duke University Press.

Moon, Vasant 2002 [1995] *Growing Up untouchable in India, A Dalit Autobiography*, Omvedt, Gail (trans.) Vistaar Publications.

Mosse, David 1998 "Process-oriented approaches to development practice and social research," in David Mosse, John Farrington and Alan Rew (eds.), *Development as Process: Concepts and methods for working with complexity*, New York: Routledge, 3-30.

Nash, June 2005 "Introduction: Social Movements and Global Processes," June Nash (eds.) *Social Movements: an anthropological reader*, Blackwell Publishing.

Nederveen Pieterse, Jan 2010 *Development Theory* (*Second Edition*), SAGE.

Olivier de Sardin, Jan-Pierre 2005 *Anthropology and Development: Understanding Contemporary Social Change*, Zed Books.

Pant, Dipak R. and Fernando Alberti 2007 "Anthropology and business: Reflections on the business applications of cultural anthropology," *Serie Economia e Imperesa* 11(42): 1-25.

Papua New Guinea National Statistical Office 2000 National Censes, Census Unit Register,

*Unknown*", Oxford: Westview Press.

Feacham, Richard 1973 "The Christians and the Enga," *New Guinea and Australia, the Pacific and South-East Asia* 8: 36-44.

Ferguson, James 1997 "Anthropology and Its Evil Twin: 'Development' in the Constitution of a Discipline," F. Cooper and R. Packard (eds.) *International Development and the Social Sciences: Essays on the History and Politics of Knowledge*, University of California Press.

Giddens, A. 1979 *Central Problem in Social Theory*, Berkeley: University of California Press.

——— 1984 *The Constitution of Society: An Outline of the Theory of Structuration*, Cambridge: Polity Press.

——— 1990 *The Consequences of Modernity*, London: Polity Press.

Gifford, Edward Winslow 1929 *Tongan society*, Bernice P. Bishop Museum.

GOG (Government of Ghana) 2002 *An Assessment of the Pharmaceutical Sector in Ghana*, (Ministry of Health and Ghana National Drugs Programme).

Goldie, John F. 1914 "The Solomon Islnads," J. Colwell (ed.) *A Century in the Pacific*, Charles H. Kelly, 561-585.

Goody, Jack 1982 *Cooking, Cuisine and Class: A Study in Comparative Sociology*, Cambridge: Cambridge University Press.

Gordon, Robert and Mervyn Meggitt 1985 *Law and Order in the New Guinea Highlands: Encounters with Enga*, Hanover and London: University Press of New England.

Higa Rima 2012 "The Sensory Value of Commodity: Homogenization and Differentiation of Pigs and Pork in Okinawa, Japan," *International Journal of Business Anthropology* 3 (1) (In Printing).

Hodgson, Dorothy L. 2002 "Introduction: Comparative Perspectives on the Indigenous Rights Movement in Africa and the Americas," *American Anthropologist* 104(4): 1037-1049.

Holzberg, Carol S. and Maureen J. Giovannini 1981 "Anthropology and industry: Reappraisal and new directions," *Annual Review of Anthropology* 10(3): 17-60.

Howes, David 2005 "Hyperesthesia, or, The Sensual Logic of Late Capitalism," David Howes (ed.) *Empire of the Senses: The Sensual Culture Reader*, Oxford: Berg, 281-303.

Jacka, Jerry 2007 "Whitemen, the Ipili, and the City of Gold: A History of the Politics of Race and Development in Highlands New Guinea," *Ethnohistory* 54 (3): 445-472.

Jackson, Jean E. 1995 "Culture, Genuine and Spurious: The Politics of Indianness in the Vaupes, Columbia," *American Ethnologist* 22(1): 3-27.

Kapchan, Deboah A. and Pauline Turner Strong 1999 "Theorizing the Hybrid," *The Journal of American Folklore* 112(445): 239-253.

Keer, Dhananjay 1971 *Dr. Ambedkar Life and Mission*, Popular Prakashan.

Kreiner, Kristianiner 1989 "Culture and Meaning: Making sense of confliction realoties in the workplace," *International Studies of Management & Organization* 19(3): 64-81.

Bashkow, Ira 2006 *The Meaning of Whitemen: Race and Modernity in the Orokaiva Cultural World*, Chicago and London: University of Chicago Press.

Bierlich, Bernhard 1999 "Sacrifice, Plants and Western Pharmaceuticals: Money and Health Care in Northern Ghana," *Medical Anthropology Quarterly* 13 (2): 316-337.

Bledosoe, Caroline H. and Monica F. Goubaud 1988 "The Reinterpretation and Distribution of Western Pharmaceuticals: An Example from the Mende of Sierra Leone," S. van der Geest and S.Whyte (eds.) *The Context of Medicines in Developing Countories: Studies in Pharmaceutical Anthropology*, Dordrecht and Boston: Kluwer Academic Publishers, 253-276.

Bloch, Marc Léopold Benjamin 1974 "Symbols, Song, Dance and Features of Articulation," *European Jounal of Sociology* 15: 55-81.

Census of India 1961 *Census of India 1961 Volume I India Part II-C (i)*.

——— 2004a *Census of India 2001 Date on Religion.*

——— 2004b *Census of India 2001 Primary Census Abstract Series-28 Maharashtra.*

——— 2004c *Census of India 2001 The First Report on Religion Data.*

Census of Tonga 2007 *Tonga national population census 2006.*

Classen, Constance and David Howes and Anthony Synnott 1994 *Aroma: The Cultural History of Smell*, New York and London: Routledge.

Cohn, Bernard 1987 *An Anthropologist among the historians and other essays*, Oxford University Press.

Conklin, Beth A. 1997 "Body Paint, Feathers and VCRs: Aesthetics and Authenticity in Amazonian Activism." *American Ethnologist* 24 (4): 711-737

Counihan, Carole 1999 *Anthropology of Food and Body: Gender, Meaning and Power*, New York and London: Routledge.

Crewe, Emma and Elizabeth Harrison 2000 *Whose Development?: An Ethnography of Aid*, Zed Books.

Dinnen, Sinclair 2001 *Law and Order in a Weak State: Crime and politics in Papua New Guinea*, Honolulu: Center for Pacific Islands Studies, School of Hawaiian, Asian, and Pacific Studies, University of Hawai'i Press.

Draguns, Juris G. 2007 "Culture's Impact at the Workplace and Beyond," *Reviews in Anthropology* 36 (1): 43-58.

Eckert, Penelope 1989 *Jocks & Burnouts: Social Categories and Identity in the High School*, Teachers College Press, Columbia University.

Edelman, Marc and Angelique Haugerud 2005 "Introduction: The Anthropology of Development and Globalization," M. Edelman and A. Haugerud (eds.) *The Anthropology of Development and Globalization: From Classical Political Economy to Contemporary Neoliberalism*, Blackwell.

Errington, Frederick K. and Deborah B. Gewertz 1995 *Articulating Change in the "Last*

山際素男　2000『破天』南風社。
山口昌男　1975『文化と両義性』岩波書店。
山下晋司　1996「観光人類学案内 ──〈文化〉への新しいアプローチ」山下晋司編『観光人類学』新曜社。
山本真鳥　2005「白人とネイティヴのカテゴリーをめぐって ── ドイツ統治下のサモア」藤川隆男編『白人とは何か？』刀水書房，157- 169頁。
山脇啓造　2009「多文化共生社会の形成に向けて」『移民政策研究』1: 30 - 41頁。
吉岡政德　2005『反・ポストコロニアル人類学 ── ポストコロニアルを生きるメラネシア』風響社。
吉田　茂　1983「広域流通環境下における豚の地域内自給流通構造に関する研究 ── 沖縄県における豚流通の特質とその経済的意義」『琉球大学農学部学術報告』30: 1-123頁。
──── 1999「沖縄の農業及び食生活における中国・アメリカの影響 ── 畜産及び食肉等の消費を通して」『市場史研究』19: 59-71頁。
──── 2004「戦後初期の沖縄畜産の回復過程と布哇連合沖縄救済会」『琉球大学農学部学術報告』51: 95-100頁。
ラッシュ, スコット　1997［1990］『ポスト・モダニティの社会学』田中義久・清水瑞久・須藤廣・宮沢昭男・佐幸信介訳, 法政大学出版局。
ラビノウ, ポール　1998［1996］『PCRの誕生』渡辺政隆訳, みすず書房。
琉球政府文教局　1988『琉球史料第6集　経済編』（復刻版）那覇出版社。
レヴィ=ストロース, クロード　2006-2010［1964 - 1971］『神話論理』Ⅰ-Ⅳ, みすず書房。
──── 1972［1958］『構造人類学』荒川幾男ほか訳, みすず書房。
──── 1976［1962］『野生の思考』大橋保夫訳, みすず書房。
──── 1977［1955］『悲しき熱帯』上・下, 川田順造訳, 中央公論社。
──── 1977, 1978［1949］『親族の基本構造』上・下, 馬淵東一ほか訳, 番町書房。
──── 1985［1955］『悲しき南回帰線』室淳介訳, 講談社学術文庫。
ワグナー, ロイ　2000［1975, 1981］『文化のインベンション』山崎美恵・谷口佳子訳, 玉川大学出版部。
渡辺公三　2009『闘うレヴィ=ストロース』平凡社新書。

**外国語のもの**

Abu-Lughod, Lila 1991 "Writing against Culture," R. G. Fox (eds.) *Recapturing Anthropology: Working in the present*, School of American Research Press.
Ambedkar, B. R. 1990 *Dr. Babasaheb Ambedkar Writings and Speeches*, vol. 7, Government of Maharashtra.
Appadurai, Arjun 1996 *Modernity at Large: Cultural Dimensions of Globalization*, University of Minnesota Press.
Baba, Marietta L. 1998 "The anthropology of work in the fortune 1000: A critical retrospective," *Anthropology of Work Review* 18(4) (summer): 17-28.

志ほか訳, 春秋社。
ベイトソン, グレゴリー　1990［1972］『精神の生態学』佐藤良明訳, 思索社。
ベック, ウルリッヒ　1997［1994］「政治の再創造 ── 再帰的近代化理論に向けて」『再帰的近代化 ── 近現代における政治, 伝統, 美的原理』松尾精文・小幡正敏・叶堂隆三訳, 而立書房。
────　1998［1986］『危険社会 ── 新しい近代への道』東廉・伊藤美登里訳, 法政大学出版局。
ベンヤミン, ヴァルター　1996「模倣の能力について」『ベンヤミン・コレクション２　エッセイの思想』浅井健次郎編訳, ちくま学芸文庫, 75-81頁。
────　1999『複製技術時代の芸術』佐々木基一編集解説, 高木久雄ほか訳, 晶文社。
ボードリヤール, ジャン　1979［1970］『消費社会の神話と構造』今村仁司・塚原史訳, 紀伊國屋書店。
堀田吉雄　1987『頭屋祭祀の研究』光書房。
ポラニー, カール　1975『経済の文明史』玉野井芳郎・平野健一郎編訳, 日本経済新聞社。
前川啓治　1997「文化の構築 ── 接合と操作」『民族学研究』61(4): 616-642頁。
────　2000『開発の人類学 ── 文化接合から翻訳的適応へ』新曜社。
────　2004『グローカリゼーションの人類学 ── 国際文化・開発・移民』新曜社。
────　2006「開発論」綾部恒雄編『文化人類学20の理論』弘文堂。
マーカス, ジョージおよびマイケル・フィッシャー　1989『文化批判としての人類学』永渕康之訳, 紀伊國屋書店。
真崎克彦　2010『支援・発想転換・NGO ── 国際協力の「裏舞台」から』新評論。
又平直子アフェアキ　2007「トンガ暴動の真相」『パシフィック　ウェイ』129: 4-19頁。
松田俊介　2008「祭礼をめぐる情報の表象と解釈」『生活學論叢』14: 62-75頁。
松田素二　1989a「必然から便宜へ ── 生活環境主義の認識論」鳥越皓之編『環境問題の社会理論』御茶の水書房。
────　1989b「語りの意味から操りの力へ ── 西ケニアのフィールドワークから」田辺繁治編『人類学的認識の冒険 ── イデオロギーとプラクティス』同文館, 357-386頁。
────　1992「民族再考 ── 近代の人間分節の魔法」『インパクション』75: 23-35頁。
────　2009『日常人類学宣言！── 生活世界の深層へ／から』世界思想社。
宮地直一　1946『八幡宮の研究』理想社。
宮島　喬　2005「学校教育システムにおける受容と排除 ── 教育委員会・学校の対応を通して」宮島喬・太田晴雄編『外国人の子どもと日本の教育 ── 不就学問題と多文化共生の課題』東京大学出版会。
宮島喬・太田晴雄編　2005『外国人の子どもと日本の教育 ── 不就学問題と多文化共生の課題』東京大学出版会。
村上泰助　1994『反古典の政治経済学要綱 ── 来世紀のための覚書』中央公論社。
モース, マルセル　1974［1950］『社会学と人類学 Ⅰ』有地亨・伊藤昌司・山口俊夫訳, 弘文堂。

野中郁次郎・竹内弘高　1996『知識創造企業』東洋経済新報社。
野村一夫　2003『子犬に語る社会学・入門』洋泉社。
萩原左人　1995「豚肉の分類・料理・儀礼（上）」『歴史人類』23: 119-140頁。
――――　2009「肉食の民俗誌」古家信平・小熊誠・萩原左人共著『日本の民俗12　南島の暮らし』吉川弘文館, 195-278頁。
バタイユ, ジョルジュ　1973［1949］『呪われた部分Ⅰ　消尽』生田耕作訳, 二見書房。
畑中幸子　1983「部族社会における近代政治の過程」『国立民族学博物館研究報告』8(2): 197 -252頁。
ハタノ, リリアン・テルミ　2006「在日ブラジル人を取り巻く「多文化共生」の諸問題」植田晃次・山下仁編『「共生」の内実 ── 批判的社会言語学からの問いかけ』三元社, 55-80頁。
浜田明範　2008「薬剤の流通をめぐるポリティクス ── ガーナ南部における薬剤政策とケミカルセラー」『文化人類学』73(1): 25-48頁。
原田敏明　1980『講座日本の民俗宗教５　民俗宗教と社会』弘文堂。
比嘉理麻　2008「現代沖縄における豚肉の「部分消費」の拡大と制御 ── 食肉流通の近代化に焦点をあてて」『インターカルチュラル』6: 66-83頁。
――――　2011a「産業社会の矛盾を映し出すブタへの嫌悪と好意 ── 沖縄の養豚場が「迷惑施設」になる歴史」『インターカルチュラル』9: 130-147頁。
――――　2011b「プロセスとしての民俗分類 ── 現代沖縄におけるブタ／肉の商品化の時間と空間」『日本民俗学』265: 1-29頁。
東　裕　2000「トンガの産業開発と伝統社会の変容」『太平洋諸島の産業開発と伝統社会の変容 ── サモア・トンガ－』41-98頁。
平井京之介　1996「北タイの工場社会における権力と相互行為」『国立民族学博物館研究報告』21(1): 1-76。
フェラーロ, ゲーリー・P　1992［1990］『異文化マネジメント ── 国際ビジネスと文化人類学』江夏健一・太田正孝・IBI国際ビジネス研究センター訳, 同文館出版。
深川宏樹　2011「サブスタンスと交換による親族関係の構築 ── ニューギニア高地における葬儀時の母方親族への贈与の事例から」『文化人類学研究』12: 90-112頁。
福田アジオ　1990『可能性としてのムラ社会』青弓社。
福田アジオほか編　2000『日本民俗大辞典（下）』吉川弘文館。
フーコー, ミシェル　1974［1966］『言葉と物 ── 人文科学の考古学』渡辺一民・佐々木明訳, 新潮社。
藤井　毅　2003『歴史のなかのカースト ── 近代インドの「自画像」』岩波書店。
――――　2007『インド社会とカースト』山川出版社。
藤川隆男　2005「白人研究の「見取り図」」藤川隆男編『白人とは何か？』刀水書房, 16-57頁。
プラトン　1979『国家（下）』藤沢令夫訳, 岩波書店。
フリック, ウヴェ　2002［1995］『質的研究入門 ──〈人間の科学〉のための方法論』小田博

民族誌的考察」佐藤慎司・ドーア根理子編『文化, ことば, 教育 ── 日本語／日本の教育の「標準」を越えて』明石書店。
竹沢尚一郎　1987『象徴と権力』勁草書房。
竹沢泰子　2009a「総論　人種の表象から社会的リアリティを考える」竹沢泰子編『人種の表象と社会的リアリティ』岩波書店, 1-26頁。
────　2009b「序　多文化共生の現状と課題」『文化人類学 ── 特集 多文化共生と文化人類学』74(1): 86-95。
多田　治　2008『沖縄イメージを旅する ── 柳田國男から移住ブームまで』中央公論新社。
田中雅一　2006「ミクロ人類学の課題」田中雅一・松田素二編『ミクロの人類学の実践 ── エージェンシー／ネットワーク／身体』世界思想社。
ターナー, ヴィクター　1996［1969］『儀礼の過程』冨倉光雄訳, 新思索社。
玉置泰明　2003「開発人類学再考」綾部恒雄編『文化人類学のフロンティア』ミネルヴァ書房。
坪井洋文　1977「西日本におけるトウヤ祭祀の儀礼的特質」坪井洋文ほか編『日本祭祀研究集成 5』名著出版。
ドイアル, レズリー　1990［1979］『健康と医療の経済学 ── より健康な社会をめざして』青木郁夫訳, 法律文化社。
當山眞秀　1979『沖縄県畜産史』那覇出版社。
渡嘉敷綏宝　1988『家畜百話』月刊沖縄社。
────　1996『豚・この有用な動物』那覇出版社。
ド・セルトー, ミシェル　1987［1980］『日常的実践のポイエティーク』山田登世子訳, 国文社。
豊田　武　1982『宗教制度史』巻5, 吉川弘文館。
中西眞知子　2007『再帰的近代社会 ── リフレクシィブに変化するアイデンティティや感性, 市場と公共性』ナカニシヤ出版。
中牧弘允　1997「経営人類学にむけて ── 会社の「民族誌」とサラリーマンの「常民研究」」中牧弘允・日置弘一郎編『経営人類学ことはじめ ── 会社とサラリーマン』東方出版。
────　2007「企業文化のグローバル化と経営人類学」中牧弘允・日置弘一郎編『会社文化のグローバル化 ── 経営人類学的考察』東方出版。
中本博皓　1998「トンガにおける経済発展の困難性」『経済論集』71: 105-135頁。
西井涼子　2006「社会空間の人類学 ── マテリアリティ・主体・モダニティ」西井涼子・田辺繁治編『社会空間の人類学 ── マテリアリティ・主体・モダニティ』世界思想社。
日本移民学会 編　2011『移民研究と多文化共生』御茶の水書房。
日本労働研究機構　1990『日系企業の経営と人事戦略 ── アジアの事例』。
ネフスキー, ニコライ　1971『月と不死』岡正雄編, 平凡社。
根本　達　2010「インド　現代の仏教徒たちと「不可触民」解放運動」木村文輝編『挑戦する仏教 ── アジア各国の歴史といま』法藏館。
野中郁次郎　1985『企業進化論 ── 情報創造のマネジメント』日本経済新聞社。

サイード, エドワード　1986『オリエンタリズム』今沢紀子訳, 平凡社。
————　1992［1991］「知の政治学」大橋洋一訳『みすず』8（377）: 2-16頁。
————　1993［1978］『オリエンタリズム』今沢紀子訳, 平凡社。
酒井直樹　1996「序論 —— ナショナリティと母(国)語の政治」酒井直樹・ブレット・ド・バリー・伊豫谷登士翁編『ナショナリティの脱構築』柏書房。
佐々木てる　2009「「外国人」とは誰か —— 在日コリアンの社会的地位の変化と「外国人」カテゴリー」好井裕明編『排除と差別の社会学』有斐閣。
佐藤郁哉　2006『フィールドワーク —— 書を持って街へ出よう』新曜社。
佐藤郡衛　2011「異文化間教育学における「公正さ」の問い直し」『異文化間教育』34: 52-63頁。
サーリンズ, マーシャル　1993『歴史の島々』山本真鳥訳, 法政大学出版会。
塩原良和　2005『ネオ・リベラリズムの時代の多文化主義 —— オーストラリアン・マルチカルチュラリズムの変容』三元社。
————　2010『変革する多文化主義へ —— オーストラリアからの展望』法政大学出版会。
島袋正敏　1989『沖縄の豚と山羊 —— 生活の中から』ひるぎ社。
食肉通信社出版局編　2002『豚枝肉の分割とカッティング —— 豚肉を商品化するまで』食肉通信社。
白川千尋　2001『カストム・メレシン —— オセアニア民間医療の人類学的研究』風響社。
————　2005『南太平洋における土地・観光・文化 —— 伝統文化は誰のものか』明石書店。
新城明久　2010『沖縄の在来家畜 —— その伝来と生活史』ボーダーインク。
須藤健一　2008『オセアニアの人類学 —— 海外移住・民主化・伝統の政治』風響社。
住原則也　1996「オフィス空間を通して見る日米文化」藤巻正己・関雄二編『異文化を「知る」ための方法』古今書院。
関　満博　2008「地域のB級グルメを楽しむ時代」関満博・古川一郎編『「B級グルメ」の地域ブランド戦略』新評論, 11-24頁。
関口由彦　2007『首都圏に生きるアイヌ民族 ——「対話」の地平から』草風館。
————　2010「首都圏のアイヌ民族の文化・社会運動における日常的エスニシティ」小田亮編『グローカル研究叢書1　グローカリゼーションと共同性』成城大学民俗学研究所グローカル研究センター, 67-97頁。
関根康正　1995『ケガレの人類学 —— 南インド・ハリジャンの生活世界』東京大学出版会。
————　2002「文化人類学における南アジア」長崎暢子編『現代南アジア1　地域研究への招待』東京大学出版。
————　2006『宗教紛争と差別の人類学 —— 現代インドで〈周辺〉を〈境界〉に読み替える』世界思想社。
戴エイカ　2003「「多文化共生」とその可能性」『人権問題研究』3: 41-52頁。
高倉信昭　1987『海外進出の企業戦略』財経詳報社。
高藤三千代　2008「沖縄日系ディアスポラ, 国語, 学校 —— ことばの異種混淆性と単一化の

――――　1997［1994］「ポスト伝統社会に生きること」『再帰的近代化 ―― 近現代における政治, 伝統, 美的原理』松尾精文・小幡正敏・叶堂隆三訳, 而立書房, 105-204頁。
――――　2005［1991］『モダニティと自己アイデンティティ ―― 後期近代における自己と社会』秋吉美都・安藤太郎・筒井淳也訳, ハーベスト社。
京都大学人文社会科学研究所人文学国際研究センター　2010『コンタクト・ゾーン（Contact Zone）』004号, 京都大学人文社会科学研究所。
金泰泳　1999『アイデンティティ・ポリティクスを超えて ―― 在日朝鮮人のエスニシティ』世界思想社。
金城須美子　1987「沖縄の肉食文化に関する一考察 ―― その変遷と背景」『生活文化史』11: 14-30頁。
国広陽子　2004「テレビCMにみる日本人の自意識 ―― 単一民族社会の神話と「外国人」カテゴリーをめぐって」『メディア・コミュニケーション』54: 28-42頁。
蔵持不三也　2007「文化の見方に関する試論」嶋内博愛・出口雅敏・村田敦郎編『エコ・イマジネール』言叢社。
クリフォード，ジェイムズ　2004『人類学の周縁から』星埜守之訳，人文書院。
――――　2003『文化の窮状』太田好信ほか訳，人文書院。
クリフォード, ジェイムズおよびジョージ・マーカス　1996『文化を書く』春日直樹ほか訳, 紀伊國屋書店。
グループ“シサムをめざして”1994『「先住民族の10年」とアイヌ民族連帯』。
――――　1998『「アイヌ文化振興法」と諸民族の共生』。
孝忠延夫・浅野宜之　2006『インドの憲法 ―― 21世紀国民国家の将来像』関西大学出版部。
小谷汪之　1996『不可触民とカースト制度の歴史』明石書店。
小谷汪之・辛島昇　2004「イギリス植民地支配の始まりとインド社会」辛島昇編『南アジア史』山川出版社。
後藤春彦・佐久間康富・田口太郎　2005『まちづくりオーラル・ヒストリー ―― 「役に立つ過去」を活かし,「懐かしい未来」を描く』水曜社。
小林誉明・青山和佳　2010「社会生活に埋め込まれる開発援助 ―― 複眼的視点からプロジェクトを診断する試み」青山和佳・受田宏之・小林誉明編『開発援助がつくる社会生活 ―― 現場からのプロジェクト診断』大学教育出版, 1-38頁。
小松かおり　2002a「シシマチ（肉市）の技法」松井健編『核としての周辺』京都大学学術出版会, 39-90頁。
――――　2002b「第一牧志公設市場のゆくえ ―― 観光化による市場の変容」松井健編『開発と環境の文化学 ―― 沖縄地域社会変動の諸契機』榕樹書林, 165-185頁。
――――　2007「在来家畜の商品化 ―― 沖縄在来豚「アグー」の復活」河合香吏編『生きる場の人類学 ―― 土地と資源の認識・実践・表象過程』京都大学学術出版会, 365-385頁。
近藤敦　2009「なぜ移民政策なのか ―― 移民の概念, 入管政策と多文化共生政策の課題, 移民政策学会の意義」『移民政策研究』1: 6-17頁。

大谷裕文　2001「トンガにおける教育エリートの台頭と分類・格付けカテゴリーの再編成」塩田光喜編『太平洋島嶼諸国における階層分化』日本貿易振興会アジア経済研究所。
――――　2002「トンガにおける民主化運動の倫理 ── グローバル, ローカル, ニュー・ポリティックス」『アジ研　ワールド・トレンド』8 (7): 21 - 4頁。
小川　聖　1989「白鳥八幡宮の祭礼について」『小山市立博物館紀要』2: 1 - 28頁。
沖縄県農林水産行政史編集委員会　1986『沖縄県農林水産行政史第五巻　畜産編・養蚕編』農林統計協会。
小熊英二　1995『単一民族神話の起源 ──〈日本人〉の自画像の系譜』新曜社。
――――　1998『〈日本人〉の境界 ── 沖縄・アイヌ・台湾・朝鮮　植民地支配から復帰運動まで』新曜社。
オジェ, マルク　2002 [1994]『同時代世界の人類学』森山工訳, 藤原書店。
押川文子　1995「独立後の「不可触民」── なにが, どこまで変わったか」押川文子編『フィールドからの現状報告』明石書店。
小田　亮　1996「ポストモダン人類学の代価 ── ブリコルールの戦術と生活の場の人類学」『国立民族学博物館研究報告』21(4): 807-875頁。
――――　1999「文化の本質主義と構築主義を越えて」『日本常民文化紀要』20: 111-173頁。
小山市史編さん委員会編　1978『小山市史 民俗編』小山市。
――――　1982『小山市史 史料編 近世１』小山市。
――――　1986『小山市史 通史編２』小山市。
――――　1987『小山市史 通史編３』小山市。
折口信夫　1955「若水の話」『折口信夫全集』巻2, 中央公論社。
柿木伸之　2010「他者との来たるべき共生へ向けた哲学的試論 ── 歓待と応答からの共生」広島市立大学国際学部国際社会研究会編『多文化・共生・グローバル化 ── 普遍化と多様化のはざま』ミネルヴァ書房, 117-152頁。
春日直樹　1997「「発端の闇」としての植民地 ── カーゴ・カルトはなぜ「狂気」だったか」山下晋司・山本真鳥 編『植民地主義と文化 ── 人類学のパースペクティヴ』新曜社, 128-151頁。
――――　2007「二つの模倣」『〈遅れ〉の思考 ── ポスト近代を生きる』東京大学出版会, 53-78頁。
柄谷行人　1989『探求Ⅱ』講談社。
苅谷剛彦　1995『大衆教育社会のゆくえ ── 学歴主義と平等神話の戦後史』中央公論新社。
川本　隆　2008『共生から』岩波書店。
ギアーツ, クリフォード　1987『文化の解釈学Ⅰ』吉田禎吾訳, 岩波書店。
北原卓也　2010「「情報を運ぶ箱」としての食品 ── 海をわたるトンガ王国のノニジュース」蔵持不三也・松田俊介・松平俊久編『医食文化の世界』早稲田大学国際医食文化研究所。
ギデンズ, アンソニー　1993 [1990]『近代とはいかなる時代か？── モダニティの帰結』松尾精文訳, 而立書房。

# 引用文献

## 日本語のもの

青木　保　1984『儀礼の象徴性』岩波書店。
青柳真智子　1991『トンガの文化と社会』三一書房。
アパドゥライ, アルジュン　2010［2006］『グローバリゼーションと暴力 ── マイノリティの恐怖』藤倉達郎訳, 世界思想社。
アリストテレース　1985『詩学』松本仁助・岡道男訳, 世界思想社。
アンベードカル, B. R.　1994［1936］「カーストの絶滅」『カーストの絶滅』山崎元一・吉村玲子訳, 明石書店。
────　1994［1956］「偉大なる改宗に際して」『カーストの絶滅』山崎元一・吉村玲子訳, 明石書店。
石井美保　2007『精霊たちのフロンティア ── ガーナ南部の開拓移民社会における〈超常現象〉の民族誌』世界思想社。
石原吉郎　1997a「ある〈共生〉の経験から」『望郷と海』筑摩書房, 19-27頁。
────　1997b「肉親へあてた手紙 ── 1959年10月」『望郷と海』筑摩書房, 192-212頁。
石森大知　2011『生ける神の創造力 ── ソロモン諸島クリスチャン・フェローシップ教会の民族誌』世界思想社。
岩谷彩子　2009『夢とミメーシスの人類学 ── インドを生き抜く商業移動民ヴァギリ』明石書店。
岩渕功一 編　2010『多文化社会の〈文化〉を問う ── 共生／コミュニティ／メディア』青弓社。
ウィリス, ポール　1996［1985］『ハマータウンの野郎ども』熊沢誠訳, 筑摩書房。
植田晃次　2006「「ことばの魔術」の落とし穴 ── 消費される「共生」」植田晃次・山下仁編『「共生」の内実 ── 批判的社会言語学からの問いかけ』三元社。
上野直樹・土橋臣吾　2006『科学技術実践のフィールドワーク』せりか書房。
内海麻利　2008「まちづくり制度に見る住民参加の新しいかたち」大森彌・山下茂・後藤春彦・小田切徳美・内海麻利・大杉覚編『実践まちづくり読本 ── 自立の心・協働の仕掛け』公職研, 255-306頁。
内堀基光　1989「民族論メモランダム」田辺繁治編『人類学的認識の冒険 ── イデオロギーとプラクティス』同文舘出版。
エヴァンズ=プリチャード, エドワード・エヴァン　1957［1951］『社会人類学』難波紋吉訳, 同文舘。
OECD教育調査団　1972『日本の教育政策』深代惇郎訳, 朝日新聞社。
王向華　2004『友情と私利 ── 香港一日系スーパーの人類学的研究』風響社。
大杉高司　1999『無為のクレオール』岩波書店。

## ま　行



## や　行



## ら　行



## わ　行

## な　行

### た　行

## さ　行

# 索　引

## 執筆者紹介（執筆順）

深川宏樹（ふかがわ ひろき）［1章］
1981年，福岡県生まれ。筑波大学大学院人文社会科学研究科歴史・人類学専攻博士課程。文化人類学。

石森大知（いしもり だいち）［2章］
1975年，兵庫県生まれ。神戸大学大学院総合人間科学研究科博士課程修了。博士（学術）。武蔵大学社会学部准教授。文化人類学，オセアニア研究。

根本 達（ねもと たつし）［3章］
1975年，ペルー生まれ。筑波大学大学院人文社会科学研究科国際政治経済学専攻博士課程修了。博士（国際政治経済学）。筑波大学人文社会系国際地域研究専攻特任研究員。文化人類学，南アジア研究。

井上央子（いのうえ なかこ）［4章］
1977年，奈良県生まれ。筑波大学大学院人文社会科学研究科国際政治経済学専攻博士課程単位取得退学。教育人類学。

関口由彦（せきぐち よしひこ）［5章］
1977年，東京都生まれ。成城大学文学研究科日本常民文化専攻博士課程後期単位取得退学。成城大学民俗学研究所研究員，東京情報大学非常勤講師。文化人類学。

真崎克彦（まさき かつひこ）［6章］
1964年，兵庫県生まれ。サセックス大学開発研究所（IDS）博士課程後期課程修了。博士（開発研究）。甲南大学マネジメント創造学部准教授。開発研究，文化人類学。

早川 公（はやかわ こう）［7章］
1981年，宮城県生まれ。筑波大学大学院人文社会科学研究科国際政治経済学専攻博士課程修了。博士（国際政治経済学）。NPO法人‘矢中の杜’の守り人理事長。まちづくり研究，応用（実践）人類学。

松田俊介（まつだ しゅんすけ）［8章］
1977年，鳥取県生まれ。早稲田大学大学院人間科学研究科博士後期課程単位取得満期退学。早稲田大学国際医食文化研究所招聘研究員。文化人類学（民俗・食文化・情報）。

浜田明範（はまだ あきのり）［9章］
1981年，東京都生まれ。一橋大学大学院社会学研究科博士課程単位取得退学。博士（社会学）。日本学術振興会特別研究員PD。医療人類学。

比嘉理麻（ひが りま）［10章］
1978年，千葉県生まれ。筑波大学大学院人文社会科学研究科国際政治経済学専攻博士課程単位取得退学。日本学術振興会特別研究員PD。文化人類学。

北原卓也（きたはら たくや）［11章］
1979年，神奈川県生まれ。早稲田大学文学学術院文学研究科文化人類学コース博士後期課程。文化人類学（ビジネス人類学），オセアニア地域研究。

**編者紹介**

前川啓治（まえがわ けいじ）

1957年，福井県生まれ。
大阪大学大学院人間科学研究科博士課程単位取得退学，シドニー大学大学院，ハーバード大学客員研究員を経て，現在，筑波大学人文社会系教授。博士（文学），文化人類学，グローカル実践論。
Routledge: Business, Culture and Society in East Asia Series 査読委員。
著書：単著『開発の人類学』（新曜社，2000年），『グローカリゼーションの人類学』（新曜社，2004年）。編著（棚橋訓と共編）『講座世界の先住民族 ── ファースト・ピープルズの現在・オセアニア』（明石書店， 2005年）ほか。共訳『マクドナルドはグローバルか ── 東アジアのファーストフード』（新曜社，2003年）ほか。

新曜社 カルチュラル・インターフェースの人類学
「読み換え」から「書き換え」の実践へ

初版第1刷発行　2012年8月20日

編　者　前川啓治
発行者　塩浦　暲
発行所　株式会社新曜社
〒101-0051 東京都千代田区神田神保町2-10
電話(03)3264-4973(代)・FAX(03)3239-2958
e-mail　info@shin-yo-sha.co.jp
URL　http://www.shin-yo-sha.co.jp/

印刷所　銀　河
製本所　イマヰ製本所


ISBN978-4-7885-1301-3　C1039